CALLWEY

FARROW & BALL

STILVOLL WOHNEN MIT FARBE

IDEEN FÜR MÖBEL, WÄNDE UND MEHR

JOA STUDHOLME & CHARLOTTE COSBY

CALLWEY

SEITE 2
Die Wände dieses edlen
Schlafzimmers sind mit
Limewash getüncht, einer
der bewährten Spezialfarben
von Farrow & Ball.

DIESE SEITE
Die Farbe „Plummett" an
den Wänden und die Tür in
„Railings" verleihen diesem
Zimmer einen ausdrucksstar-
ken und zugleich ruhigen
Ausdruck.

SEITE 7
Das Allerheiligste des
Farrow & Ball-Projektraums.

6	Einführung
10	Farrow & Ball: Die Firmengeschichte
14	Farbnamen & Inspirationen
20	So entstehen Farben & Tapeten

24 TEIL EINS: DIE ERSTEN SCHRITTE

30	Inspiration
34	3 Themen für den Anfang: Architektur, Licht & Stil
54	Farben
78	Neutrale Töne
92	Farbmuster

94 TEIL ZWEI: DAS HANDBUCH

96	Welches Weiß?
98	Mengenberechnung
100	Farbliche Gewichtung
114	Fließende Übergänge
128	Wände als Blickfang
136	Akzente
146	Böden
154	Stuhl- & Bilderleisten
162	Stuck- & Zierleisten
168	Decken
176	Kinderzimmer
184	Tapeten
192	Außenraum
204	Britische Stilepochen
210	Anstreichen – so geht's
214	Farbe & Licht

218 TEIL DREI: DER LEITFADEN

220	Farbkombinationen
222	Praktische Informationen
224	Eine kurze Geschichte der Farbe
226	Der feine Unterschied
228	Umweltschutz
230	Farben für jeden Zweck
250	Tapeten
254	Archivfarben
258	Glossar
259	Farrow & Ball-Adressen
262	Register
267	Dank

EINFÜHRUNG

Farrow & Ball hat die Farbwahl einer ganzen Generation geprägt – und könnte es etwas Schöneres geben, als das Leben der Menschen mit Farben zu bereichern?

Die Wahl einer Wandfarbe oder Tapete kann so spannend sein wie ein Abenteuer und zu einer Reise werden, auf der man viel von sich selbst entdeckt. Trotzdem geht es in diesem Buch weniger um die Wahl der Farbe als darum, wie Farben wirken und wie Sie diese Wirkung gezielt einsetzen können. Dass es für die Dekoration keine festen Regeln gibt, ist beruhigend – aber manchmal stellt uns das auch vor einige Herausforderungen. Daher haben wir Ideen gesammelt, mit denen wir Sie inspirieren und Ihnen helfen möchten, Ihren Träumen Leben einzuhauchen.

Farrow & Ball-Farben haben sich über eine lange Zeit in unterschiedlichsten Wohnungen und Häusern bewährt. Sie kommen bei der Restaurierung historischer Gebäude zum Einsatz, werden aber auch von modernen Interior Designern und Hausbesitzern geschätzt. Jede Farbe wird genauestens recherchiert und steht für die Tradition des Unternehmens. Die Farbpalette von Farrow & Ball ist eine einzigartige Enzyklopädie historischer Farben und Muster, wiederentdeckt und -belebt für Menschen von heute.

Farben und Muster gehören zu den schönsten und vielfältigsten Mitteln, um der Persönlichkeit Ausdruck zu verleihen, und Farrow & Ball bietet dafür eine Palette von 132 Farben. Wenn Sie Farbe als Statement einsetzen möchten, finden Sie in diesem Buch alles darüber, wie Sie das mit roten, gelben, blauen, grünen und dunklen Tönen wirkungsvoll umsetzen können. Wenn Sie planen, Ihr Haus in seinen historischen Originalfarben zu gestalten, finden Sie hier die Erläuterungen zu den vier wichtigsten Epochen der englischen Architektur. Aber auch die neutralen Farbfamilien von Farrow & Ball werden erklärt, und Sie erfahren, wie Sie damit besonders elegante Räume gestalten.

Ebenso finden Sie in diesem Buch Hinweise dazu, wie man architektonische Details hervorhebt, wie Sie zum Beispiel das Thema Deckengestaltung angehen oder die Lichtverhältnisse eines Raums optimal nutzen können. Bei Farben kommt es immer auf die Kombination an, und so stellen wir Ihnen die drei grundlegenden Kombinationsarten vor, erläutern aber auch den Einsatz von Farbe auf Böden. Und nicht zuletzt finden Sie hier Anregungen für die Gestaltung von Kinderzimmern.

Die vielfältigen Räumlichkeiten in diesem Buch führen unterschiedlichste Gestaltungsmethoden vor, und zugleich sind es großartige Beispiele für ganz verschiedene individuelle Stilrichtungen. Wo immer auf der Welt sich diese Häuser auch befinden, ihre Besitzer kehren immer wieder zu Farrow & Ball zurück wie zu einem guten Freund. Farbempfinden ist etwas sehr Persönliches, und unser Zuhause ist der Ort, an dem wir uns entfalten dürfen. Jede Farbgestaltung ist also auch ein Spiegel der Eigentümer und ihrer Geschichte.

Wir präsentieren Ihnen eine Reihe von Epochen, Stile und individuelle Gestaltungsvorlieben. Manche Räume sind sehr dezent gehalten, andere wirken auch mit tiefen, vollen Farben ruhig und zurückhaltend, und wieder andere brillieren mit leuchtenden Kontrastfarben. Töne, die dem einen fröhlich erscheinen, wirken für den anderen aufgedonnert. Aber Schönheit liegt eben im Auge des Betrachters!

Die wunderbar klangvollen Namen der Farrow & Ball-Farben und -Tapeten vermitteln bis heute den Eindruck, dass sie in trauter Runde am Küchentisch erfunden werden – und dieser Eindruck täuscht tatsächlich nicht völlig. Wie es zu einigen der Namen und Farben kam, möchten wir Ihnen ebenfalls in diesem Buch verraten.

Obwohl das Unternehmen schon 1946 gegründet wurde, eröffnete Farrow & Ball den ersten Showroom in London erst 1996. Damals begann ich gerade, in der Firma zu arbeiten. Ich hatte keine formale Ausbildung für meinen Beruf, sondern bin ein echtes Farrow & Ball-Gewächs, gefördert von großartigen Menschen. Als Kind habe ich allerdings stundenlang meine Caran d'Ache-Farbstifte umsortiert und neue Farbkombinationen ausprobiert. Mein Puppenhaus dekorierte ich ständig um und experimentierte mit Farben – zum Beispiel indem ich die Zimmerdecke leuchtend gelb strich und die Schränke dunkel, für eine gemütliche Atmosphäre. Ich war also schon immer farbverrückt und kann nicht genug davon bekommen, die Magie der Farben zu erkunden.

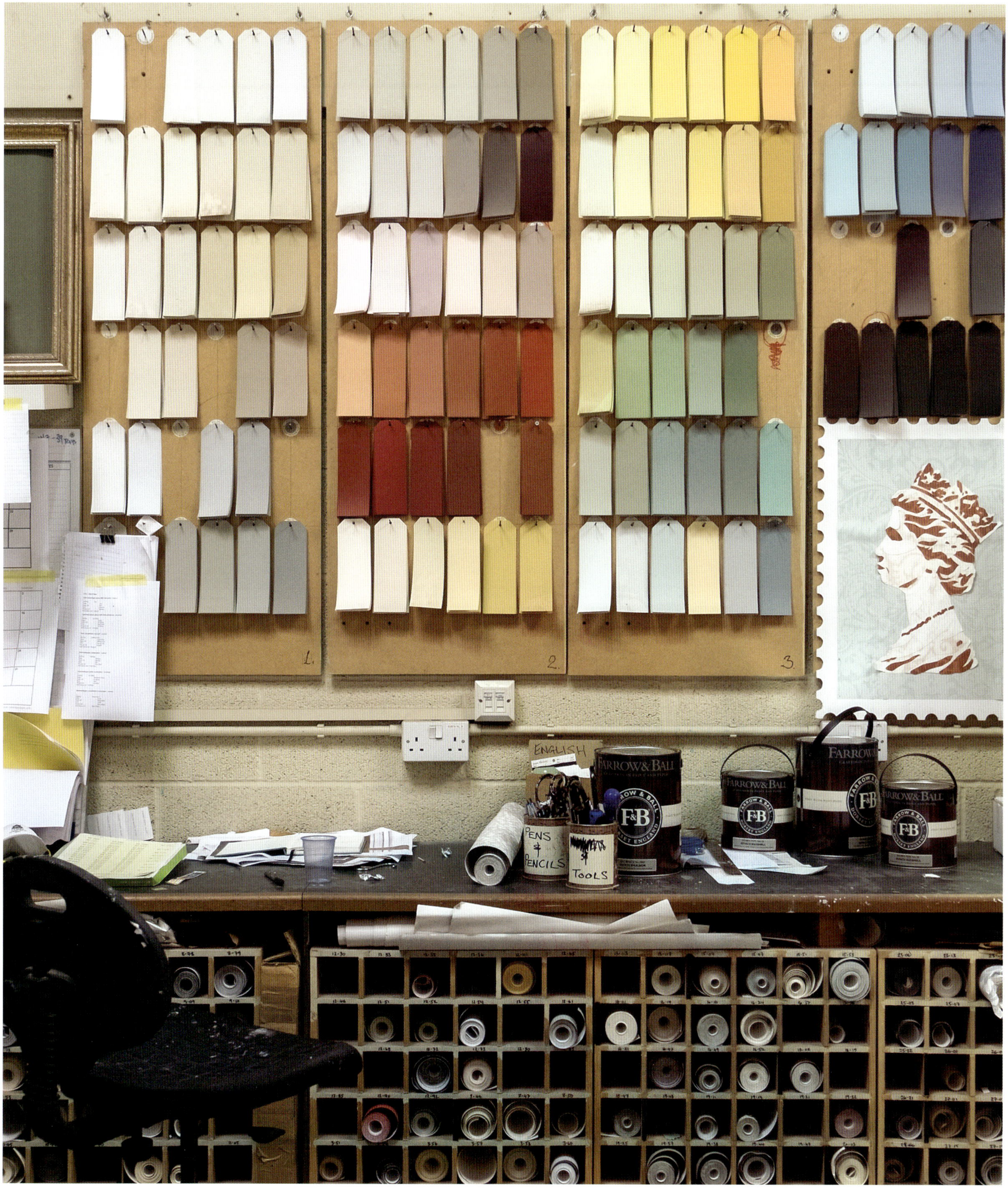
1.
2.
3.
ENGLISH
FARROW & BALL
F&B
PENS & PENCILS
TOOLS

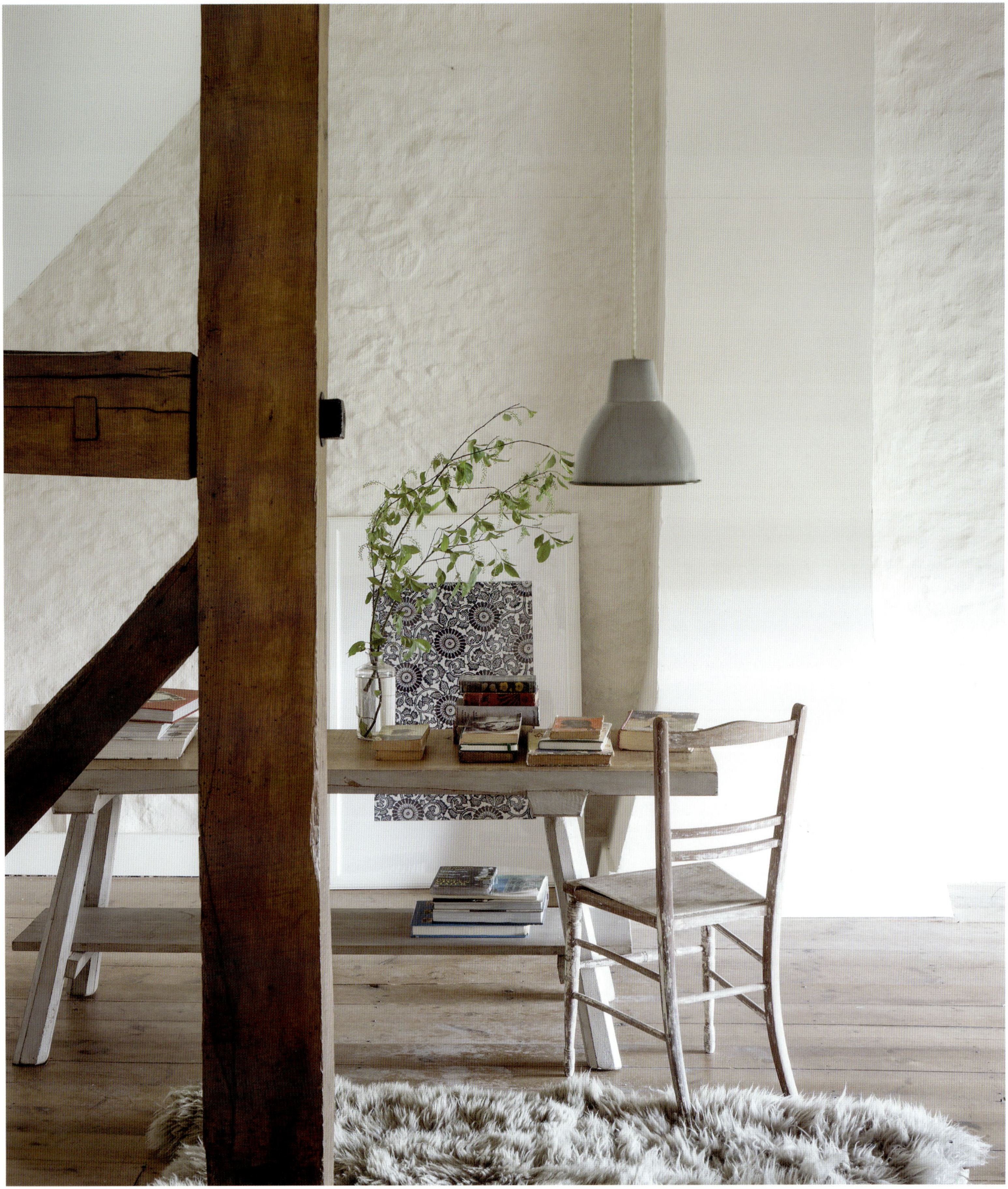

LINKE SEITE
Wände in „Shaded White" und eine Decke in „All White" – was braucht man mehr?

UNTEN
Sattes „Chinese Blue" (A) lässt antike Möbel und historische Porträts im besten Licht erscheinen.

Seit 19 Jahren habe ich nun schon das große Glück, für Farrow & Ball zu arbeiten, die Entwicklung und Benennung neuer Farben zu begleiten und Farbtrends zu beobachten. Als Farbberaterin verbringe ich einen Großteil meiner Zeit damit, Menschen bei der Auswahl passender Farben und Farbkombinationen für ihr Zuhause zu helfen. In dieser Funktion habe ich die ganze Welt bereist, durfte Burgen an malerischen Seen, Kirchen, private Clubs und gelegentlich auch einmal das Haus eines Musik- oder Filmstars besuchen. Dabei habe ich die Erfahrung gemacht, dass winzige Souterrainwohnungen für Interior Designer eine ebenso große Herausforderung darstellen wie große Paläste und dass in beiden Fällen ganz ähnliche Gestaltungstricks funktionieren. Einige von diesen Grundideen bilden die große Klammer des vorliegenden Buches.

Im Jahr 2007 kam mit Charlotte Cosby ein wahres Energiebündel zu Farrow & Ball. Sie hat mich in der Entstehungszeit dieses Buches fachkundig unterstützt. Charlotte ist inzwischen Leiterin der Kreativabteilung, und ihre Begeisterung für Farben und Muster ist – wie meine – einfach grenzenlos. Wir haben uns zusammengetan, um Sie in ein paar Geheimnisse der faszinierenden Welt von Farrow & Ball einzuweihen und um Ihnen einige der vielen Möglichkeiten zu zeigen, wie Sie Ihr Heim mit Farben und Tapeten verschönern können.

Sie finden hier unverzichtbare praktische Tipps ebenso wie Hinweise auf Farrow & Ball-Farbkombinationen, mit denen Sie immer richtig liegen. Wir wollten ein Handbuch schaffen, das in allen Fragen der Dekoration weiterhilft, aber auch Ideen liefert, wenn Sie sie brauchen. Wir hoffen, es unterstützt Sie dabei, Ihre Träume wahr werden zu lassen.

„Farbe beim Trocknen zusehen" – der Spruch mag eine Metapher für Langeweile sein, aber ich könnte mir kaum etwas Schöneres vorstellen, als gespannt auf das Endergebnis zu warten, das unser Heim verschönert und unser Leben bereichert. Der viktorianische Kunstkritiker John Ruskin schrieb: „Die reinsten und umsichtigsten Menschen sind jene, die Farbe am meisten verehren." Wir bei Farrow & Ball stimmen ihm da von ganzem Herzen zu.

Joa Studholme

EINFÜHRUNG

FARROW & BALL: DIE FIRMENGESCHICHTE

Farrow & Ball existiert seit 1946. Die Gründer waren der Industriechemiker John Farrow und Richard Ball, ein Ingenieur, der gerade aus der deutschen Kriegsgefangenschaft zurückgekehrt war. Sie begegneten sich, als sie beide in einer Tongrube arbeiteten, und gründeten gemeinsam ihre erste Fabrik in Verwood in der Grafschaft Dorset. Der Ruf der hohen Qualität ihrer Produkte verbreitete sich schnell, und bald versorgten sie die Admiralität und das Kriegsministerium mit Farbe.

In den 1960er-Jahren bezog Farrow & Ball seinen heutigen Sitz im Industriegebiet Uddens Estate bei Wimborne und setzte die Expansion in den 1970er- und 1980er-Jahren fort. Während andere Firmen begannen, Acrylfarben mit mehr Kunststoffen und weniger Pigmenten herzustellen, blieb Farrow & Ball bei seinen Originalrezepturen, behielt die besten Zutaten, kräftigen Pigmente und das traditionelle Produktionsverfahren bei, um hochwertige Farben zu erzeugen, die sich deutlich von der Massenware unterschieden. All dies geschah abseits des Rampenlichts im verschlafenen Dorset, was es dem Unternehmen ermöglichte, seine Identität und Tradition zu wahren. In den folgenden Jahren sollte sich dies sogar als ausschlaggebender Erfolgsfaktor erweisen.

In den frühen 1990er-Jahren beauftragte die britische Organisation für Denkmal- und Naturschutz National Trust den Spezialisten für historische Interieurs Tom Helme damit, eine bestimmte Farbreihe zu entwickeln. Helme konnte zunächst keinen Hersteller ausfindig machen, der seinen besonderen Anforderungen gerecht wurde, doch dann stieß er auf die unscheinbare Firma Farrow & Ball. Gemeinsam mit seinem Schulfreund, dem Finanzier Martin Ephson, übernahm er die Leitung des Unternehmens.

RECHTE SEITE
Eine kostbare alte Farrow & Ball-Farbdose. Bis heute produzieren wir unsere Farben in Dorset.

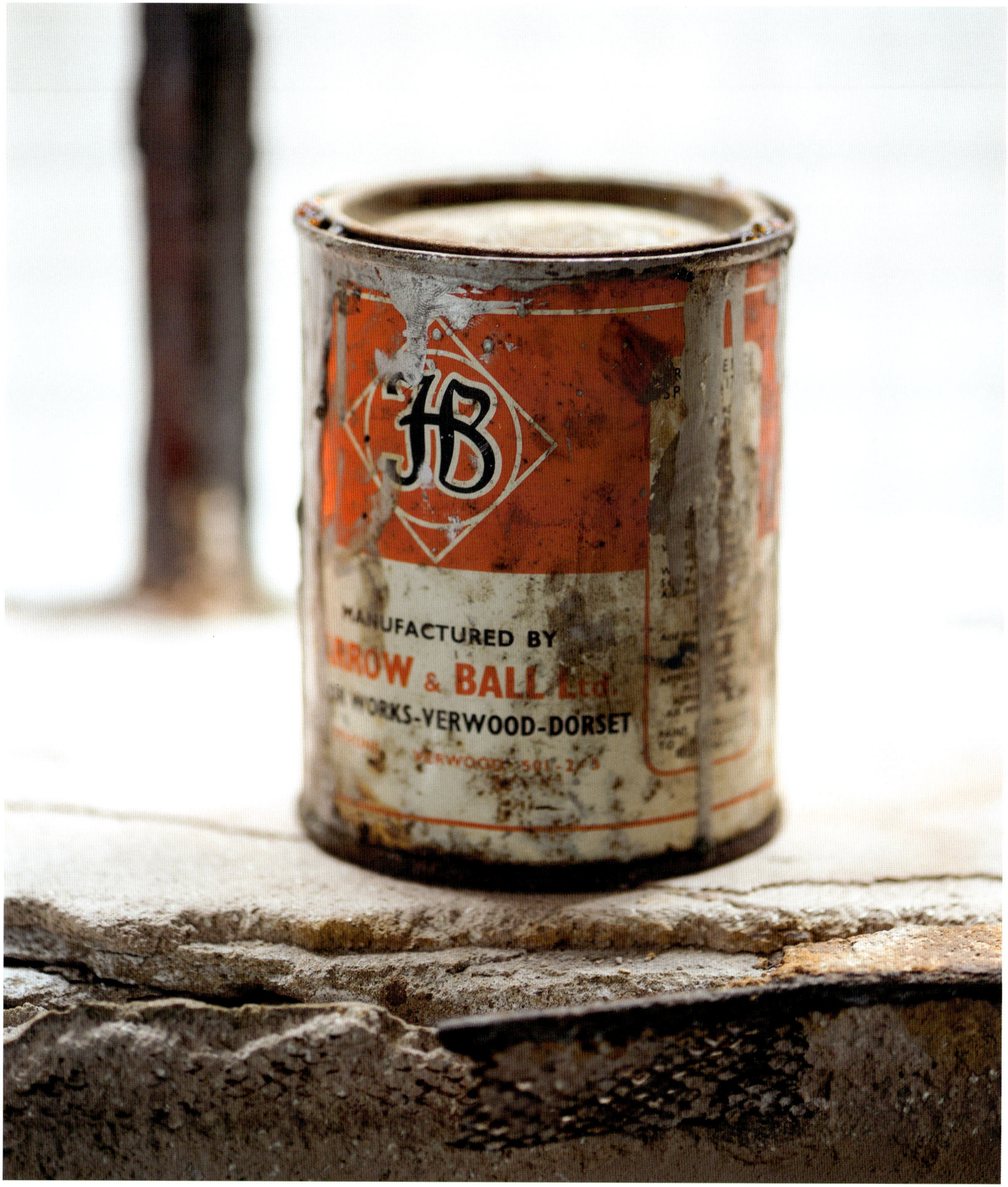
MANUFACTURED BY
RROW & BALL Ltd
WORKS-VERWOOD-DORSET

PREFERENCE PAINTS
BS 4800
COLOUR RANGE
by
FARROW & BALL (SOUTHERN) LTD.
UDDENS TRADING ESTATE
UDDENS CROSS
WIMBORNE . DORSET
FERNDOWN 6141/2
FARROW & BALL LTD.
MAKERS OF PREFERENCE PAINTS
MANOR WORKS · VERWOOD · DORSET
VERWOOD 501
(3 LINES)
BS 4800:
30 BASIC COLOURS plus BLACK
CATEGORY M COLOURS
12
GREEN-YELLOW
16
BLUE-GREEN
20
PURPLE-BLUE
14
GREEN
14 C 35
18 E 50
00
NEUTRALS
06
YELLOW-RED
08
YELLOW-RED

LINKE SEITE
Unsere lange Tradition ist uns sehr wichtig, und noch heute halten wir die Standards der Firmengründer ein. Der Vertrieb ist inzwischen allerdings um einiges effizienter geworden.

Im Zuge der Arbeit an historischen Gebäuden entstand die Serie der National Trust-Farben, die auf die verschiedensten Epochen abgestimmt sind. Plötzlich kam zur Klientel der Zwischenhändler ein Heer von Privatleuten hinzu, die sich für Raumgestaltung begeisterten und diese Farben dringend erwerben wollten. Diese Menschen hatten die Andersartigkeit unserer Farben erkannt, die vor allem in ihrer einzigartigen Farbtiefe liegt. Die Farben und ihre Namen waren in Großbritannien bald in aller Munde. 1996 eröffnete dann das erste Farrow & Ball-Geschäft auf der Fulham Road im Londoner Stadtteil Chelsea, 1999 gefolgt vom ersten Übersee-Showroom in Toronto.

In den nächsten Jahren expandierte Farrow & Ball schnell und eröffnete neben einer ansehnlichen Zahl von Läden in Großbritannien auch Showrooms in anderen Ländern Europas und weitere in Nordamerika. Die Showrooms, die eher an Bibliotheken oder Museen als an Farbengeschäfte erinnern, wurden zum Magneten für Menschen, die die inzwischen weltberühmten 132 Farben und die handgefertigten Tapeten in einem passenden Ambiente und in Ruhe begutachten wollten. Jede Farbe, die Farrow & Ball je hergestellt hat, ist aus dem Archiv nachbestellbar. Archivfarben sind in diesem Buch durchgängig mit (A) markiert.

Farrow & Ball hat die Welt des Interior Designs deutlich geprägt und ist seinem Handwerk und seinen Wurzeln dabei immer treu geblieben. Jede Farbcharge und jede Tapetenrolle wird bis heute in der Fabrik in Dorset mit äußerster Sorgfalt hergestellt und geprüft.

Aus der verschlafenen Firma Farrow & Ball in Dorset ist ein weltumspannendes Unternehmen geworden, das seine unübertroffenen Farben und kunsthandwerklichen Tapeten in 67 Ländern vertreibt und international über mehr als 50 Filialen verfügt, in denen Farbträume Gestalt annehmen können.

FARBNAMEN & INSPIRATIONEN

In den frühen 1990er-Jahren ergaben sich bei Abendgesellschaften ganz neuartige Tischgespräche. Man unterhielt sich über das intensive „Mouse's Back", das köstliche „Smoked Trout" und das zarte „Pea Green" (A). Eindeutig handelte es sich hierbei nicht um die Speisen eines bacchantischen Festmahls, sondern um die Namen außergewöhnlicher Farben, die die Welt im Sturm eroberten. Ihre Bezeichnungen waren so ungewöhnlich, dass sich die Fantasie überschlug bei dem Versuch, sich die Töne vorzustellen. Damals verfiel auch ich Farrow & Ball. Heute sind diese Namen Markenzeichen, die zwar häufig kopiert, aber nie erreicht wurden, denn sie alle haben eine Bedeutung. Die Farbnamen werden sorgfältig recherchiert und spiegeln unsere individuelle Firmengeschichte wider.

Wir bei Farrow & Ball sind uns der Tatsache bewusst, dass Farbbezeichnungen auch eine psychologische Wirkung haben. Man mag den Namen „Dead Salmon" vielleicht zunächst für abseitig halten, doch er entstammt einer historischen Rechnung über Malerarbeiten, die 1805 in der Bibliothek von Kedleston Hall in Derbyshire durchgeführt wurden. „Salmon" ist der Farbname, und „Dead" bezieht sich auf die matte Farboberfläche, nicht etwa auf einen toten Fisch. Viele Farbbezeichnungen sind dem Tierreich entnommen, so auch das zarte „Cabbage White", das nach einem ebenso zarten Schmetterling benannt ist, oder auch die kräftigen und zugleich duftigen Farben „Elephant's Breath" und „Mole's Breath" – zwei der wohl berühmtesten Farrow & Ball-Farben. Es geht uns dabei nicht um den Aufmerksamkeitsfaktor der skurrilen Namen, sondern um die Kraft der Sprache, Farben über den Weg der Assoziation zu charakterisieren. „Setting Plaster" etwa geht auf die lebendige Wirkung frisch verputzter Hauswände zurück, die man eigentlich nicht durch einen Farbanstrich überdecken will. „String" ist die Farbe unbehandelter Schnur und passt hervorragend zu „Cord", einer weiteren Kordelart. Es ist natürlich Absicht, dass sich bestimmte Vorstellungen bei den Namen einstellen, und nicht alle erschließen sich von selbst. „Ammonite" ist nach einem wunderschönen Fossil von der Isle of Purbeck in Dorset benannt und ergänzt die Farbe „Purbeck Stone" ganz natürlich.

Als echte Koloristen lassen wir bei Farrow & Ball uns selbstverständlich häufig von Naturpigmenten inspirieren, und das führt manchmal zu überraschenden Ergebnissen. „India Yellow" ist nach dem berühmten Pigment benannt, das aus dem Urin von Kühen gewonnen wird, die mit Mangoblättern gefüttert wurden. Die eher düster klingende Bezeichnung „Arsenic" bezieht sich auf ein Pigment, das früher für grüne Wandbekleidungen verwendet wurde. Einer Theorie zufolge vergiftete sich Napoleon I. während seiner Verbannung auf St. Helena möglicherweise mit dem Arsen, das in der Tapete seines Badezimmers enthalten war. Unsere heutigen Farben – das kann ich Ihnen versichern – enthalten natürlich keinerlei giftige Stoffe.

Gelegentlich gibt es den Farbnamen noch vor der Farbe selbst. „Plummett" beispielsweise wurde angemischt, nachdem ich einen Nachmittag am Fluss geangelt hatte und das Senkblei (engl. *plummet*), das meine Angelschnur beschwerte, in einem so wunderbaren Grau erschien, dass ich diesen Ton einfach in die Farrow & Ball-Palette aufnehmen musste.

Ein anderes Beispiel: Wir hatten schon lange den Wunsch, ein Weiß zu kreieren, das an die Spinnweben im Altweibersommer erinnert, ein fast durchscheinendes Weiß mit einem Hauch Farbe. So entstand „Wevet" – das Wort bedeutet im Dialekt von Dorset Spinnennetz.

Da Farrow & Ball fest in der Grafschaft Dorset verwurzelt ist, entlehnen wir so manche Farbnamen dem heimischen Dialekt. Obwohl sie sich in keinem Wörterbuch finden, ist ihr Klang doch so suggestiv, dass man die Farbe sofort vor Augen hat. Wir alle kennen die Farbe der Kombination aus Nebel (engl. *mist*) und Sprühregen (engl. *drizzle*), woraus „Mizzle" entstand. „Dimpse" beschreibt im hiesigen Dialekt die Farbe des Himmels in der Dämmerung.

Mit Wetter hat auch der Farbname „Cromarty" zu tun: Der Meeresarm Cromarty Firth findet stets Erwähnung bei der Seewettervorhersage im Radiosender der BBC, die Seeleute vor herannahenden Stürmen warnt und ein fester Bestandteil des britischen Alltags ist. Der grünliche Ton „Cromarty" ist ein wenig heller als „Mizzle" und erinnert an die Farbe aufsprühender Gischt und der bewegten See.

DIESE SEITE
So beginnt der langwierige Prozess der Entwicklung neuer Farben — wie eh und je mit einem Löffel und geschultem Blick, aber immer noch sehr effektiv.

LINKS
Fossilien wie diese lieferten die Inspiration für den Farbton „Ammonite".

RECHTE SEITE
Weitere Ideengeber, im Uhrzeigersinn von links oben: „Brassica": Blätter des violetten Sprossenbrokkoli. „St Giles Blue": Die Tapete im Flur des St Giles House. „Mouse's Back": An den Ursprung dieses Farbnamens erinnern uns lackierte Holzmäuse. „Calluna": Besenheide oder Calluna vulgaris. „Dove Tale": Vielleicht die Taube (dove) oder der Schwalbenschwanz beim Schreiner (dovetail)? „Wevet": Spinnennetz im Dialekt von Dorset.

Viele der Farrow & Ball-Farbnamen beziehen sich auf historische Gebäude. „Picture Gallery Red" geht auf das Museum in Attingham Park in Shropshire zurück, während „Sudbury Yellow" eine Abwandlung der Wandfarbe ist, die der große Interior Designer John Fowler für das Treppenhaus von Sudbury Hall in Derbyshire auswählte. „Calke Green" basiert auf der reineren Version einer Farbe im Frühstücksraum von Calke Abbey, ebenfalls in Derbyshire. Die Anregung für „Cook's Blue" fanden wir im selben Haus an den Wänden der Speisekammer, deren Anstrich über Jahrzehnte unberührt geblieben war. Angeblich trug diese Farbe dazu bei, Fliegen fernzuhalten.

Die Tradition, Farbanregungen aus historischen Bauten zu gewinnen, pflegen wir bis heute. Viele unserer Farben beruhen auf erhaltenen Anstrichen oder auf traditionellen Farben, die seit Generationen von Malermeister zu Malermeister weitergegeben werden. 2012 fanden wir bei der Arbeit am St Giles House von Lord Shaftesbury in Dorset einen alten Tapetenrest an einer Wand. Aus diesem Fetzen entstand „St Giles Blue" – eine Farbe, die klar und modern wirkt, obwohl sie einem Haus entstammt, dessen Grundstein im 17. Jahrhundert gelegt wurde. Auf ähnliche Weise kam es zu „Inchyra Blue": Es ist der Farbe nachempfunden, die Lord und Lady Inchyra sich speziell für ihr georgianisches Anwesen in Perthshire entwerfen ließen, damit sie zur atemberaubenden Kulisse des Hauses und zum launenhaften Himmel Schottlands passte.

MOUSE'S BACK

OBEN
Die unbestimmte Farbe, die der Himmel bei der Mischung aus Nebel (engl. mist) und Sprühregen (engl. drizzle) annimmt, war namensgebend für die Farbe „Mizzle".

RECHTE SEITE
Die Gesichter zu einigen Farbnamen, im Uhrzeigersinn von links oben: Nancy zu „Nancy's Blushes", Joa zu „Joa's White" und Charlotte zu „Charlotte's Locks".

Auch andere Farrow & Ball-Farben sind auf individuellen Wunsch entwickelt worden. „Print Room Yellow" (A) wurde speziell für die Restaurierung eines Grafikkabinetts aus dem 18. Jahrhundert gemischt, und das zarte, grünbasierte „James White" haben wir für die Verwendung im Gartenzimmer des anspruchsvollen Dr. James geschaffen, einen der ersten Kunden, die unsere Farbberatung in Anspruch nahmen.

Die meisten Anregungen jedoch verdanken wir nach wie vor der Natur. „Calluna" ist die Blütenfarbe und der Name der Binsenheide, die jeder noch so herben Landschaft eine sommerliche Note gibt, während ihre kräftigere Schwester „Brassica" vom satten Ton des violetten Sprossenbrokkolis inspiriert ist.

Manchmal entstehen Farben aber auch, weil wir feststellen, dass unser Farbfächer eine Lücke aufweist. „Vert De Terre", das dem Blaugrün des Pigments mit dem Namen *blue verditer* sehr nahekommt, wurde als Ergänzung zu „Cooking Apple Green" und „Ball Green" entwickelt, wobei das Erstere etwas frischer, das Zweite dezenter und gedeckter ist. „Vert De Terre" ist eine hervorragende Alternative zu diesen beiden Tönen und fügt sich harmonisch dazwischen ein.

Natürlich hoffen wir immer, Farbtrends auszulösen, statt ihnen zu folgen. Unsere Grautöne „Pavilion Gray" und „Manor House Gray" entstanden kurz vor dem derzeitigen Grau-Hype. Sie eignen sich perfekt für hochmoderne Räume, sind dabei aber historisch inspiriert – von einem Cricket-Pavillon und vom Gästehaus eines berühmten Jungen-College.

Es gibt unzählige Dinge, die uns zu Farbkreationen anregen – welch ein Glück, in einer Welt voller wunderbarer Farben zu leben!

„Nancy's Blushes"

„Joa's White"

„Charlotte's Locks"

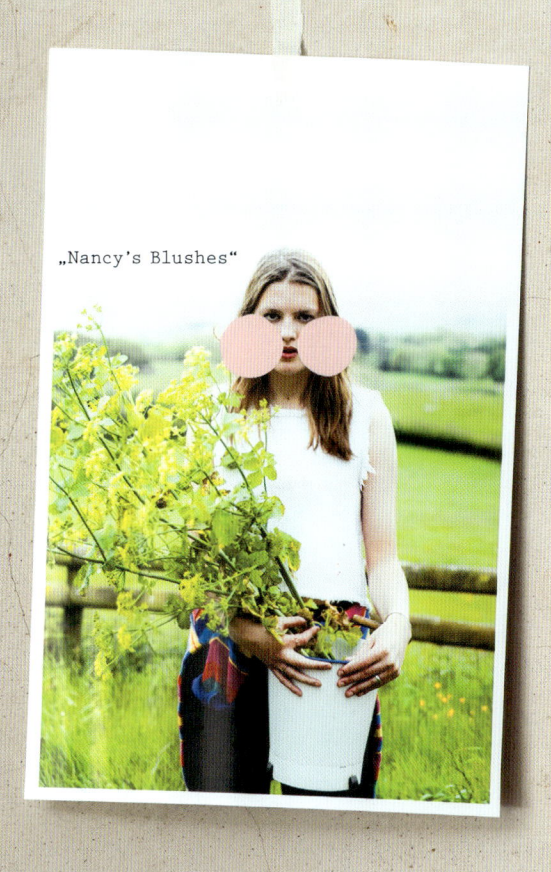

Nur wenige Menschen haben das Glück, Namensgeber einer Farbe zu sein: „Ball Green" entstand zu Ehren Richard Balls, des Farbpioniers, der die Firma Farrow & Ball begründete – zusammen mit John Farrow, nach dem „Farrow's Cream" benannt ist. „Savage Ground" verdankt seinen Namen dem ausgezeichneten Blockdrucker Dennis Savage, der entscheidend am Entwurf der ersten F&B-Tapete beteiligt war, während „Cornforth White" kreiert wurde im Gedenken an den Architekturhistoriker John Cornforth, Mitautor eines Standardwerks über englische Dekorationsstile im 18. Jahrhundert. In jüngerer Zeit wurden Farben auch nach Mitgliedern unseres Kreativteams benannt, um ihren Beitrag zu unserer Farbpalette zu würdigen.

Die Namen sind heute untrennbar mit den dazugehörigen Farbtönen verknüpft. Sie erwecken Farben zum Leben und speisen sich aus den ungewöhnlichsten Quellen. Wer hätte gedacht, dass „Stiffkey Blue" nach der Farbe des Schlicks an einem Strand im Norden Norfolks benannt ist? Aber auch ganz alltägliche Dinge regen uns zu unseren Schöpfungen an: Das geradezu unwiderstehliche „Brinjal" etwa hat seinen Namen von der indischen Bezeichnung für die Aubergine erhalten.

SO ENTSTEHEN FARBEN & TAPETEN

Es ist eine Art Alchemie, durch die unsere Farben kreiert werden und die ihnen ihre einzigartige Wirkung verleiht. Dennoch entstehen sie oft ganz unkompliziert, meist an einem Küchentisch. Wochenlang werden Farbproben aus zig kleinen Schälchen miteinander gemischt, bis wir mit dem Ergebnis zufrieden sind. Dieses geht dann an den Farbexperten im Labor, der die Farbe nochmals prüft.

Zwar stellen wir heute Farben für jede Art von Oberfläche her, doch ursprünglich war Farrow & Ball bekannt für Spezialfarben wie extra matten Holzlack (Dead Flat) und mit Kasein versetzte Leimfarbe (Casein Distemper). Aus der traditionellen Produktion haben wir viel gelernt, und heute verfügen all unsere Farben, von der matten Innenfarbe bis hin zum Hochglanz-Holzlack, über den hohen Pigmentanteil, der zusammen mit Harzen für die einzigartige Farbtiefe sorgt. Durch die komplexe Pigmentverteilung entstehen außergewöhnliche Farben, die bis in die Untertöne Strahlkraft und Tiefe besitzen. Die starke Lichtbrechung aller Zutaten erzeugt ein weicheres, gedeckteres Finish als bei vielen anderen Marken. Die Farben verändern sich mit den Lichtverhältnissen, wodurch sie lebendig wirken und eine eigene Magie ausstrahlen.

Manche Kunden sind verwundert, dass Farrow & Ball-Farben nicht so dick und zähflüssig sind wie die Produkte vieler günstigerer Anbieter. Das liegt daran, dass sie mit Pigmenten statt mit synthetischen Bindemitteln angefüllt sind. Die geringere Viskosität unserer Farben sorgt auch für den guten Farbfluss und eine gleichmäßige Deckung. Jede Farbe wird mit höchster Sorgfalt und Präzision abgemischt und auf Herz und Nieren geprüft, bevor sie in die Dose gelangt. Wir sind schließlich davon überzeugt, dass Farbe mehr ist als nur äußerer Schein.

Mit derselben Sorgfalt stellen wir auch die Tapeten her. Schon immer waren im Blockdruckverfahren gefertigte Tapeten hoch geschätzt, in jüngerer Zeit kommen nach dieser Methode gefertigte Papiere aber fast nur noch bei der Restaurierung von historischen Gebäuden zum Einsatz. Die Produktionstechnik, mit der Tapeten bei Farrow & Ball hergestellt werden, stammt aus dem 18. Jahrhundert, aber natürlich macht sich das Unternehmen heute auch Technologien des 21. Jahrhunderts zunutze.

Jede Tapete entsteht in einem ersten Schritt durch Auftragen einer Grundfarbe mit dem Pinsel, weshalb die Pinselstriche – wie schon im 18. Jahrhundert – deutlich sichtbar sind. Die Blöcke mit den Tapetenornamenten werden mit Farrow & Ball-Farben eingefärbt und dann mit Druck auf die Grundfarbe gebracht. Die Verwendung unserer eigenen Farben steigert nicht nur die Farbtiefe und lässt das Muster etwas hervorstehen, sondern verleiht dem Wandschmuck auch eine taktile Qualität, die mit konventionellen Druckfarben nicht zu erreichen ist. Druckt man Wandfarbe auf Wandfarbe, so ergeben sich einzigartige, anders nicht zu erzeugende Effekte. Bei jedem Durchlauf entstehen minimale Variationen, und auch dies macht den handgefertigten Charakter der Tapeten aus.

Farrow & Ball ist seit jeher für seine Streifen- und Pinselstrich-Designs berühmt, die unter Verwendung eines offenen Farbbades hergestellt werden. Zunächst wird die Grundierung mit dem Pinsel auf das Papier gebracht. Nachdem sie getrocknet ist, wird die Rolle unter einer Farbwanne hindurchgeführt. Von Hand geschnittene, unter der Wanne montierte Schaumstoffpads werden mit der Farbe aus der Wanne getränkt und übertragen den jeweiligen Streifen auf die Tapetenrolle.

Die ursprünglich französische „St Antoine" und ihr englisches Pendant „Silvergate" waren nach Jahrzehnten die ersten Damasttapeten, die wir in traditioneller Blockdruckweise produziert haben. Inzwischen sind viele hübsche Blütenmuster sowie einige moderne geometrische Designs hinzugekommen, die von traditionellen Tapeten- und Stoffmustern aus aller Welt inspiriert sind.

RECHTE SEITE
Unsere engagierten Mitarbeiter sind zu recht stolz auf die Farben, die sie herstellen, und überprüfen deren Qualität ständig.

SEITE 22-23
Die Tapetenfabrik birgt spannende Schätze, von den Basistapeten-Rollen bis hin zu den Walzen mit den handgefertigten Druckmustern.

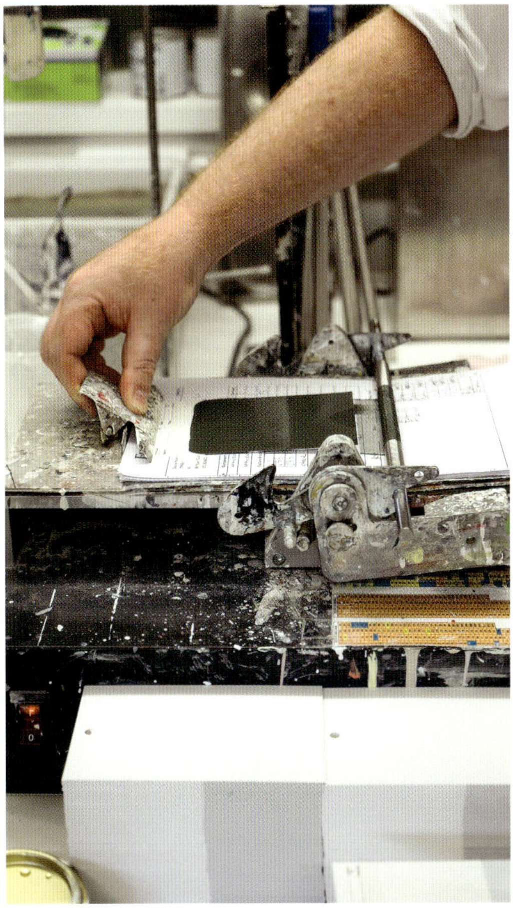
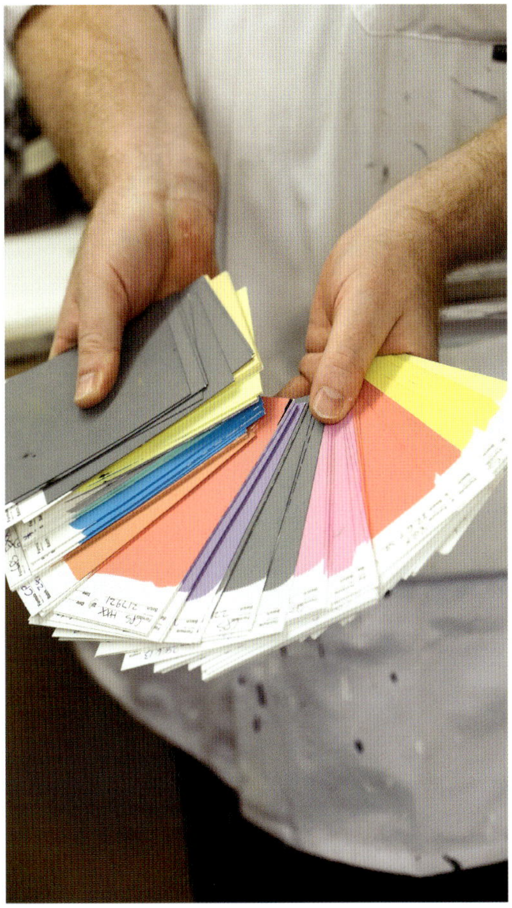
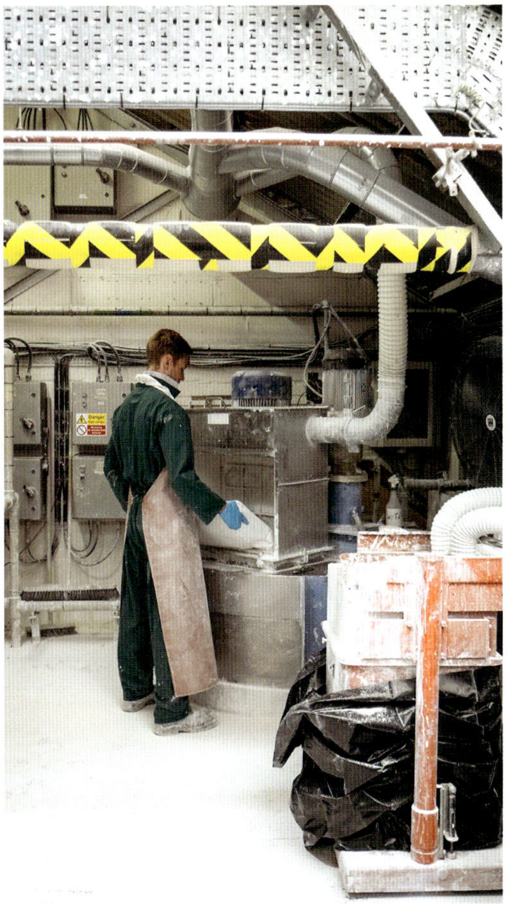
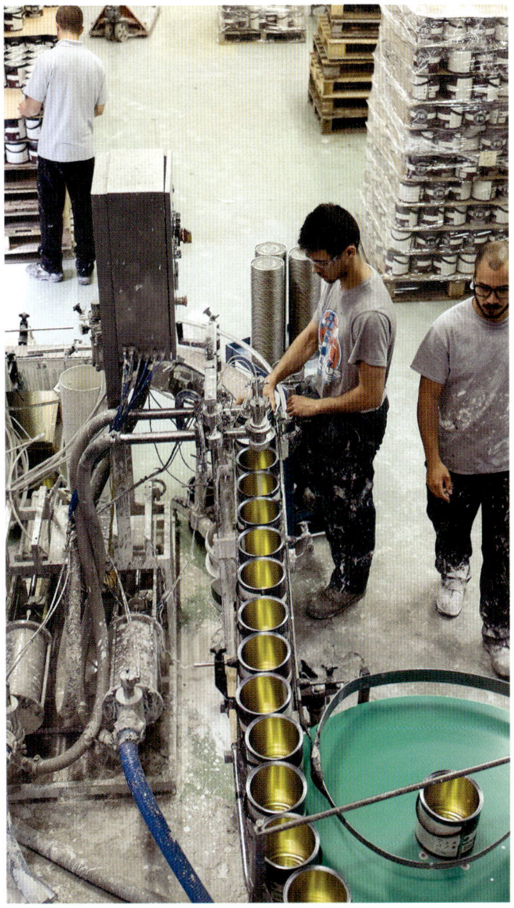
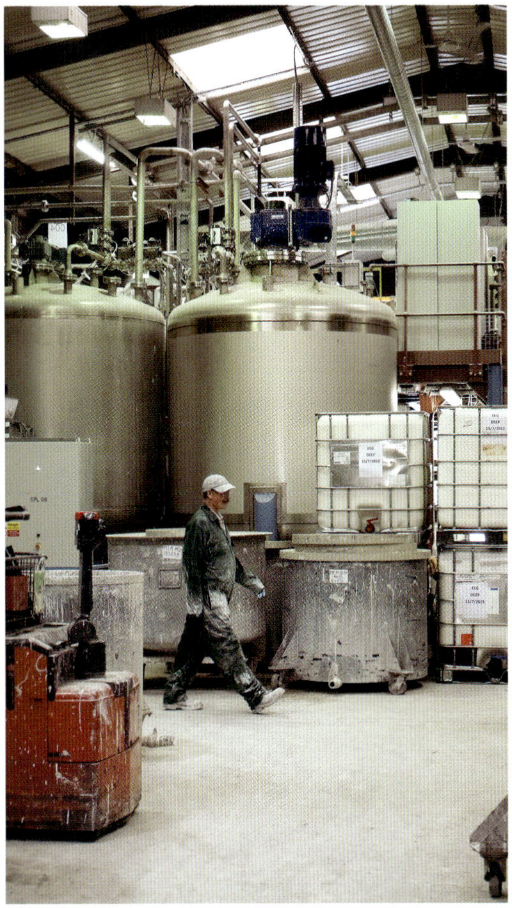
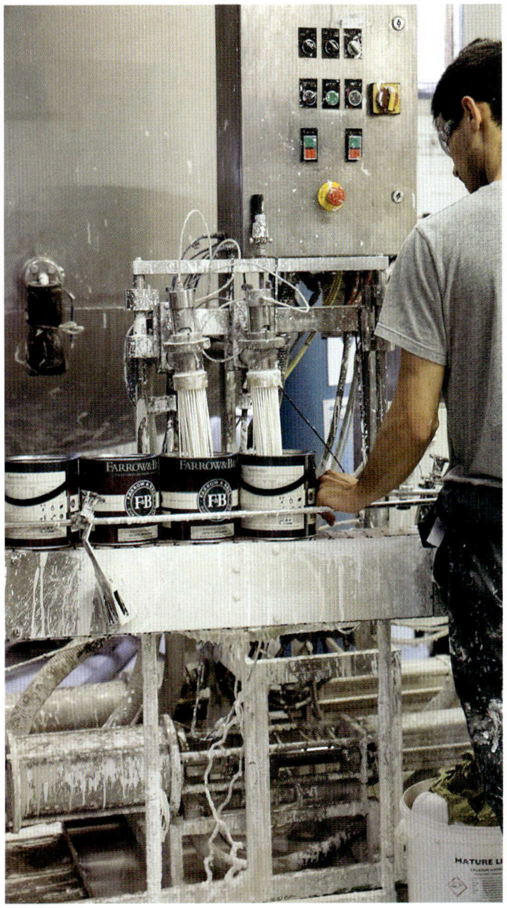

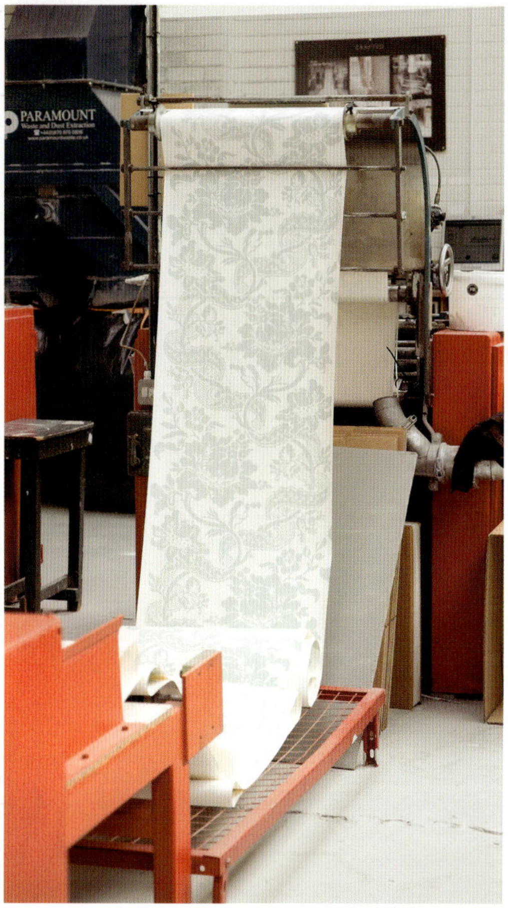
PARAMOUNT
Waste and Dust Extraction
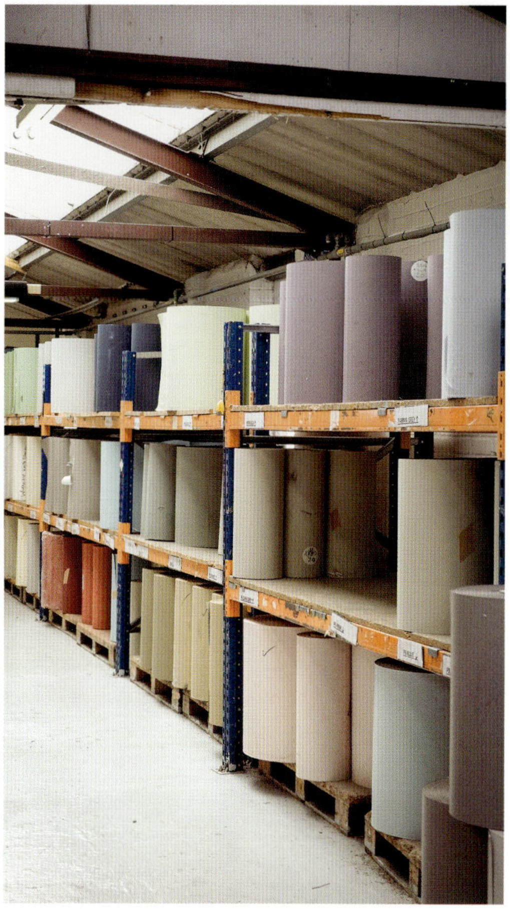
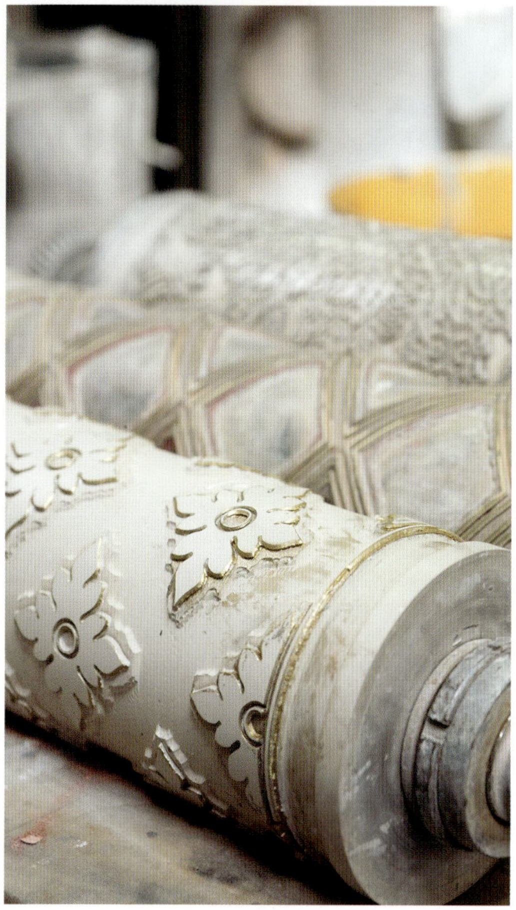
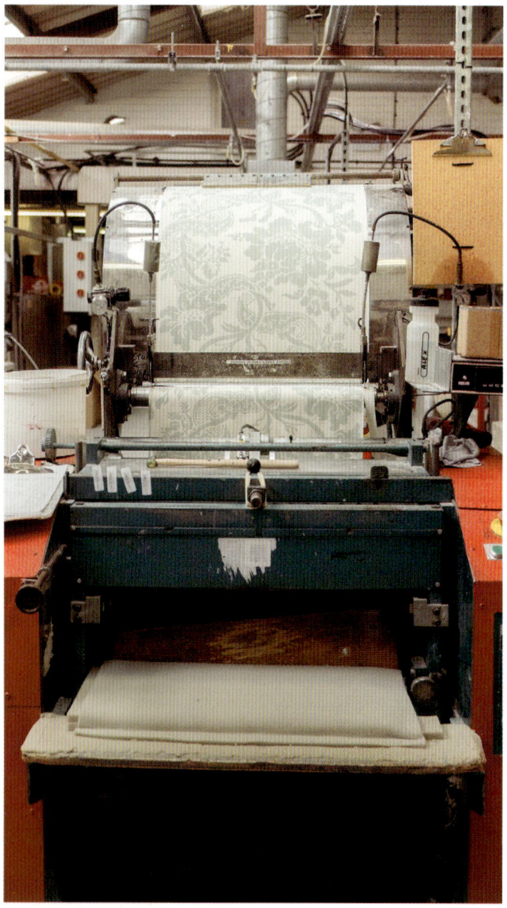
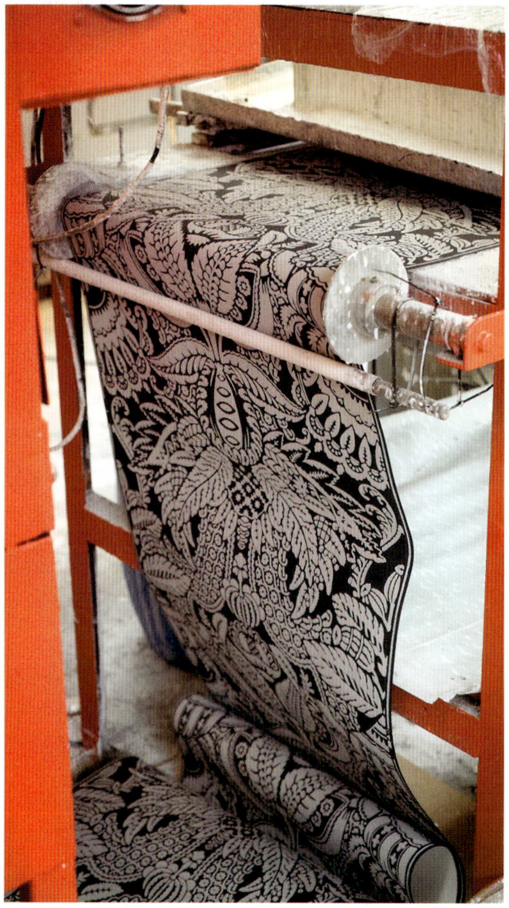
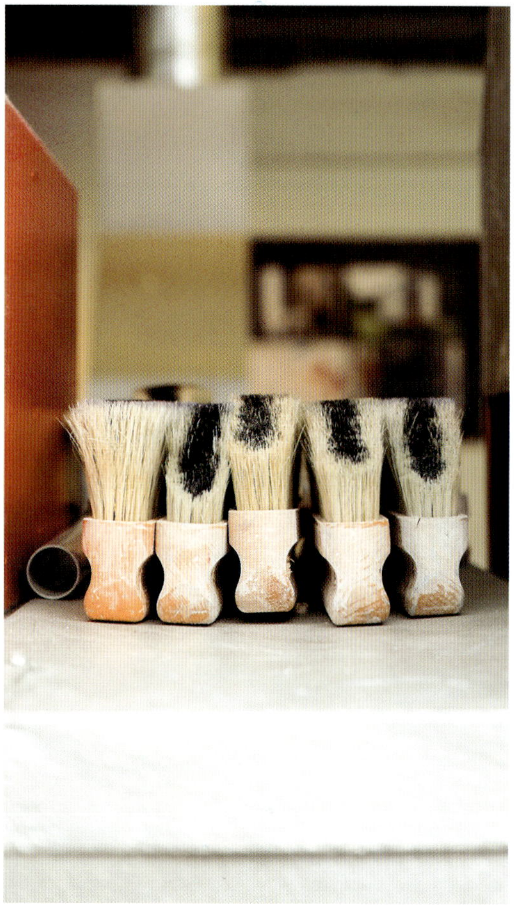

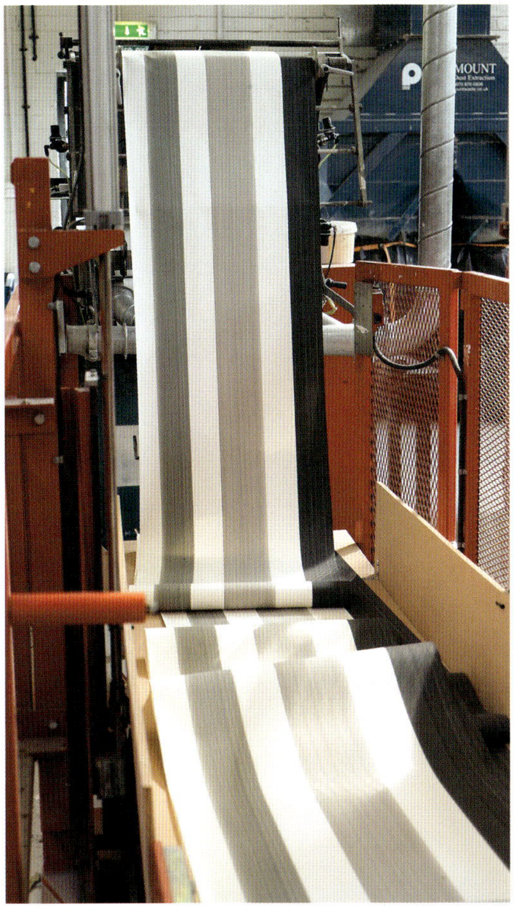

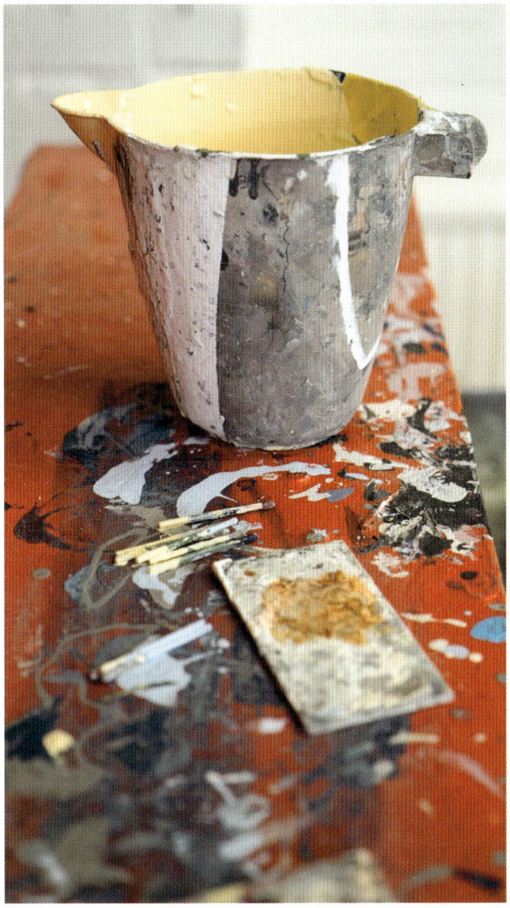

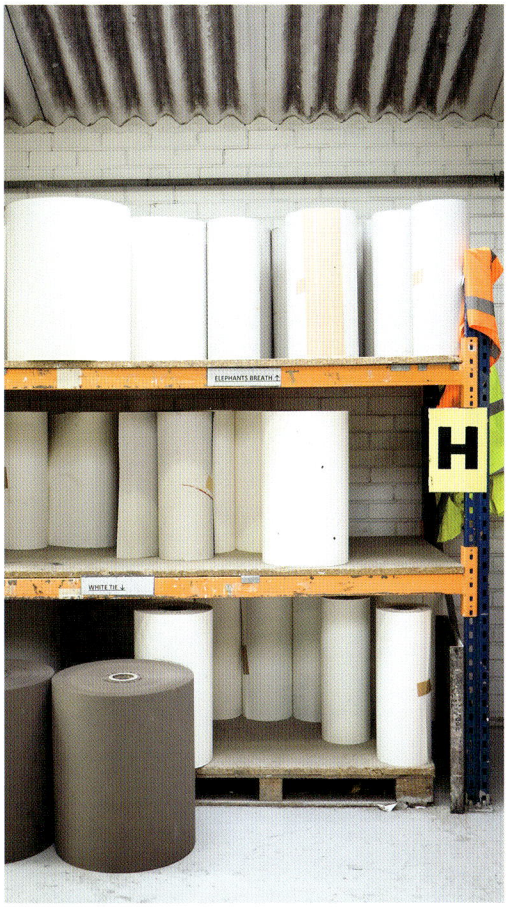
ELEPHANTS BREATH ↑
H
WHITE TIE ↓

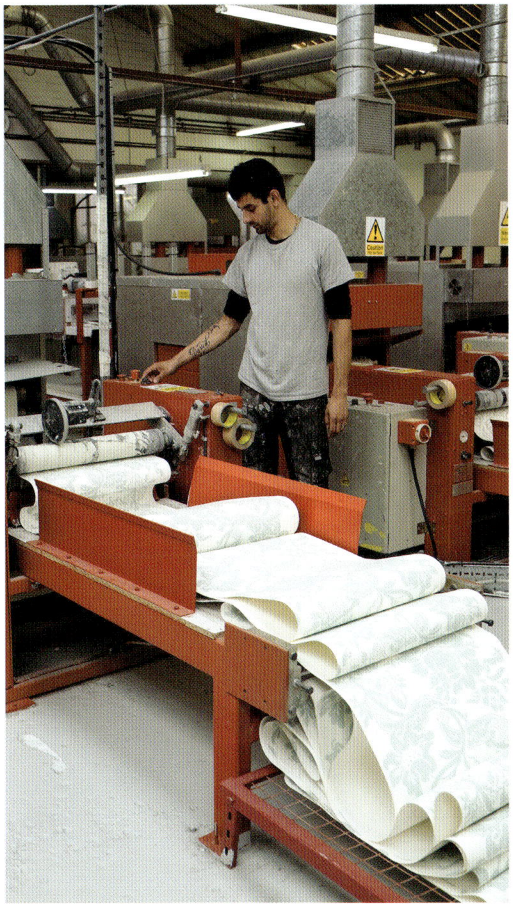

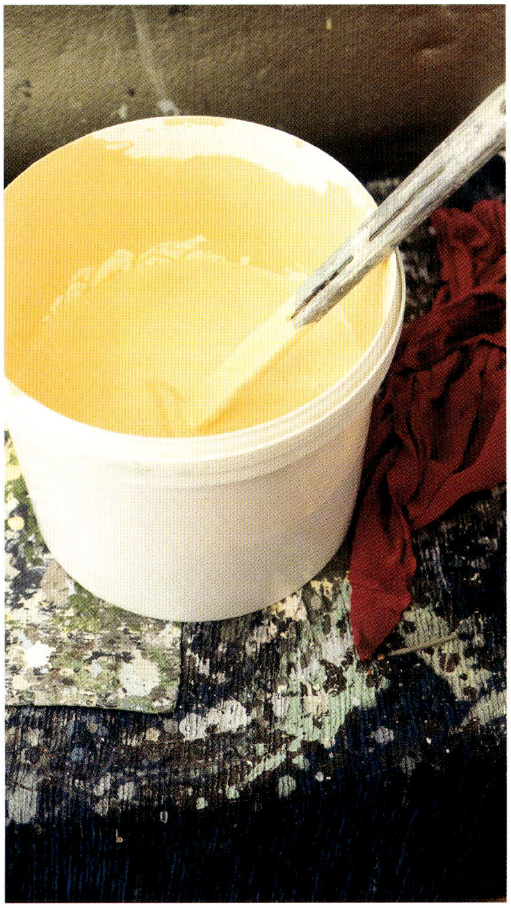

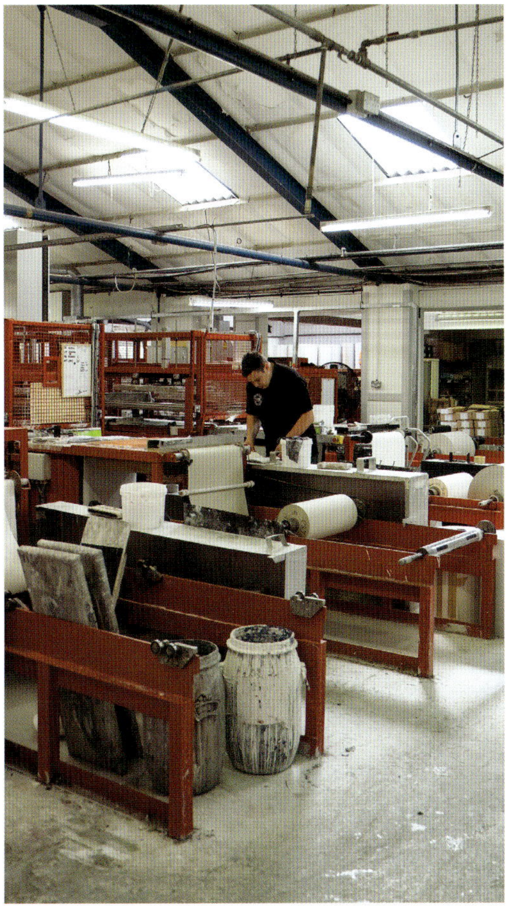

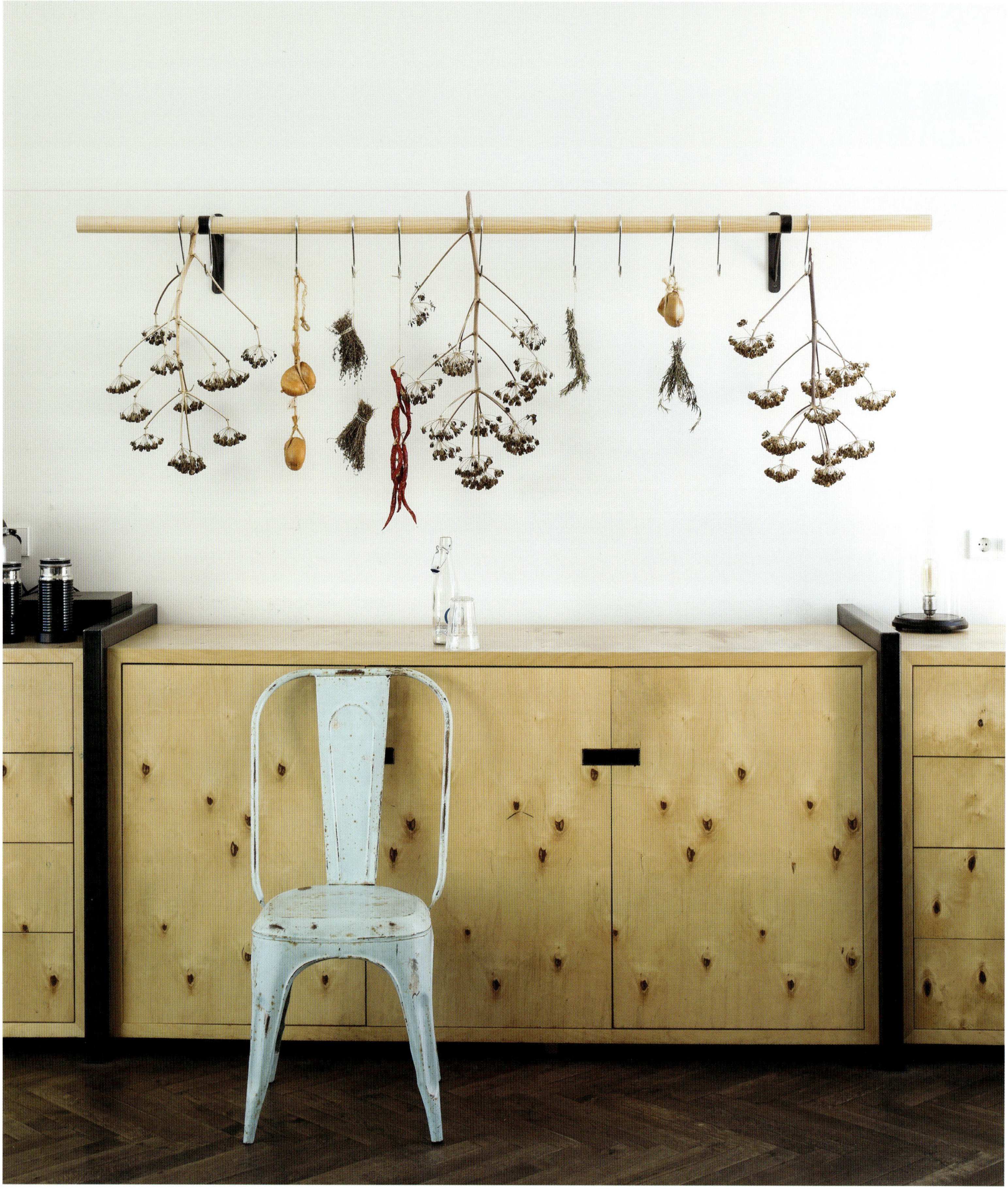

TEIL EINS
—

DIE ERSTEN SCHRITTE

LINKE SEITE
In dieser Küche wurde für den Wandanstrich die Farbe „All White" verwendet. Das Besondere daran ist, dass es außer Weiß keine Pigmente enthält. So entsteht ein wunderbar weiches, niemals grelles Weiß.

INNENARCHITEKTONISCHE ELEMENTE

Decke

Kehlung/Hohlkehle

Fenstersprossen

Wand

Fensterrahmen

Abschlussleiste/Stuhlleiste

Sockel

Sockelleiste/Fußleiste

Boden

INNENARCHITEKTONISCHE ELEMENTE

- Deckenrosette
- Decke
- Stuck- oder Zierleiste
- Fries
- Bilderleiste
- Türrahmen
- Wand
- Stuhlleiste
- Tür
- Wandverkleidung/-vertäfelung
- Sockelleiste/Fußleiste
- Boden

ARCHITEKTONISCHE ELEMENTE

ARCHITEKTONISCHE ELEMENTE

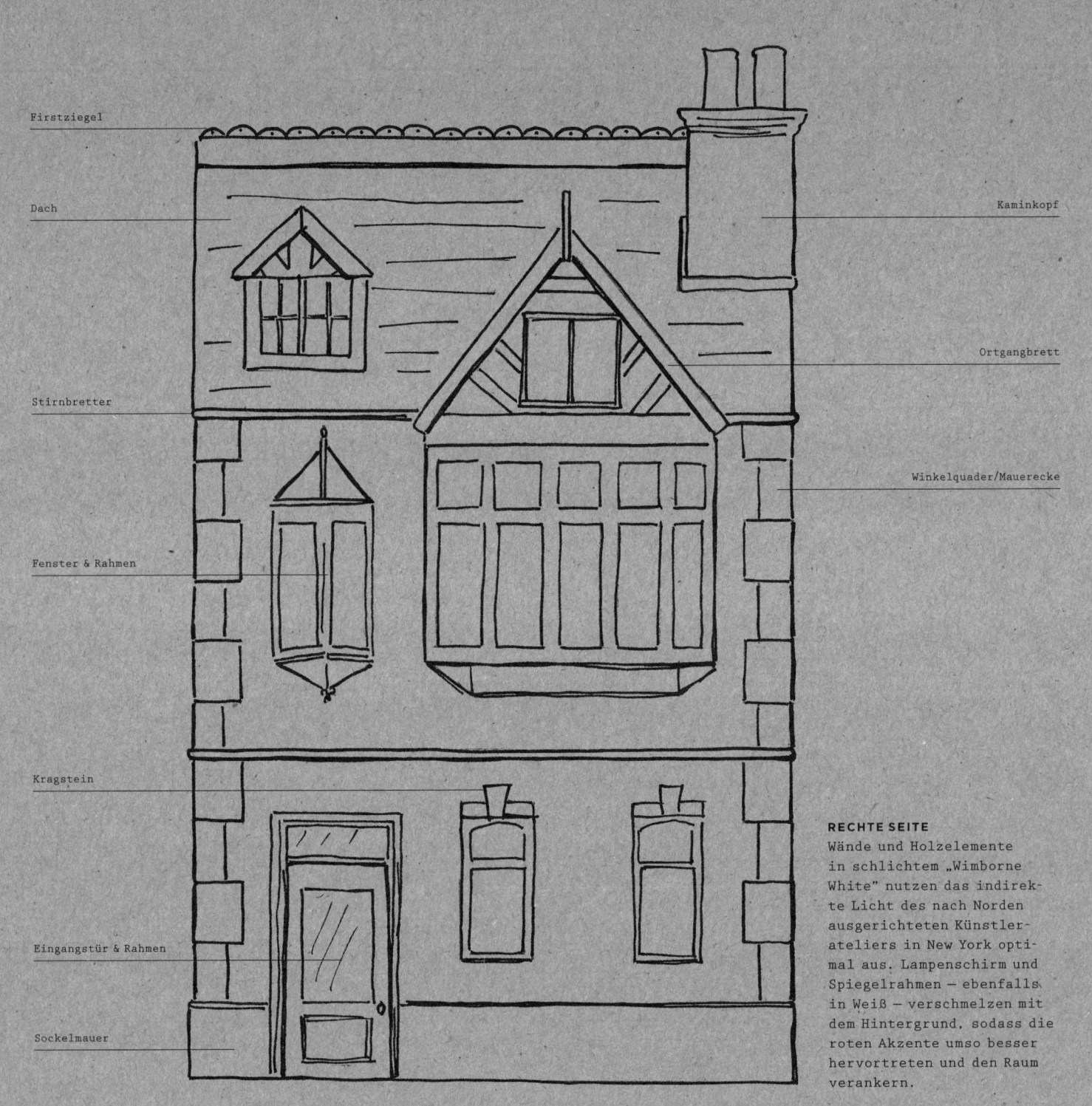

Firstziegel

Dach

Stirnbretter

Fenster & Rahmen

Kragstein

Eingangstür & Rahmen

Sockelmauer

Kaminkopf

Ortgangbrett

Winkelquader/Mauerecke

RECHTE SEITE
Wände und Holzelemente in schlichtem „Wimborne White" nutzen das indirekte Licht des nach Norden ausgerichteten Künstlerateliers in New York optimal aus. Lampenschirm und Spiegelrahmen — ebenfalls in Weiß — verschmelzen mit dem Hintergrund, sodass die roten Akzente umso besser hervortreten und den Raum verankern.

F.T.G.
PUNK SUCKS
CLASSIC ROCK
102.3 FM
69
Marshall
Fender
ACDC
THE EDGE
GILBEY'S

INSPIRATION

Bei Sammelalben denken die meisten an ihre Kindheit und vielleicht an die Ferien, in denen sie alle möglichen Schätze zusammengetragen haben. In Sammelalben können Sie aber auch perfekt dokumentieren, wie sich die Gestaltung Ihrer Wohnung mit der Zeit verändert hat, und sie sind eine wertvolle Planungshilfe. Ein Album, eine Pinnwand oder eine Schachtel voller Ideen und Inspirationen unterstützt Sie dabei, sich über neue Dekorationsansätze und -wünsche klar zu werden.

Sammeln Sie für Ihr Buch der Inspirationen Bilder mit Farben oder Farbzusammenstellungen, die Ihnen gefallen. Dabei geht es nicht um perfekt abgestimmte Ensembles, sondern um spannende Kombinationen. Von Natureindrücken bis zu Werbeplakaten – wir sind ständig von Farben umgeben. Schauen Sie sich um und lassen Sie sich vom Instinkt leiten. Auch Ihre eigene Kleidung verrät viel über Ihre Farbfavoriten.

Natürliche Farben sind immer inspirierend und ein guter Ausgangspunkt. Die Natur bringt von ganz allein harmonische und interessante Farbkombinationen hervor, davon können wir unendlich viel lernen.

Fotografieren Sie Dinge, die Ihnen aufgrund ihrer Farbe auffallen, zum Beispiel eine schöne Haustür im Sommersonnenschein. Tragen Sie hübsche Gegenstände zusammen – die Markenfarben von Hermès und Tiffany haben schon so manche Zimmergestaltung inspiriert. Gehen Sie auf Webseiten wie Houzz und Pinterest und wälzen Sie Bücher und Zeitschriften über Kunst und Design.

RECHTE SEITE
Diese kunterbunte Schatzkiste bietet eine erstklassige Grundlage für eine Farbwelt, in der man gerne leben möchte. Wer hätte gedacht, dass aus zarten Garnfarben, Baumrinde, einem Schuh und der Farbe einer Holzmaus ein ganzes Einrichtungskonzept entstehen könnte?

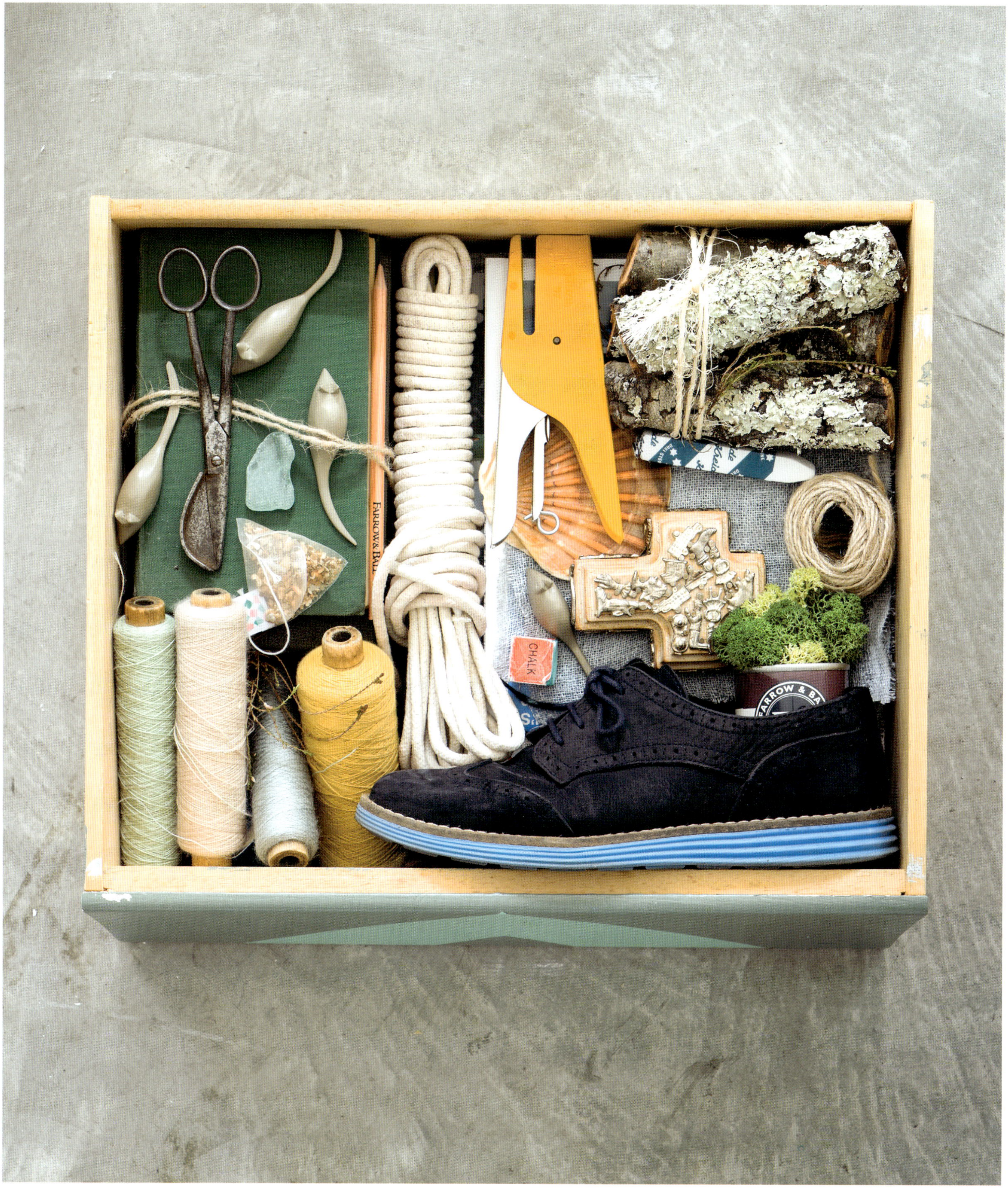
CHALK

DIESE SEITE
Die Vertäfelung und alle Zierleisten in diesem neu gebauten Hausboot des Fotografen James Merrell sind in „Cornforth White" gehalten, einem der dezenten Neutraltöne (siehe Seite 88). So lenkt nichts von der schönen Form des Hausboots ab, und es besteht auch farblich eine unmittelbare Verbindung zum Wasser, dessen Farbe an „Cornforth White" erinnert.

Der kleinste Gegenstand in Ihrer Wohnung kann zum ausschlaggebenden Detail werden – ganze Dekorationskonzepte haben sich schon um ein einzelnes Kissen oder einen Porzellanteller herum entwickelt. Wenn Sie Ihre Möbel und die schon vorhandenen Vorhänge in dem neu dekorierten Raum weiterverwenden möchten, nehmen Sie auch Fotos und Stoffmuster davon in Ihre Sammlung auf.

Historische Gebäude sind eine wertvolle Quelle, auch für die Gestaltung weniger herrschaftlicher Räumlichkeiten. Die Großen des Interior Designs halten auch heute noch fantastische Ideen bereit, etwa der englische Architekt und Innenarchitekt aus dem 18. Jahrhundert, Robert Adam, der bis zu sechs Farben an einer Zimmerdecke vereinte, oder John Fowler, der wohl talentierteste Farbkünstler der ersten Hälfte des 20. Jahrhunderts und Mitbegründer von Colefax & Fowler.

Auch Kunstobjekte sind fantastische Ideengeber, ob Sie sich nun von den leuchtenden Farbfeldern eines Mark Rothko oder eher von den gedeckten Tönen in den Stillleben eines Giorgio Morandi angezogen fühlen. Am besten bringt eine Wandfarbe Ihre eigenen Kunstwerke zur Geltung, wenn sie sorgfältig darauf abgestimmt ist.

Farben, die uns auf unseren Reisen begegnen, sind ebenfalls eine schöne Anregung, ihre Wirkung aber kann sich zu Hause sehr verändern. Der leuchtende Farbton eines betörenden Saris etwa wirkt ohne das warme Licht der indischen Sonne möglicherweise einfach nur grell. Kräftige Farben eignen sich daher oft eher als Akzent vor neutralem Hintergrund. Sie ziehen den Blick an, darum lohnt es sich, sie mit Bedacht einzusetzen.

Was auch immer Sie persönlich inspiriert: Sammeln Sie möglichst viele Dinge – auch Muster von Bodenbelägen, Fliesen und Stoffen – und schauen Sie, wie sie zusammen wirken. Betrachten Sie die Gegenstände wie die Zutaten eines fantastischen Gerichts – jede für sich ist köstlich, zusammen ergeben sie eine ausgewogene Komposition. Vertrauen Sie Ihrem Gefühl und das Einrichtungsabenteuer kann beginnen!

RECHTS OBEN
Ein Foto aus dem Sommerurlaub und eine am Strand gefundene Muschel sind die Grundlage für dieses Farbschema aus „Green Blue", „Red Earth" und „Off-White".

RECHTS UNTEN
Stoffe, Bodenbeläge und sogar Geschirr können erstklassige Ausgangspunkte sein. „Calke Green" wird als Wandfarbe dienen, weil es hervorragend zum Vorhangstoff passt, und für die Vitrine mit dem kostbaren Teller wurden „Stiffkey Blue" und „Charlotte's Locks" ausgewählt.

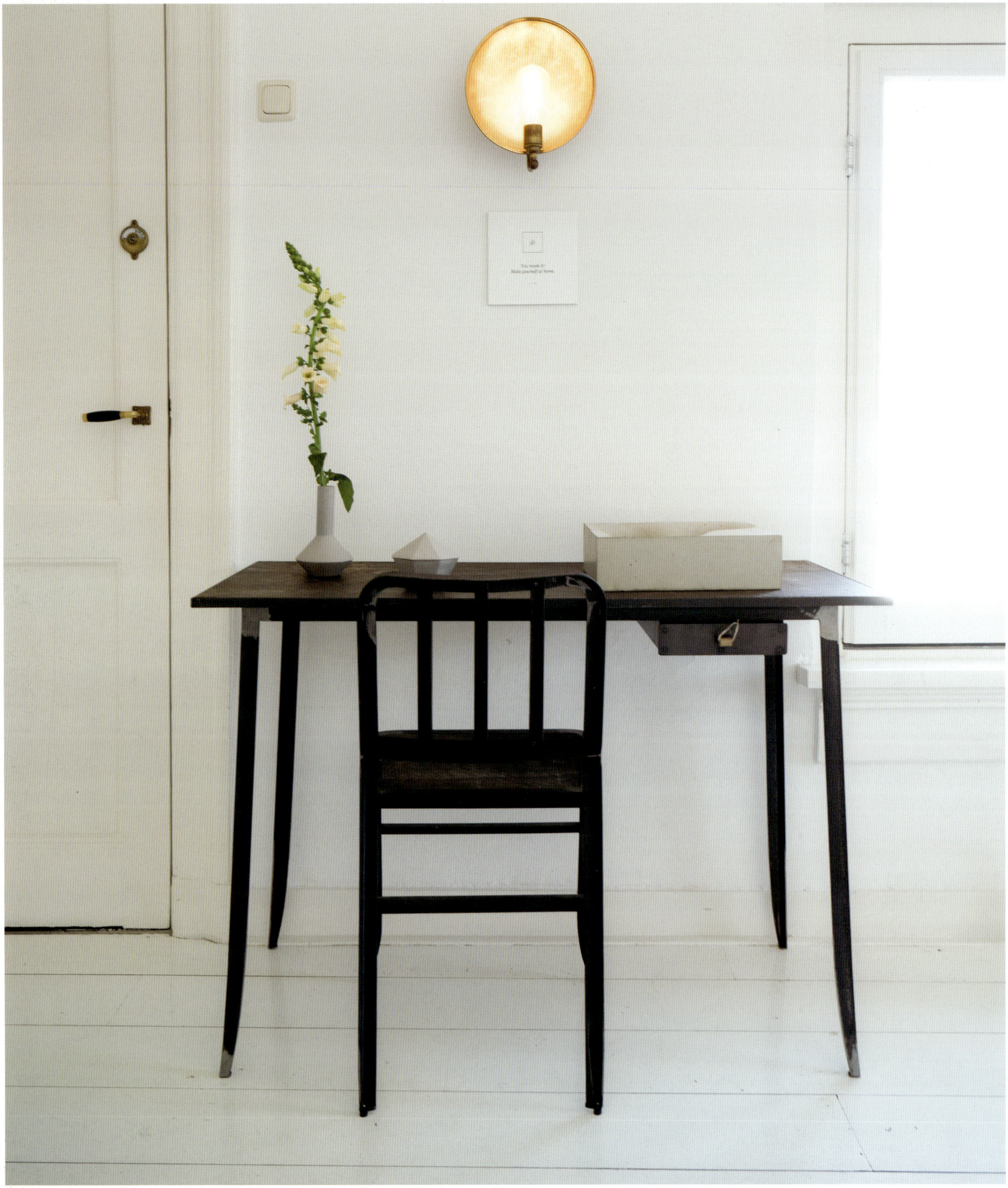

3 THEMEN FÜR DEN ANFANG

ARCHITEKTUR, LICHT & STIL

Es gibt keine festen Regeln, wenn es um Raumgestaltung geht – glücklicherweise haben wir alle unsere eigenen Stilvorlieben, leben an den unterschiedlichsten Orten und haben vielfältige Lieblingsfarben. Wäre es anders, dann wäre die Welt wohl ein langweiliger Ort. Anstatt also Regeln aufzustellen, möchten wir Ihnen vorschlagen, bei der Neugestaltung eines Raums zunächst die folgenden drei Aspekte zu berücksichtigen:

Die architektonischen Merkmale
Das Licht
Ihr eigener Stil

Jeder Raum ist anders, also sollte auch die Farbwahl seinen besonderen Gegebenheiten, seiner Funktion, seiner Bauweise und den Gelegenheiten, zu denen Sie ihn nutzen, entsprechen.

LINKE SEITE
Manchmal ist die schlichteste Farbwahl die überzeugendste. Monochrome Farbschemata wie dieses haben ohnehin einen zeitlosen Charme. Das „Wevet" der Wände und das etwas abgetönte „Strong White" der Holzelemente bieten eine perfekte Kulisse für den zarten schwarzen Tisch mit Stuhl.

ARCHITEKTUR

GRÖSSE UND FORM

Farbe kann die Proportionen von Räumen optisch verändern und die Wahrnehmung der Größe und Form beeinflussen. Zu großen Räumen passen helle Farben meist am besten, da sie die Weite des Raums betonen und dabei nicht übermächtig wirken. Dunklere Farben hingegen lassen kleinere Räume intimer und anheimelnder erscheinen.

Eine farbliches Statement in einem großen Raum kann etwas Dominantes haben. Kleine Räume sind wie hübsche Schmuckkästchen: prächtige Farben lassen sie aufleben, damit sie nicht blass und ausdruckslos erscheinen. Kräftige Töne sorgen für einen insgesamt ausgeglichenen Raumeindruck und lenken das Augenmerk auf die stilvolle Einrichtung anstatt auf die vielleicht eher bescheidene Größe des Raums. Außerdem hält dieses Kapitel Beispiele dafür bereit, wie sich kleine Schönheitsfehler wie eine ungünstige, asymmetrische Form, niedrige oder sehr hohe Decken einfach durch den Einsatz von Farbe beheben lassen.

RECHTS
Die Besitzer dieser Wohnung im Londoner Westen haben eine kühne Farbwahl getroffen. Die großflächige Einfassung mit der dunklen Farbe „Railings" vergrößert die Tür- und Fensterrahmen optisch. Im Wohnzimmer wurde der Farbton mit rauchigem „Green Smoke" kombiniert und demonstriert so aufs Beste, dass kräftige Farben kleinen Räumen meist schmeicheln.

RECHTE SEITE
Durch die aufgearbeiteten Glastüren des Einbauschranks in diesem eleganten französischen Haus sieht man noch die alte Ziegelwand. So vermittelt ein schönes optisches Detail zugleich Einblick in Geschichte und Bauweise des Hauses. Durch die Rahmung in „Black Blue" heben sich die hübschen Türen vor der Wand in „Manor House Gray" noch stärker ab.

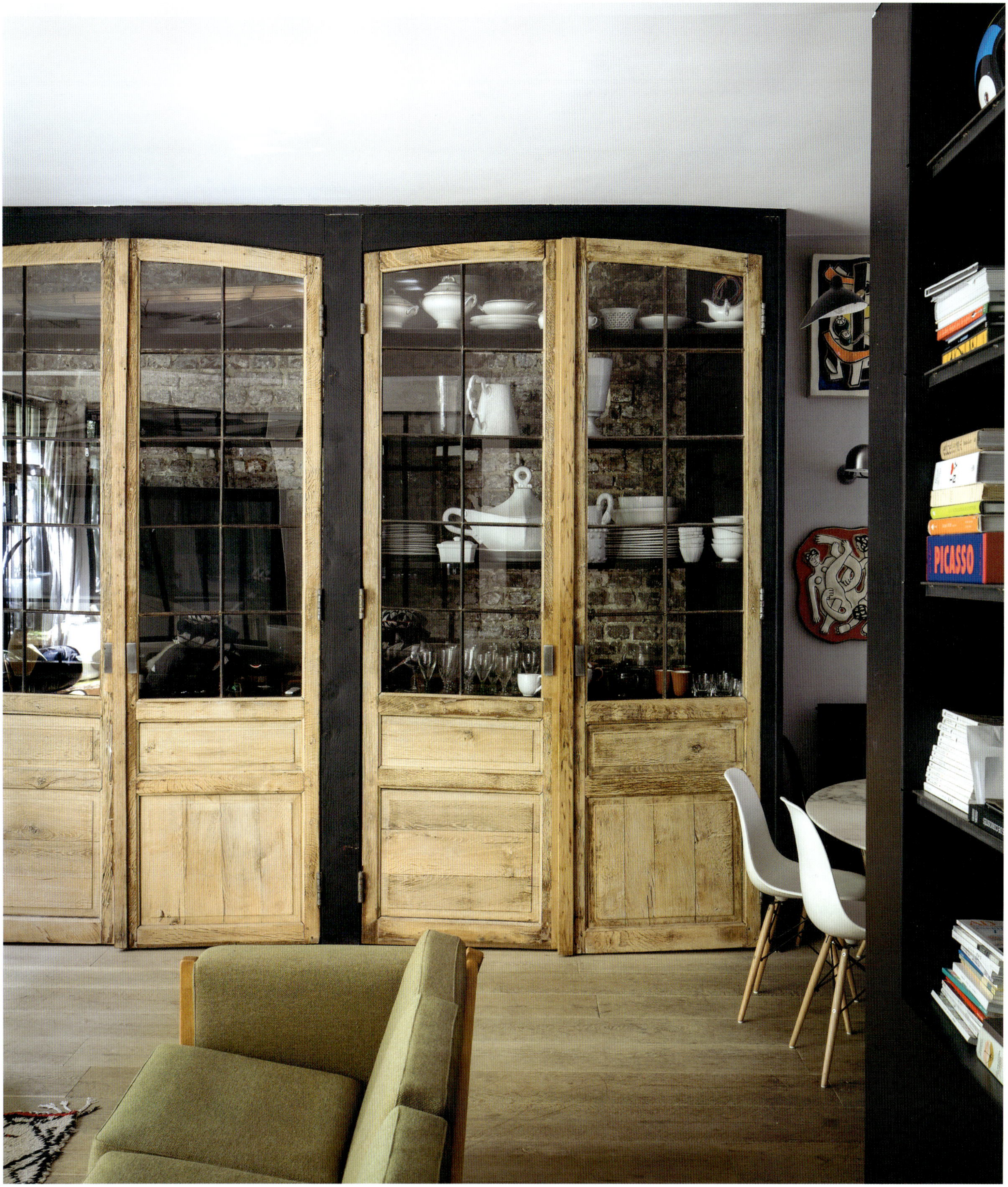
PICASSO

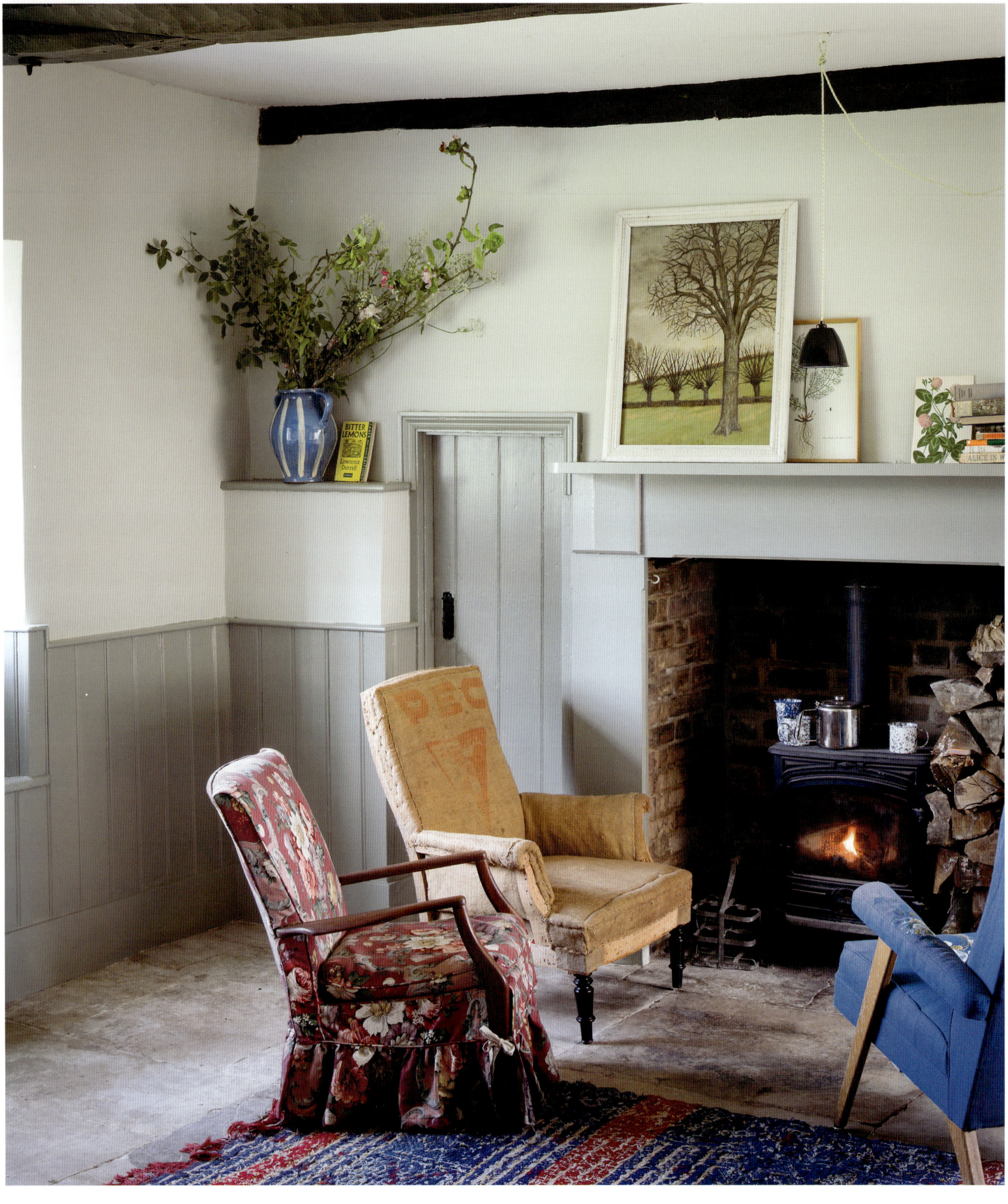
BITTER LEMONS
Lawrence Durrell

LINKE SEITE
Wände und Decke dieses gemütlichen Cottages in Dorset sind in „Cromarty" gehalten, dessen zartes Blaugrau dezent in den Hintergrund tritt und so aussieht, als wäre es schon immer dort gewesen. Die Kombination mit dem ebenso weichen, aber farbintensiveren „Pigeon" für die Holzelemente hebt den ganz eigenen Charme des Raums hervor.

RECHTS
In der Ankleidekammer dieses wunderbar restaurierten georgianischen Hauses in Bath verschwinden die Schranktüren in der vertäfelten Wand, da sie in derselben Farbe gestrichen sind. Das kräftige „Claydon Blue" (A) lenkt den Blick in diesen Bereich des Schlafzimmers, das ansonsten in neutralem „Strong White" gehalten ist.

SEITE 40–41
Ein markanterer architektonischer Akzent als diese außergewöhnliche Treppe ist wohl kaum denkbar. Die hohen Küchenschränke und die gegenüberliegende Wand in „Off-Black" passen perfekt zum Treppenträger aus Stahl, während die Stufen mit Rückwand und Kücheninsel in „All White" verschmelzen. So entsteht ein absolut harmonisches Bild – keine geringe Leistung angesichts eines solchen innenarchitektonischen Statements.

DETAILS

Schenken Sie den architektonischen Gegebenheiten eines Raums vor dem Neuanstrich so viel Aufmerksamkeit wie möglich (siehe auch S. 155 und 163). Kleine Variationen im Farbton können bestimmte Merkmale hervorheben, während eine einheitlichere Farbgestaltung kleine Räume aufwertet – je stärker die Kontraste, desto unruhiger und kleiner wirkt ein Zimmer. Räume in einer Farbe, egal wie intensiv diese ist, wirken beruhigend und lenken den Blick eher von Zierleisten und Türeinfassungen ab. Sind sowohl Wände als auch Holzelemente in einer Farbe gehalten, darf diese sogar recht dunkel sein, da kräftige Farben in den Hintergrund treten und einen Raum größer erscheinen lassen, wenn keine hellere Farbe als Kontrast zum Einsatz kommt.

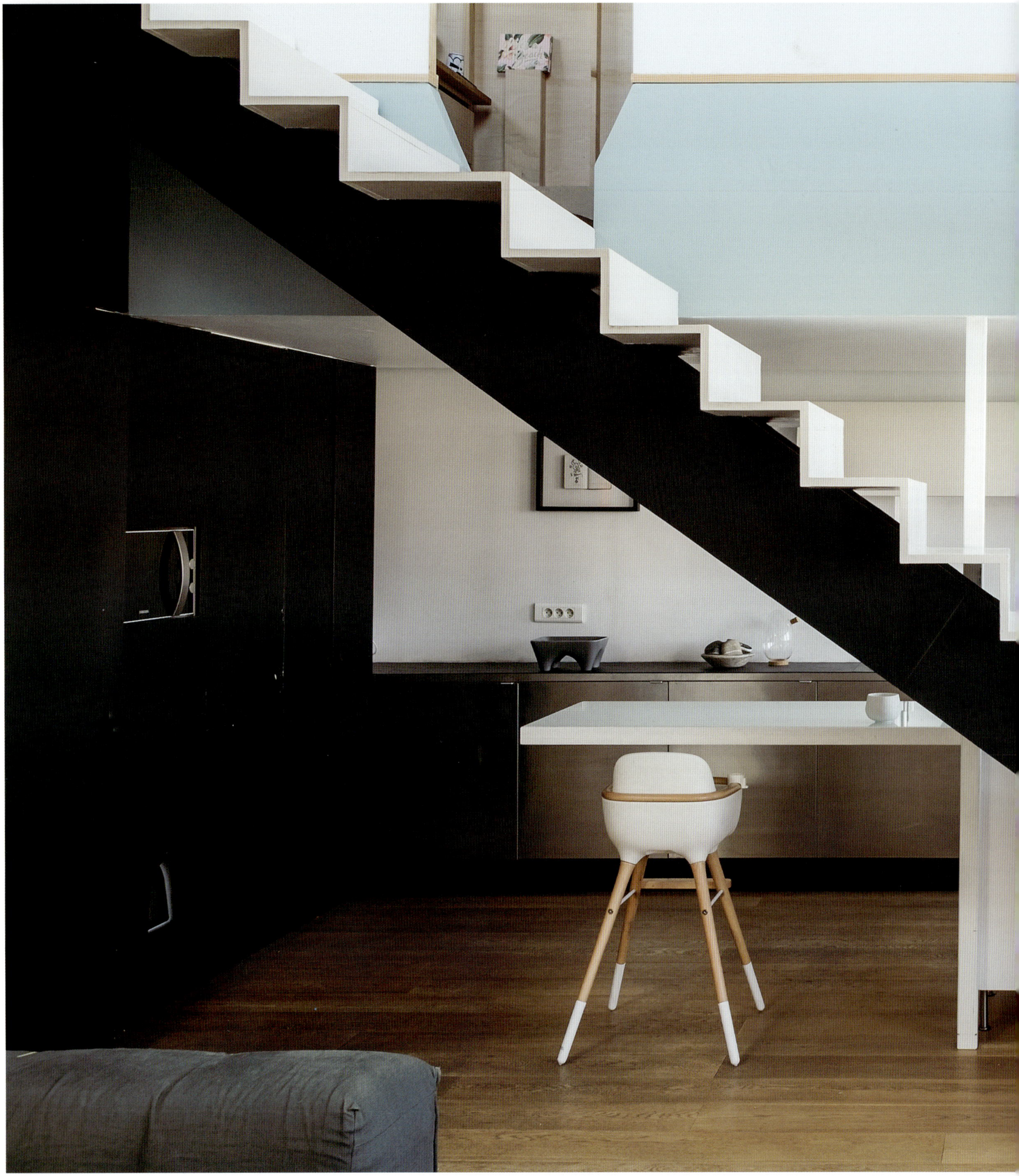

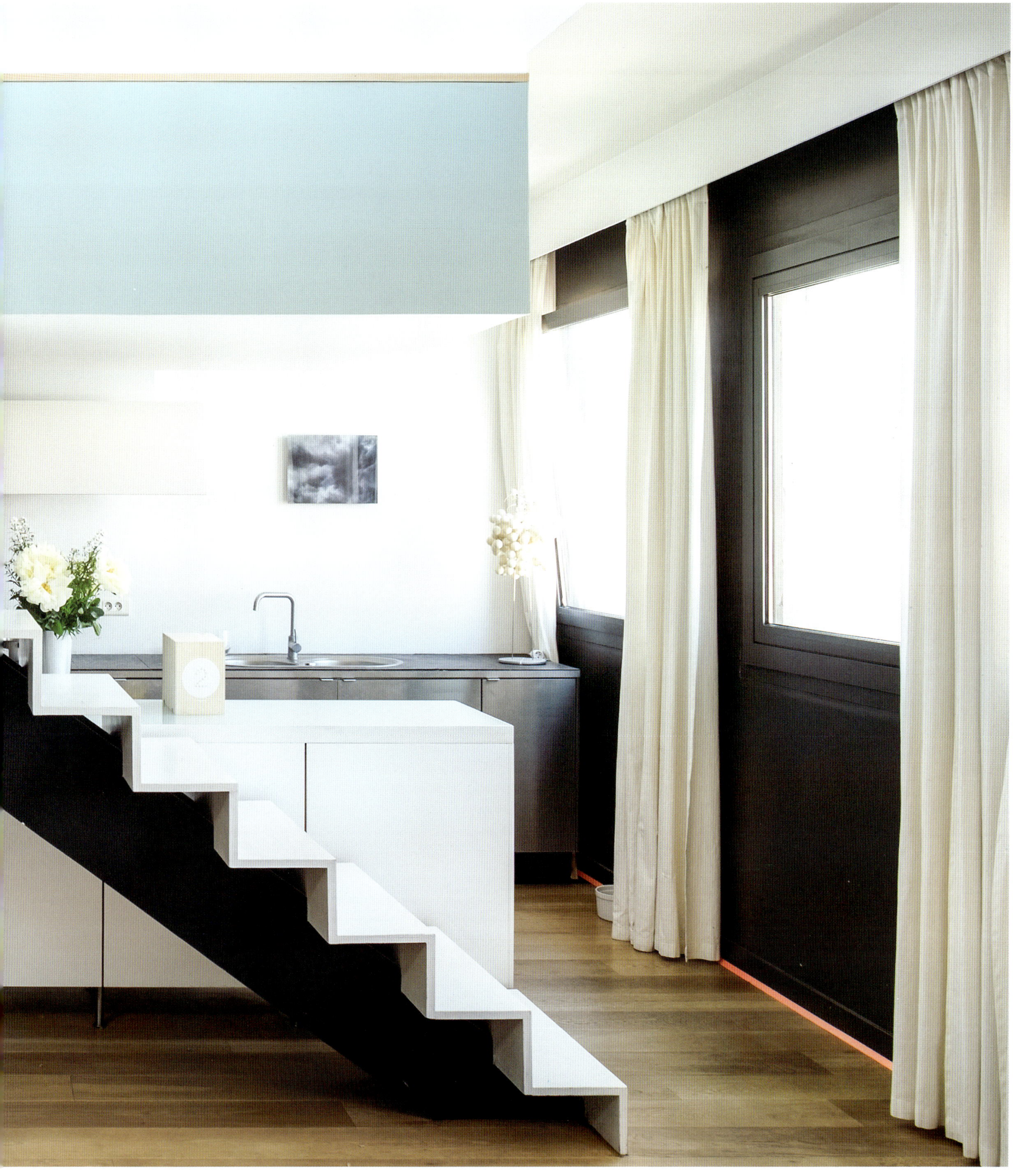

LICHT

Ob der Raum, den Sie neu gestalten möchten, in leuchtendem Südlicht erstrahlt oder durch seine Nordlage mit indirektem Licht versorgt wird, spielt eine geringere Rolle, als Sie vielleicht denken. Viel wichtiger ist, wie sich die Raumwirkung mit den wechselnden Lichtverhältnissen im Tagesverlauf verändert.

Ohne Licht gibt es auch keine Farbe, und das Magische an den besonders pigmentreichen Farben von Farrow & Ball ist, dass sie stark auf Veränderungen des Lichteinfalls reagieren. Die Farben scheinen sich über den Tag hinweg zu verändern, und das macht sie so lebendig. Morgens ist das Licht bläulich, mittags eher neutral, und das Abendlicht ist warm. Durch ihre komplexen Pigmente reagieren selbst die neutralen Töne (siehe S. 78–91) mit ihren unterschiedlichen Grundtönen ganz subtil auf die unterschiedlichen Lichtqualitäten.

Meist halten wir es für naheliegend, in kleinen, dunklen Räumen helle Farben zu verwenden. Doch fast immer ist das Ergebnis eher trübe und wenig ansprechend. Unsere Intuition mag uns von einer kräftigen Farbe in einem kleinen Zimmer zwar abraten, das Resultat aber wird in der Regel wunderbar plastisch und sehr viel spannender als jeder Versuch, mit schlichtem Weiß Helligkeit zu erzeugen.

Ineinander übergehende Räume profitieren häufig von einer dezenten Ton-in-Ton-Gestaltung. Dabei wirken Farben gleicher Intensität besonders harmonisch. Ein Eingangsflur hingegen, in den wenig oder gar kein Licht fällt, der aber trotzdem in einer dunklen Farbe gestrichen ist, strahlt betörenden Glamour aus und lässt alle Räume, in die man von dort aus gelangt, größer und heller erscheinen. Umgekehrt eignen sich große, helle Räume am besten für helle Farben, die den Blick in dunklere und kleinere angrenzende Bereiche locken.

LINKE SEITE
Mit seiner grünen Grundnote ist „Mouse's Back" die ideale Farbe für dieses Dachgeschoss in Toronto. Die Farbe passt wunderbar zum Ausblick, der von einem großen, vom Sonnenlicht verwöhnten Baum dominiert wird. Sobald aber das Tageslicht schwindet, erscheint die Farbe der Holzpaneele intensiver und macht den Raum intimer.

DIESE SEITE
Dieser schlicht gehaltene Raum ist ideal als Arbeitszimmer. Die große Wand in „Cornforth White" ist auch ohne Bilder schön, da das riesige Atelierfenster den ganzen Tag über viele zauberhafte Schatten darauf zeichnet. Im Zusammenspiel mit der unterschiedlichen Wirkung der Farbe entstehen immer neue Eindrücke.

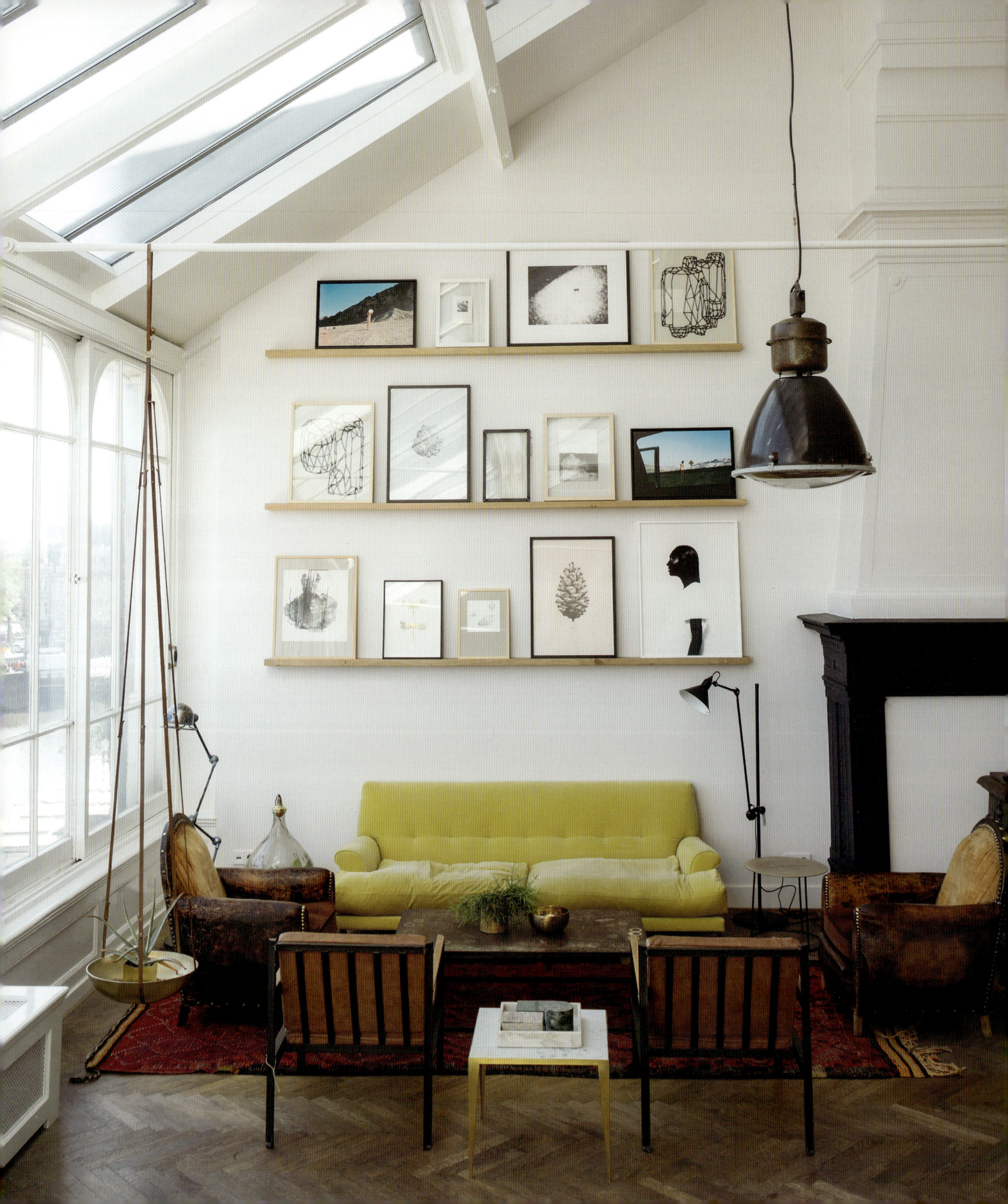

LINKE SEITE
Selten sind Räume so lichtdurchflutet wie dieses Zimmer in Paris. Die große Fensterfront, die sich ins Dach fortsetzt, lässt reizvolle Lichtspiele an den Wänden entstehen. Dieser Raum benötigt neben dem „Ammonite" der Wände und dem „Railings" der Kamineinfassung keine weiteren Farben. Abends sorgen die unterschiedlichen Stehlampen für anheimelnde Lichtinseln.

UNTEN LINKS
Die Besitzer dieses traumhaften Bauernhauses im Südwesten von England waren bei ihrer Farbwahl sehr mutig. In diesem schönen Flur haben sie alle Wände und Türrahmen in „Black Blue" gestrichen und so einen beeindruckenden dunklen Raum geschaffen. Er sorgt dafür, dass alle angrenzenden Räume größer und heller erscheinen.

UNTEN RECHTS
„Card Room Green" ist die ideale Farbe für dieses Gartenzimmer in einem kleinen Bauernhaus auf einer schottischen Insel. Tagsüber wirkt es trotz seiner Nordlage freundlich und einladend, und wenn das Licht zum Abend schwindet, sorgt die kräftiger wirkende Farbe für eine ebenso angenehme, geborgene Stimmung.

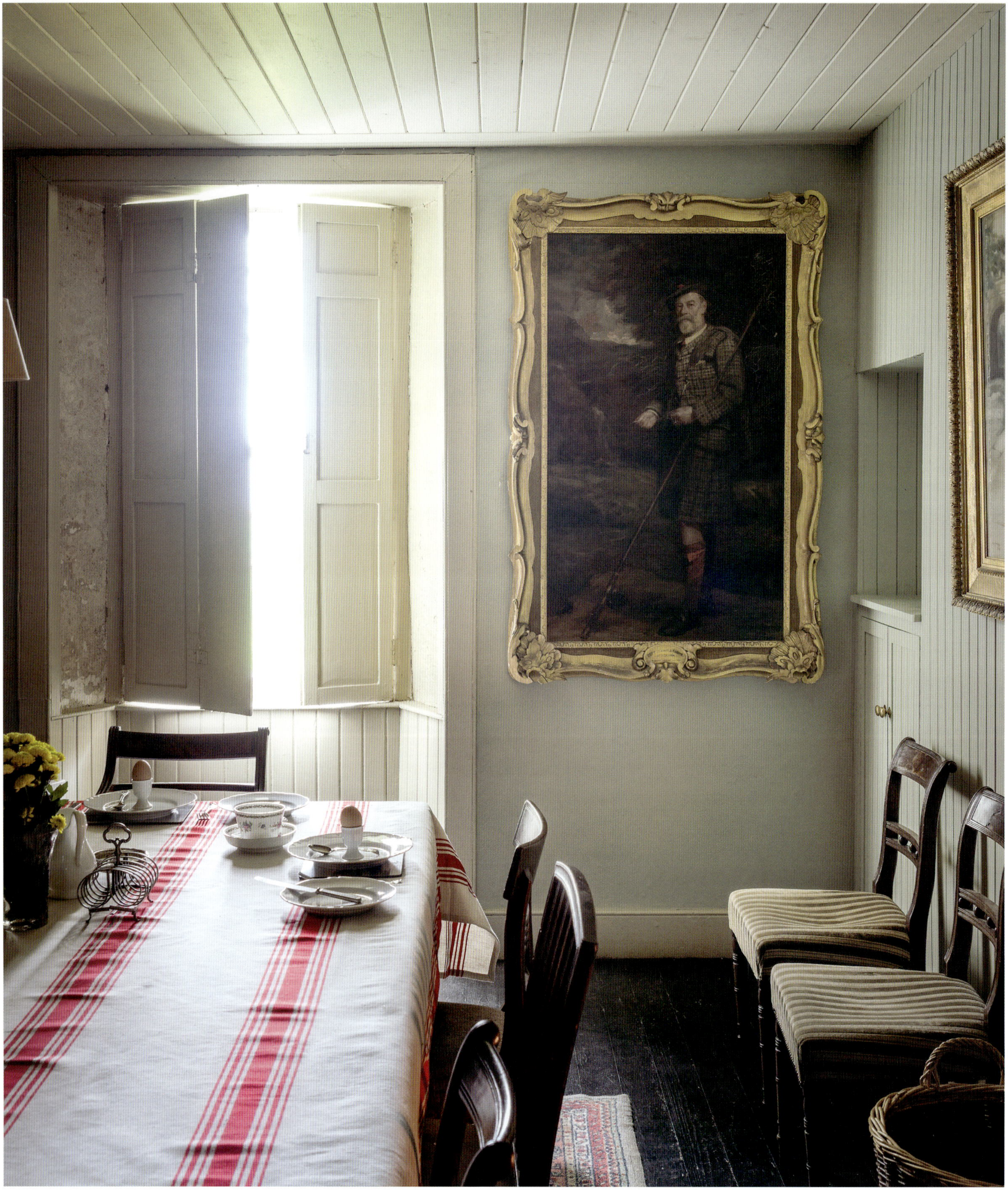

LINKE SEITE
Das Licht bricht durch die Fensterläden dieses freundlichen, nach Osten ausgerichteten Frühstücksraums und präsentiert das „Blue Gray" der Wände und das „Off-White" der Holzelemente in Bestform. Es ist, als gehörten beide Farben einfach in diesen Raum — hier möchte man gerne seinen Tag beginnen.

RECHTS
Ein wunderbares Beispiel dafür, wie eine kräftige Farbe in einem Raum einen angrenzenden Bereich heller und größer erscheinen lassen kann. Der enge Treppenaufgang wirkt großzügiger als er ist, weil die Wände des davor liegenden Flurs in dunklem „Inchyra Blue" gestrichen sind. Das „Hardwick White" der Treppe und das hellere „Pointing" an der flankierenden Wand erzeugen durch den Kontrast die Illusion von Weite.

STIL

Vertrauen Sie Ihrem Instinkt. Die Wahl von Innenfarben ist nicht nur eine Frage des Lichteinfalls und des Baustils, sondern auch eine des persönlichen Geschmacks. Suchen Sie Farben niemals nur deshalb aus, weil sie gerade in Mode sind oder aber den Originalfarben des historischen Baus entsprechen. Wählen Sie die Farben, die Sie lieben und mit denen Sie sich wohl fühlen. Es ist Ihr Zuhause, und niemand schreibt Ihnen vor, wie es auszusehen hat.

Entscheiden Sie zunächst, in welcher Weise Sie Farbe einsetzen möchten: als prägendes Element Ihrer Raumgestaltung oder eher als unauffälligen Hintergrund. Am harmonischsten wirken Räumlichkeiten in verschiedenen Tönen einer neutralen Farbfamilie. So schaffen Sie eine schöne Grundlage für unterschiedlichste Einrichtungsstile.

Sorgen Sie für einen einladenden ersten Eindruck, sowohl für Sie selbst als auch für Ihre Gäste. Ein Eingangsflur ist dann am schönsten, wenn die Farben sowohl Ihrer Persönlichkeit als auch der Architektur des Hauses entsprechen. Kräftige Farben verleihen Eingängen einen Hauch von Luxus und erlauben es, alle weiteren Räume neutraler zu gestalten. Der Flur ist das Herzstück von Haus und Wohnung und lässt die davon ausgehenden Zimmer heller und größer erscheinen, wenn er in einer kräftigen Farbe gestaltet ist. Hier haben Sie die Freiheit, eine ausgefallene Farbe auszuwählen, denn er ist nur ein Durchgangsraum.

Im Esszimmer verbreiten Kerzen und Kronleuchter eine anheimelnde Atmosphäre, auch hier ist eine dramatische Geste erlaubt. Wählen Sie am besten satte Farben, die die Wände zurücktreten lassen und den Tisch ins Rampenlicht rücken.

In einem Familienhaushalt ist meist die Küche das Zentrum, um das sich alles dreht, und hierfür ist eine möglichst helle Gestaltung die richtige Wahl. Küchen sind geschäftige Orte: Ein und dieselbe Farbe für Wände und Holzelemente – außer Schrankfronten und Kücheninsel – macht den Raum schlicht und freundlich. Diese Farbe können Sie bei anderen Holzarbeiten im Haus wieder aufgreifen.

Das Schlafzimmer ist der privateste Raum. Hierhin ziehen wir uns zurück, um zu entspannen. Entscheiden Sie sich darum für ruhige Farben, zu denen Sie sich ganz natürlich hingezogen fühlen. Rottöne wirken eher anregend und sind daher sicherlich nicht die erste Wahl. Grün- und Blautöne ebenso wie neutrale Farben dagegen fördern die innere Ruhe. Gästezimmer, die wenig genutzt werden, dürfen aber durchaus mit einer lebhaften Farbe oder einer extravaganten Tapete aufwarten. Ein liebevoll gestaltetes Zimmer ist wie ein kleines Geschenk an den Gast.

Auch wenn die meisten Menschen helle Badezimmer bevorzugen, profitieren Räume, in denen die Wand zu den wenigen Farbträgern gehört, von intensiveren Tönen. Also nur Mut zur Farbe im Bad! Da Spiegel, Armaturen und Sanitärelemente das Licht reflektieren, dürfen die Wände getrost dunkler gehalten sein, das Bad wirkt dadurch einladend und intim.

Natürlich spricht nichts dagegen, die Bauart und den ursprünglichen Stil eines älteren Hauses zu berücksichtigen. Aber viel wichtiger ist es, dass Sie sich selbst treu bleiben. Ihre Farbwahl, ob sie auf eher gedeckte oder aber kräftige Töne fällt, sollte zu Ihnen passen. Mit Farbe können wir die Größenwirkung von Räumen beeinflussen, den Blick steuern und Hingucker platzieren – vor allem aber können wir Farbe dafür nutzen, einzigartige Räume zu schaffen, die unsere Persönlichkeit zum Ausdruck bringen.

RECHTE SEITE

Durch den sparsamen Einsatz von Farbe in dieser Küche in New York ist ein sehr friedlicher Raum entstanden. Die klassische Farbkombination aus „Drop Cloth" auf den Holzelementen und „Shadow White" an den Wänden strahlt eine innere Ruhe aus, die dem hier lebenden Künstler vollkommen entspricht.

SEITE 50

Dieses Treppenhaus mit Wänden in „Black Blue" empfängt uns wie ein dramatisches Bühnenbild und bildet eine ganz besondere Überleitung zu den übrigen, ähnlich berauschenden Räumen. Ein Vorteil der dunklen Wandfarbe ist, dass sie die angrenzenden Räume heller und weiter erscheinen lässt.

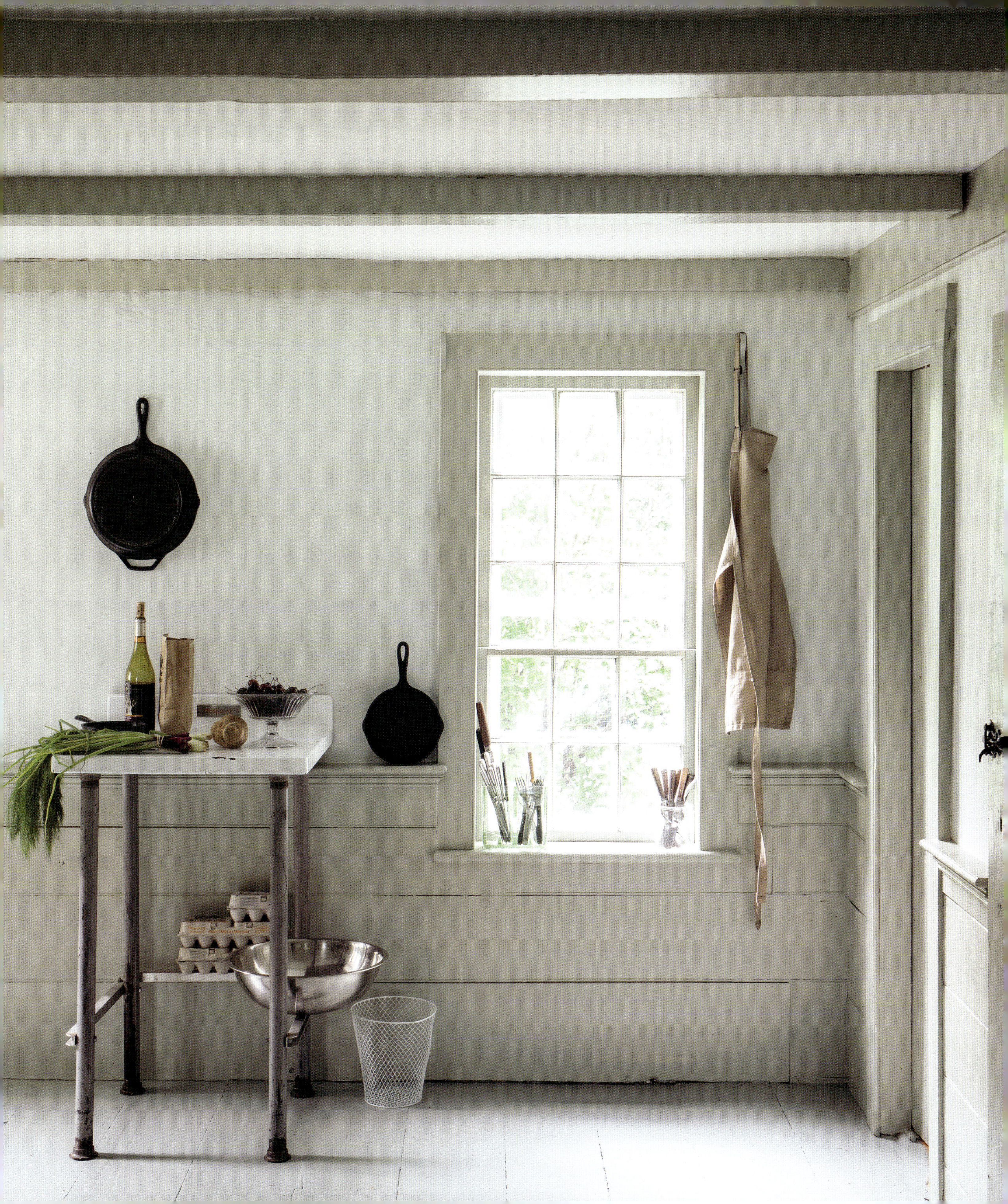

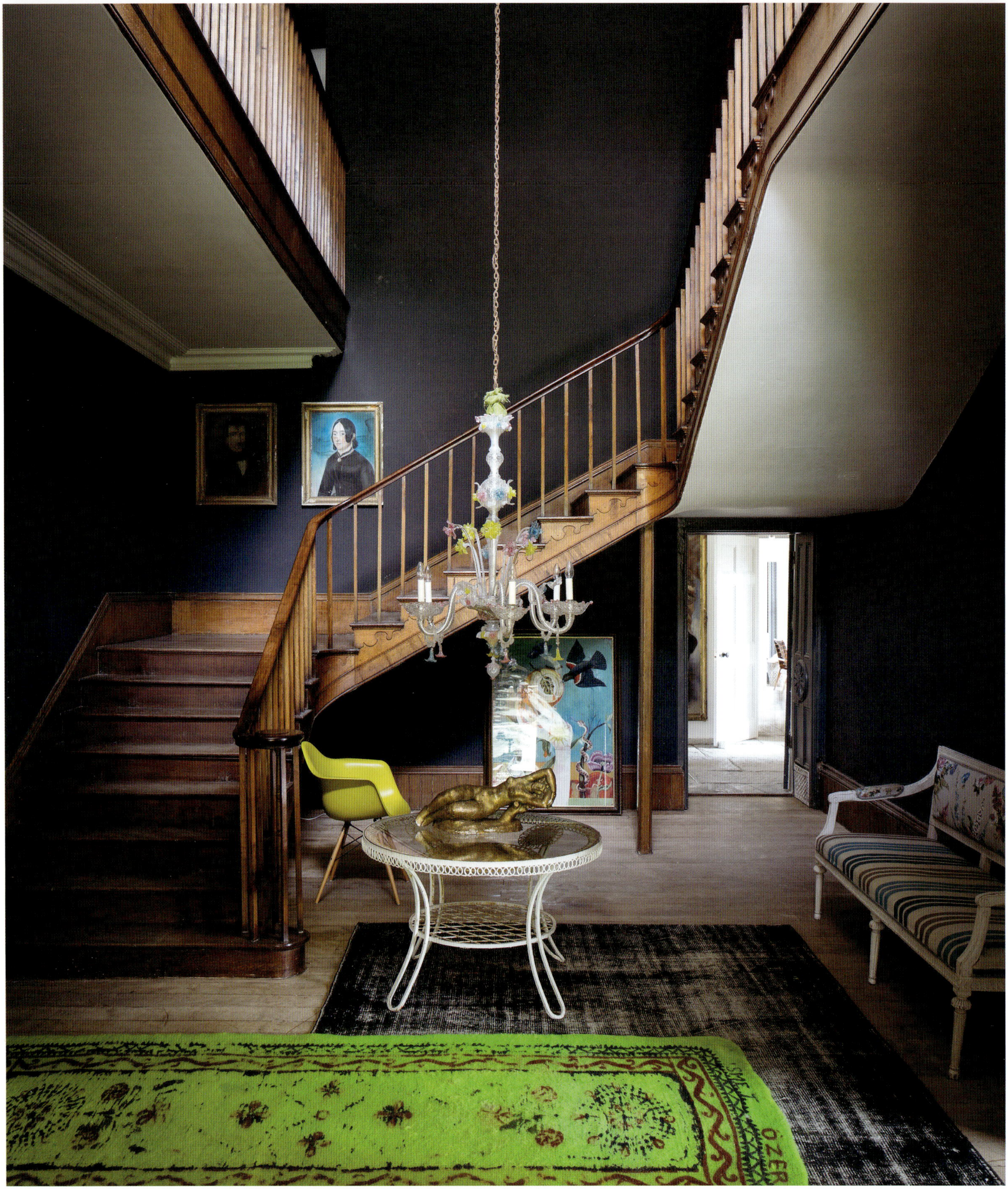

RECHTS

Die Rahmen des Innenfensters in dieser Pariser Wohnung und die Fensterfront zum Garten im Hof sind in „Pitch Black" gestrichen. Die Wandfarbe „Strong White" setzt sich auf der Holzvertäfelung im Nebenraum fort, wo sie mit „Purbeck Stone" an den Wänden kombiniert ist. Gemeinsam bilden die Farben genau den richtigen Hintergrund, vor dem die Möbel-Ikonen aus dem 20. Jahrhundert zur Geltung kommen können.

UNTEN LINKS
Der Salon dieses wunderbaren georgianischen Hauses in Schottland ist in „Light Gray" gestrichen – ein großer Unterschied gegenüber den mit Damast bespannten Wänden von früher. In Verbindung mit dem in „Off-White" gehaltenen, kunstvollen Türrahmen und der Holzvertäfelung des Sockels wird die Farbe dem traditionellen Raum gerecht, macht ihn aber zugleich alltagstauglich für eine Familie.

UNTEN RECHTS
Die Teenagerin, der dieses Zimmer gehört, hat ein kräftiges „Brassica" als Hintergrund für ihre ganz persönliche Kunstsammlung gewählt. Dazu passen der obere Wandabschluss und die Raumdecke in „Pale Powder". Durch diesen Kunstgriff erscheint die Decke niedriger, und der Fokus liegt auf der Bilderwand.

RECHTE SEITE
Die Wandfarbe in diesem Raum wirkt sehr klassisch, liegt aber voll im Trend. „Peignoir" reflektiert die entspannte Haltung der Bewohner dieses Cottages in Dorset und trägt zur unprätentiösen und einladenden Atmosphäre bei. Das überaus zarte Rosa von „Peignoir" hat einen hohen Grauanteil, wodurch es das „Hardwick White" der Fensterrahmen perfekt ergänzt.

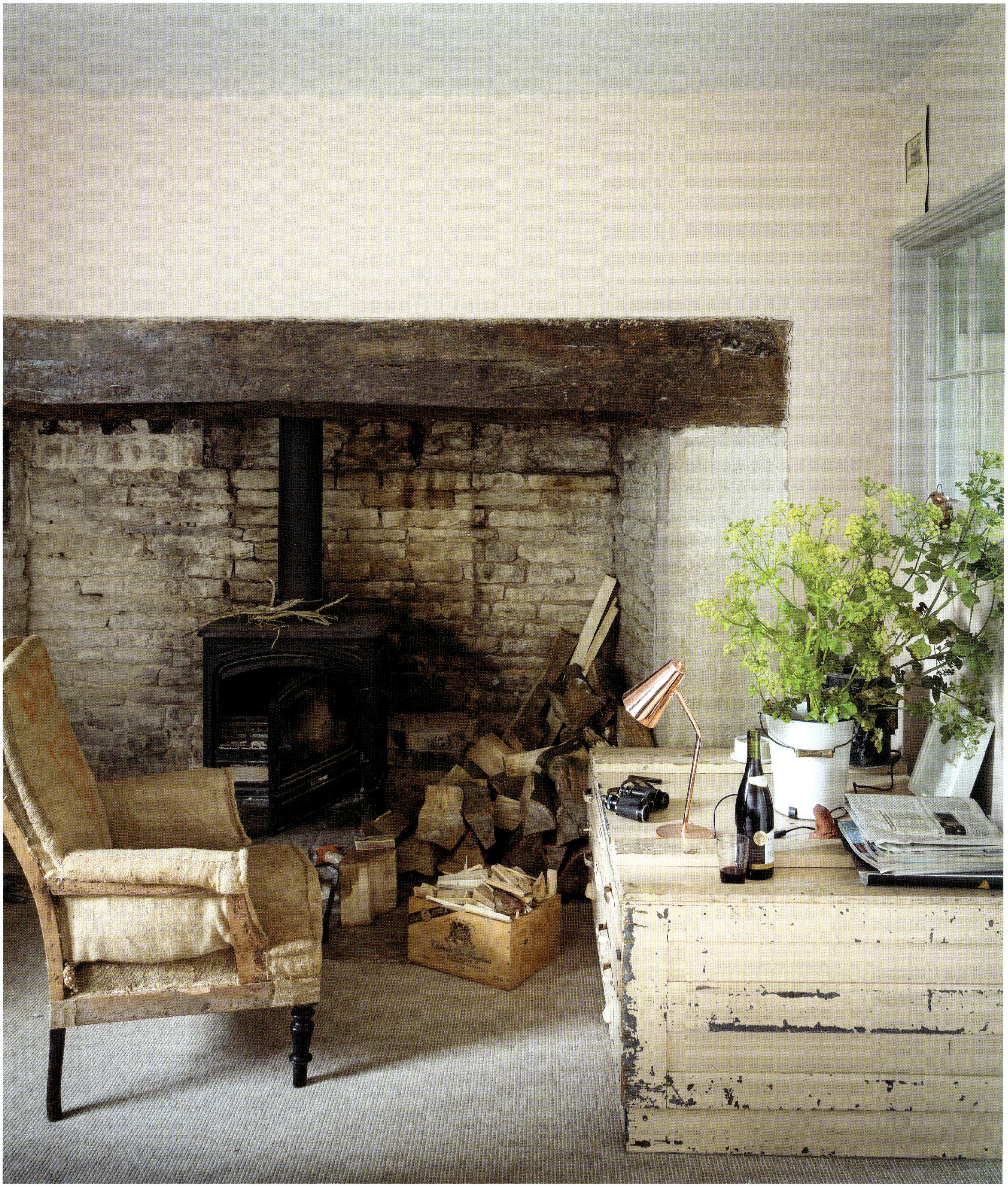

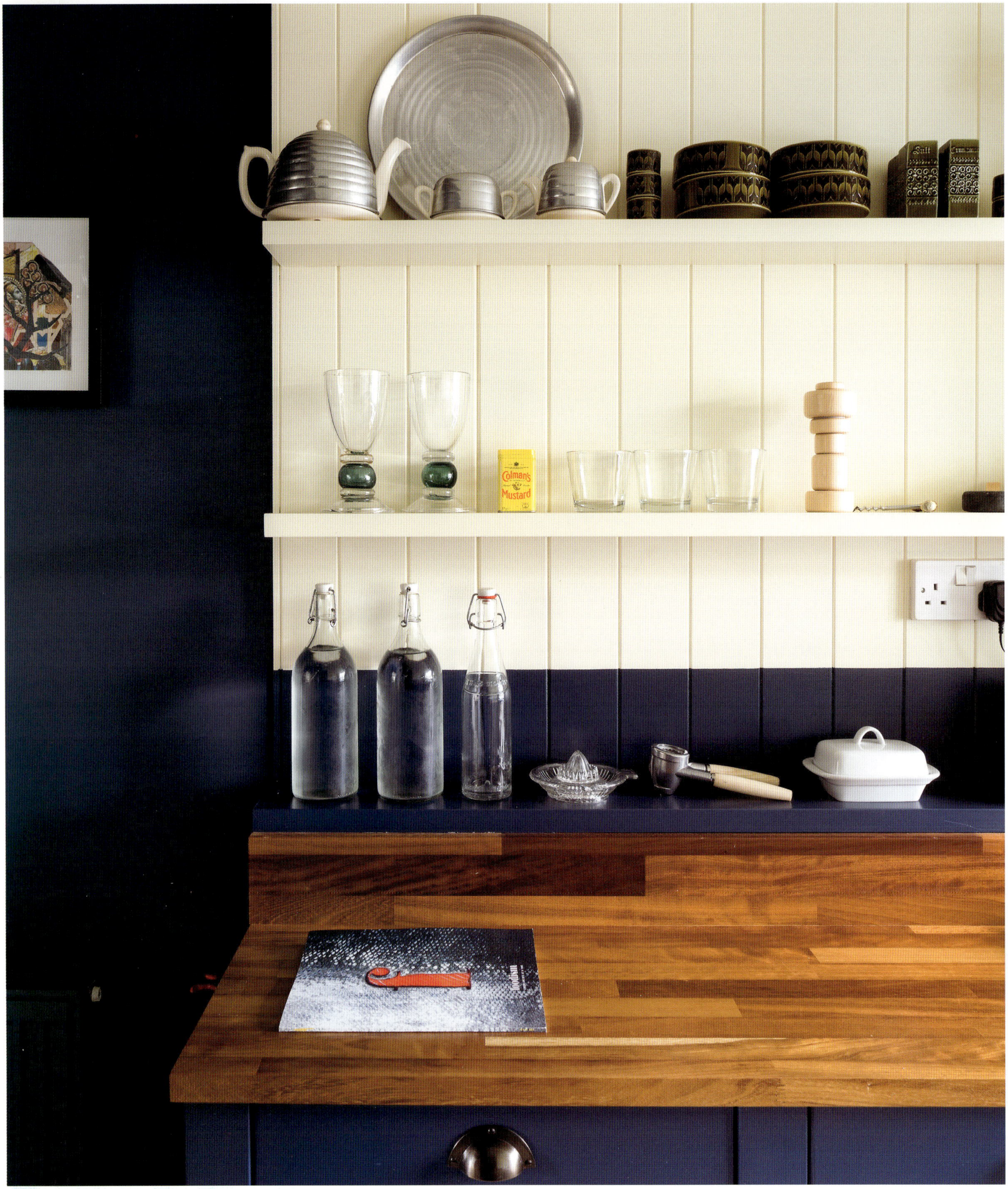
Salt
Colman's
Mustard

FARBEN

Sicherlich kennen Sie auch einige der vorgefertigten Meinungen zu bestimmten Farben: Blau ist kalt, Rot anregend, gelbe Räume sind einladend und Grün ist gut für Ruhebereiche. Natürlich mögen all diese Aussagen auch etwas Wahrheit enthalten, aber man sollte sich nicht daran klammern. Die Stimmung eines Raums hängt am stärksten von der Farbtiefe ab und davon, wie die Farbe eingesetzt wird. Die fast nicht wahrnehmbaren Tönungen von „Pink Ground", „Tunsgate Green", „Pavilion Blue" und „Hound Lemon" sind von so kristallener Zartheit, dass man sie eher spürt als sieht, während „Eating Room Red", „Green Smoke", „Drawing Room Blue" und „India Yellow" die Pracht vergangener Epochen wieder aufleben lassen.

Auf den folgenden Seiten wollen wir anhand von Häusern verschiedener Stile und Epochen genauer betrachten, wie die fünf Farbfamilien Rot, Gelb, Grün, Blau und dunkle Töne unser Zuhause und unsere Stimmung beeinflussen. Manche dieser Schemata sind geradlinig und lebhaft, andere strahlen kontemplative Eleganz aus, aber sie alle bestechen durch ihre schönen Farben.

LINKE SEITE
Bei dieser ebenso schlichten wie eindrucksvollen Farbwahl, die perfekt zu einem Haus am Meer passt, geht mir das Herz auf. „Wimborne White" entfaltet mit „Drawing Room Blue" eine fast plastische Wirkung und sorgt durch die Fortsetzung der kräftigeren Farbe auf der Wandverkleidung über der Arbeitsfläche für eine moderne Frische. Und natürlich ist die gelbe Dose im Regal ein toller Akzent, setzt sie doch einen verspielten Kontrapunkt.

FARBKREIS

Ein Buch über Farbe zu schreiben ohne einen Absatz über den Farbkreis, der uns allen doch so vertraut ist – das fühlte sich nicht richtig an. Aber auch wenn es hilfreich ist zu verstehen, wie Farben „funktionieren", so ist dieser theoretische Ansatz nicht bei allen Interior Designern beliebt, vor allem wenn es sich um eine so ausgefeilte Farbpalette handelt wie jene von Farrow & Ball. Dennoch konnten wir der Versuchung einfach nicht widerstehen, Ihnen unsere Version des Farbkreises in einem Farbeimer zu präsentieren (siehe rechts).

Die einfache Farbenlehre, die auf den Farben Rot, Gelb und Blau basiert, wurde im frühen 18. Jahrhundert von Sir Isaac Newton entwickelt. In den folgenden Jahrhunderten kehrten Wissenschatler immer wieder zu seinen Darlegungen über farbiges Licht zurück und gelangten auf dieser Grundlage zu weiterführenden Erkenntnissen.

Der erste Farbkreis besteht aus sechs Segmenten mit den drei Primärfarben und den drei Sekundärfarben, wobei die wärmeren Farben auf einer Seite liegen, die kühleren auf der anderen.

Die Primärfarben Rot, Blau und Gelb lassen sich nicht aus anderen Farben mischen. Die Sekundärfarben Grün, Orange und Violett sind aus Primärfarben zu gleichen Teilen gemischt: Rot und Gelb ergibt Orange, Blau und Gelb ergibt Grün, und durch Mischen von Rot und Blau entsteht Violett. Der heute am weitesten verbreitete Farbkreis aus zwölf Segmenten enthält auch die Tertiärfarben, die sich aus der Mischung von Primär- und Sekundärfarben ergeben: Gelbgrün, Rotorange und so fort. Dieser Farbkreis zeigt auf, wie die Farben miteinander verwandt sind, welche also zueinander passen und welche nicht.

Farben, die auf dem Farbkreis nebeneinanderliegen, nennt man analoge Farben, wie etwa „Blue Gray" und „Mizzle". Sie harmonieren sehr gut miteinander und sind ideal, um damit natürliche, ruhige Raumwirkungen zu erzeugen. Man könnte leicht denken, dass die Arbeit mit einem in sich so harmonischen Farbschema einfach ist. Doch gerade hier ist sorgfältige Planung besonders wichtig, denn angesichts der feinen Kontrastabstufungen entsteht mit diesen Farben auch leicht eine Raumgestaltung, die völlig leblos wirkt.

Als Komplementärfarben werden jene Farben bezeichnet, die sich im Farbkreis gegenüberliegen, wie „Eating Room Red" und „Green Smoke". Mit diesen erzeugt man starke Kontraste, die für dynamische, interessante Räume mit einer unmittelbaren Leuchtkraft sorgen. Solche kontrastreichen Farbschemata wollen aber ebenfalls genau geplant sein, damit sie angenehm ausgewogen wirken. Enthalten sie kräftige Farbtöne, bietet es sich an, ein Gegengewicht durch neutrale Töne zu setzen.

Wenn man mit diesen Farbbegriffen weniger vertraut ist, können sie verwirrend sein. Bei der Entscheidung, ob Sie ein harmonisches oder ein komplementäres Farbschema bevorzugen und welche Farben Sie kombinieren möchten, können die Grundregeln der Farbenlehre durchaus hilfreich sein. Vergessen wir aber nicht, dass es unendlich viele Farbkombinationen gibt und der Farbkreis ihre Verhältnisse zueinander stark vereinfacht darstellt. Es gibt noch so viel mehr, das zu einem überzeugenden Raumkonzept beiträgt. Schließlich nimmt jeder von uns Farbe unterschiedlich wahr, weshalb sie immer für kleine und größere Kontroversen sorgen wird – auch darum ist das Thema Farbe so spannend.

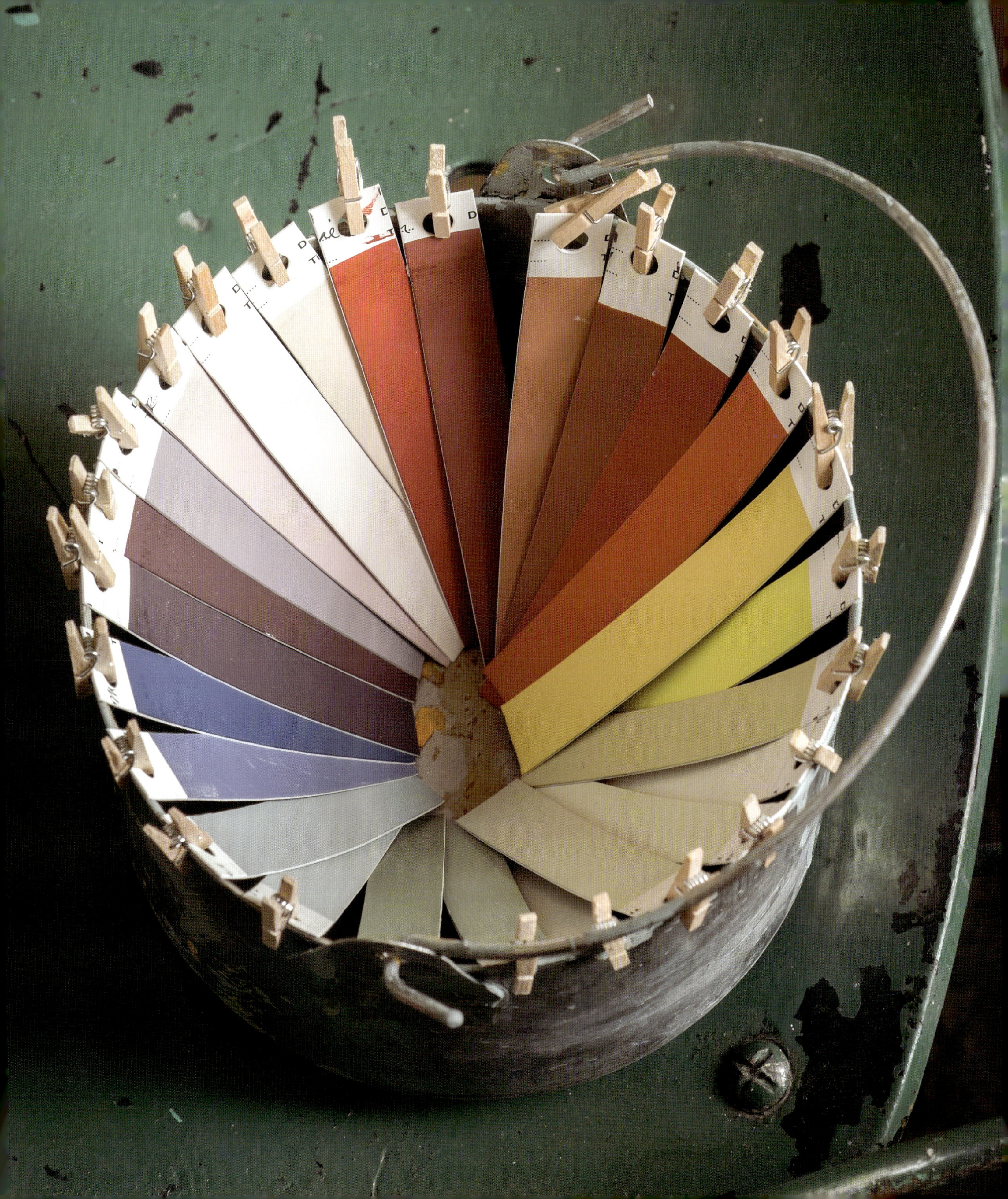

ROT

―

Rot wurde schon im Altertum verehrt und ist bis heute beliebt. Einst die Farbe der Macht, empfinden wir Rot vor allem als warm und einladend. Es ist eine der ausdrucksstärksten Farben. Ein rot gestrichener Raum – das Spektrum reicht vom kräftigem „Radicchio", das komplexe Farbtiefe und lebendige Leuchtkraft vereint, bis zum nostalgischen „Cinder Rose" – ist nichts für Zartbesaitete.

Starke Rottöne eignen sich gut für das Speisezimmer, weil sie schwer sind und etwas Theatralisches haben. Farben wie „Eating Room Red" oder „Incarnadine", die ursprünglich zur Imitation von Wandbespannung mit Damast eingesetzt wurden, lassen durch ihre Intensität beeindruckende, anregende Raumwirkungen entstehen, die jeden in ihren Bann ziehen. Weniger lebhafte Rottöne sorgen indessen für eine ruhigere Atmosphäre. Dieser Effekt verstärkt sich, je größer die farbige Fläche ist. Gedecktere Töne wie „Book Room Red" oder „Red Earth" erschaffen warme Räume mit einer gewissen Erdung, die zwar weniger spannungsreich sind, dabei aber für ein stimmungsvolles Ambiente sorgen und an die klassische Antike erinnern.

Während Rot sehr sinnlich ist, hat Rosa eine zartere Anmutung und wirkt etwas ruhiger. Es gilt häufig als reine Mädchenfarbe, der große Farbkenner John Fowler aber setzte Rosa beispielsweise in Form von Tönen wie „Setting Plaster" oder „Pink Ground" häufig ein, um zurückhaltende und dennoch markante Räume zu gestalten. Wer es heiterer mag, kann mit „Nancy's Blushes" und „Calamine" jugendliche Unbefangenheit heraufbeschwören. Sollten Sie aber mehr den Wunsch nach etwas vornehmer Eleganz verspüren, können Sie mit „Pelt" oder „Brinjal" und ihrem Hauch von Exotik prunkvolle Räume schaffen.

RECHTE SEITE, OBEN LINKS
Dieser helle Raum verströmt Optimismus. Man muss einfach lächeln, wenn er einen mit dem positiven Strahlen von „Nancy's Blushes" begrüßt. Rosatöne werden leider häufig ins Schlafzimmer verbannt, doch in diesem Beispiel dürfen sie ihre verführerische Kraft beweisen, die hier für den zarten Hintergrund einer Porträtsammlung eingesetzt wurde.

RECHTE SEITE, UNTEN LINKS
Das Wohnzimmer dieses Bauernhauses an der schottischen Küste könnte kaum wärmer und einladender sein. Das robuste „Blazer" verleiht den Wänden Präsenz und Tiefe und sorgt für ein wohliges Glühen, das einen an stürmischen Tagen wärmend umfängt.

RECHTE SEITE, OBEN RECHTS
Die Wände und die Türen des Einbauschranks in diesem Ankleidezimmer eines französischen Châteaus wurden im quirligen „Brinjal" gestaltet, was opulent und einladend zugleich wirkt. Mit dem „Churlish Green" der Tür im Vordergrund ergibt die Farbe eine klassische Kombination, die der Natur entlehnt ist.

RECHTE SEITE, UNTEN RECHTS
Der gedeckte Unterton von „Cinder Rose" hat etwas sehr Nostalgisches. In Verbindung mit dem „Black Blue" der Tür sorgt es für eine etwas modernere Anmutung, ohne den romantischen Reiz jedoch zu mindern. Optisch tritt die zartere Wandfarbe gegenüber dem dunklen Holz zurück, wodurch ein interessanter Kontrast entsteht.

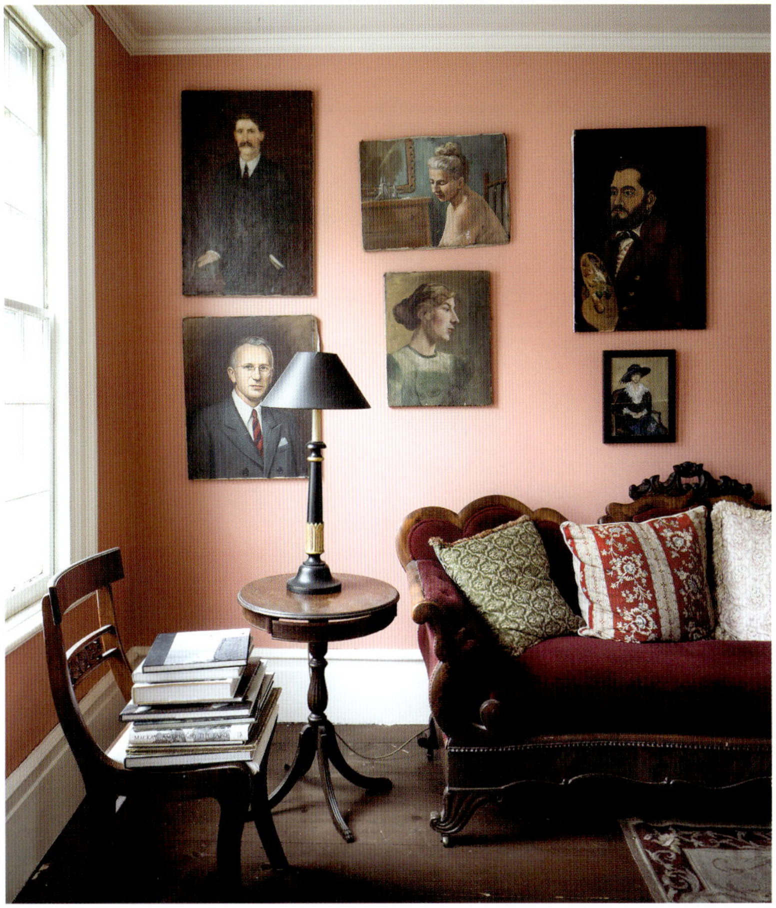
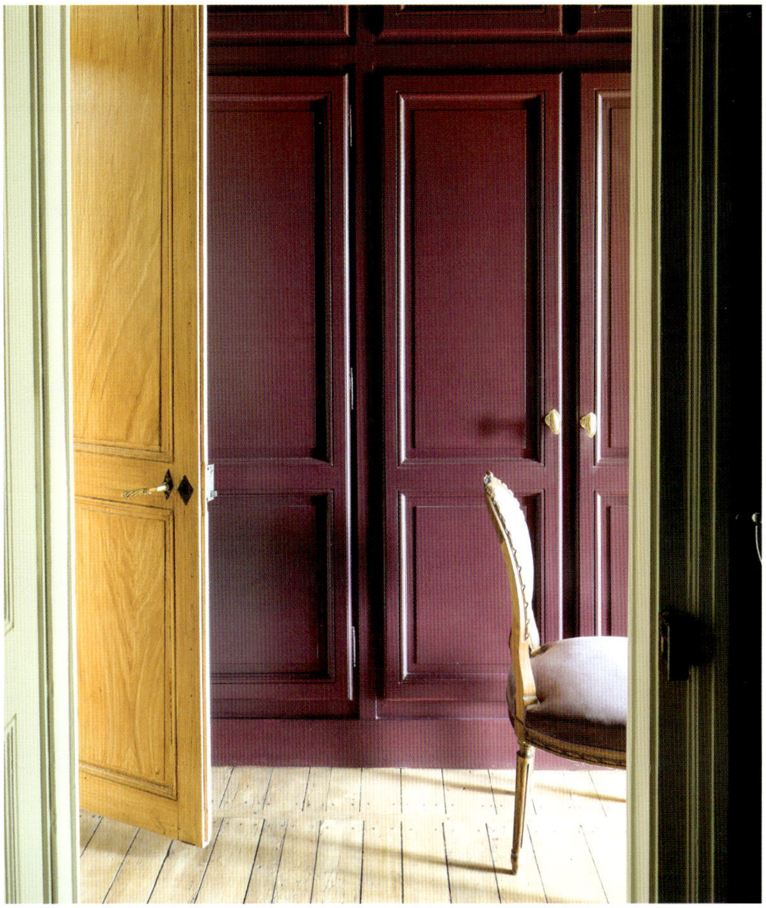
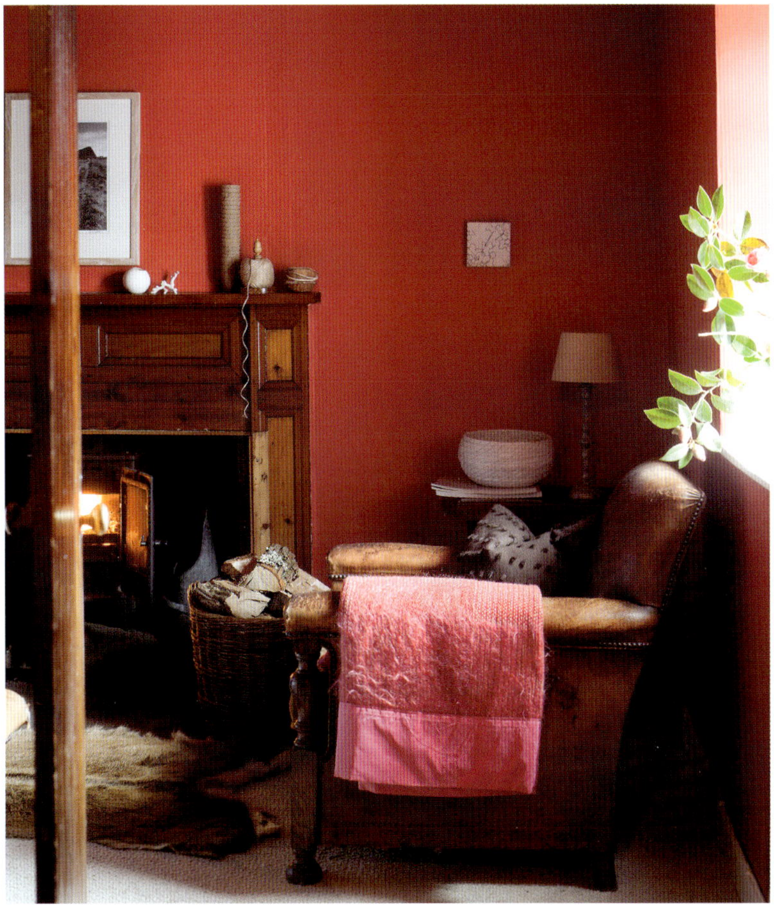
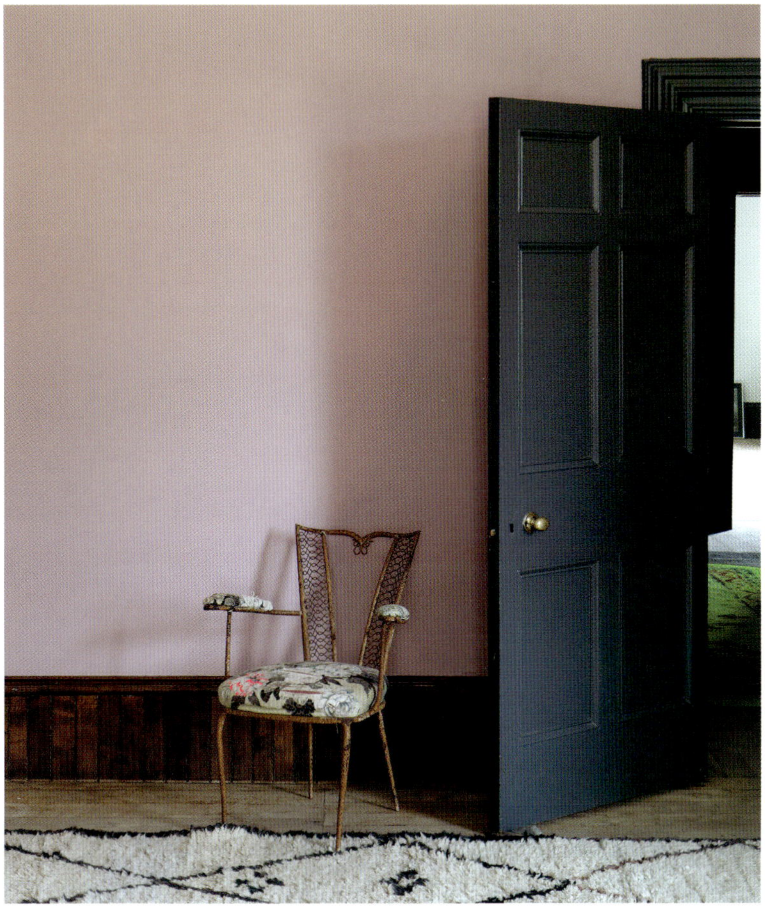

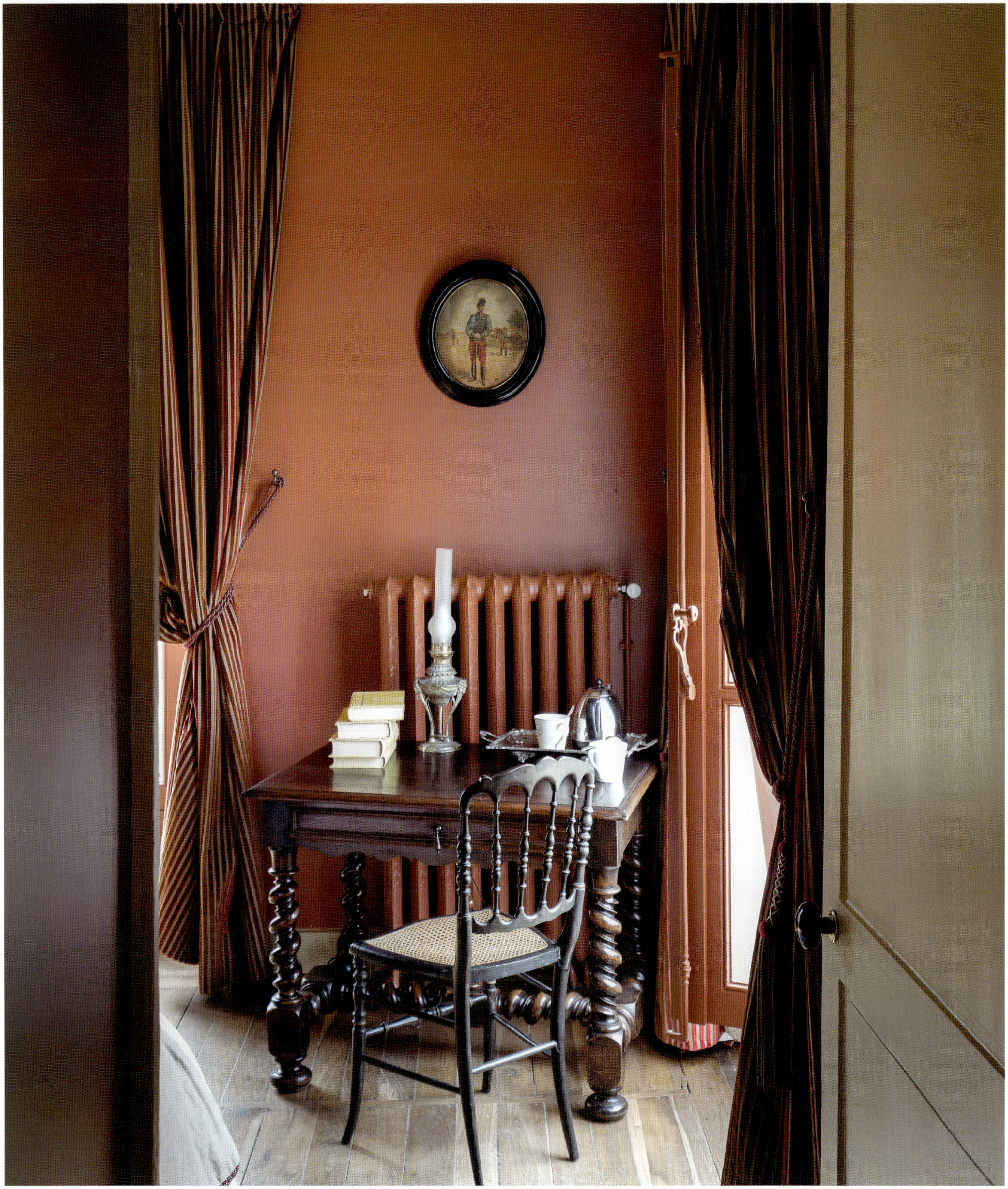

LINKE SEITE
Das Geheimnis dieser luxuriös anmutenden Zimmerecke liegt darin, dass Holzeinbauten und Wände keinerlei Kontrast bilden. Alle Elemente sind einheitlich in „Book Room Red" gestaltet, und der erdige Ton der Wand setzt sich sogar in der Vorhangfarbe und in der Lackierung des Heizkörpers fort, der dadurch praktisch mit der Wand verschmilzt.

DIESE SEITE
In diesem strahlenden Raum wirkt „Nancy's Blushes" geradezu angriffslustig, obwohl es durch die Schlichtheit des Betthaupts und die dunkle Tagesdecke gedämpft wird. Alle Zierelemente sind ebenfalls im Rosa der Wände gehalten, was für etwas Ausgleich sorgt. Oberhalb der Bilderleiste setzt bereits die Deckenfarbe an, wodurch das Zimmer heimeliger wirkt.

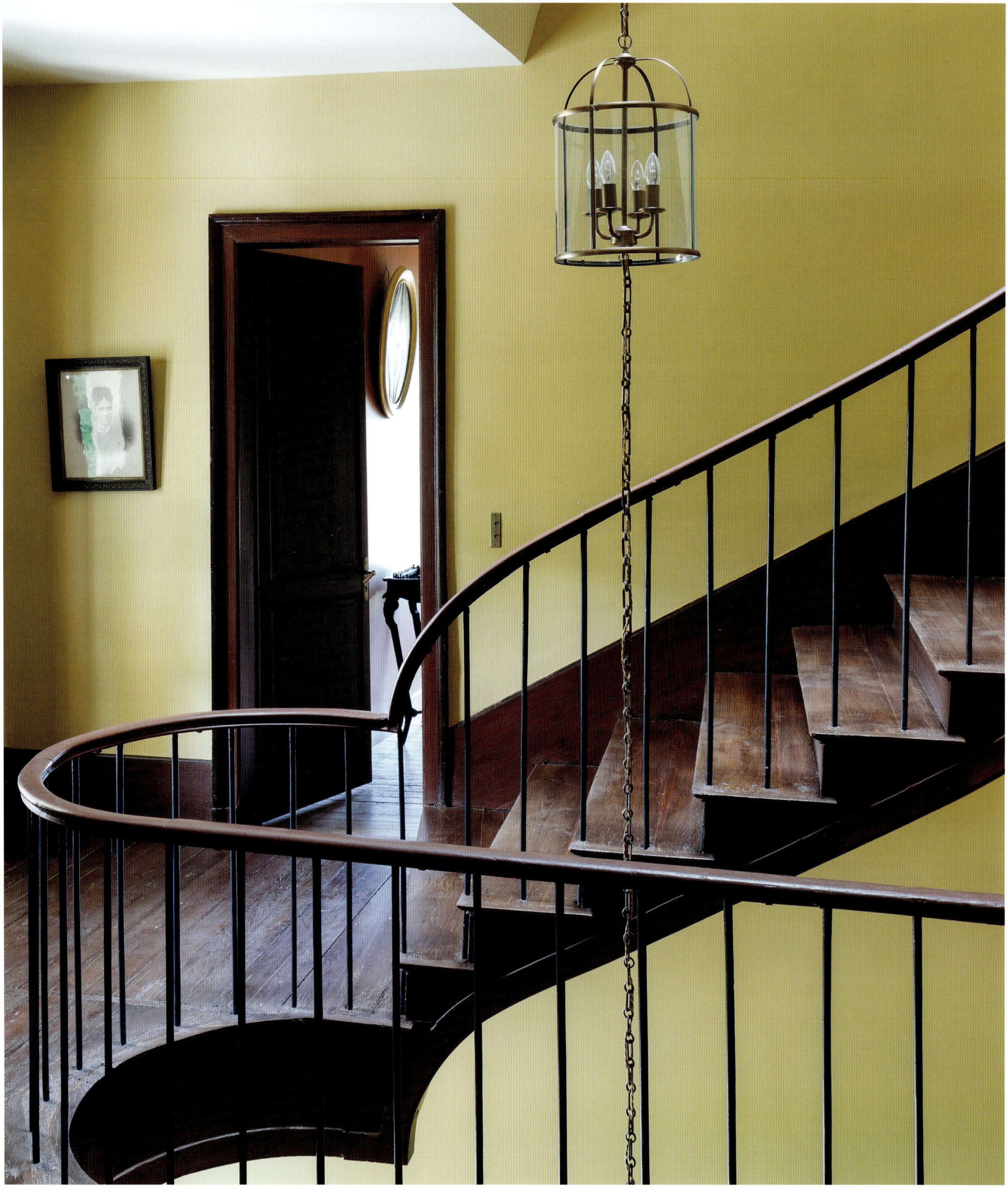

GELB

LINKE SEITE
Das gedeckte „Straw" (A) ist eine eher ungewöhnliche Wahl für die Wände eines solch herrschaftlichen Treppenhauses, doch es sorgt für eine einladende Atmosphäre und wirkt zart und tief zugleich. Die angrenzenden Zimmer variieren das Farbthema und bauen kaum Kontraste auf, wodurch ein ruhiges, einheitliches Bild entsteht.

Gelb ist in England seit dem 18. Jahrhundert durchgängig beliebt, wurde dort aber erst im 20. Jahrhundert durch die einflussreiche Innenarchitektin Nancy Lancaster so ausgiebig eingesetzt, dass es auch beim breiteren Publikum zu großer Popularität gelangte. Bis heute greifen Designer weltweit gerne darauf zurück, um freundliche Räume mit einer positiven Ausstrahlung zu gestalten, sei es in rustikalen Bauernhäusern oder modernen Großstadtwohnungen.

Gelb wertet große Zimmer wunderbar auf und erzeugt prächtige Räume voller Energie, ob nun in den gedeckten und eleganten Tönen von „Sudbury Yellow" oder „Hay" gehalten oder mit den lebhaften „Dayroom Yellow" und „Citron" gestaltet.

Kräftige Gelbtöne vermitteln besonders in meist eher lichtarmen Fluren und Dielen das Gefühl von Sonnenschein, was sie stets einladend macht und zudem für ein offeneres Raumgefühl sorgt. Da Gelbtöne anregend sind und Räume sehr lebendig wirken lassen, eignen sie sich weniger gut für Schlafzimmer. Hier sind eher beruhigende Farben wie „Farrow's Cream" zu empfehlen.

Ein ausdrucksvolles Gelb ist schön in der Kombination mit größeren weißen Flächen, die dafür sorgen, dass die farbige Partie nicht zu übermächtig wird. In modernen Häusern wird dem lebhaften „Babouche" für dramatische Effekte aber auch häufig das tiefe, dunkle „Railings" zur Seite gestellt. Mit „House White" oder dem etwas cremigeren „New White" mit klarem „All White" auf den Holzarbeiten entstehen helle, erfrischende Raumwirkungen. Wenn Sie aber eine besinnlichere Atmosphäre bevorzugen, setzen Sie beispielsweise „Ringwold Ground" und „Tallow" mit ihren warmen Untertönen ein.

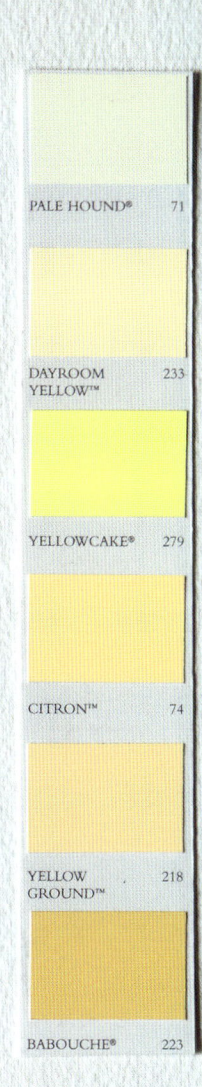

PALE HOUND®	71
DAYROOM YELLOW™	233
YELLOWCAKE®	279
CITRON™	74
YELLOW GROUND™	218
BABOUCHE®	223

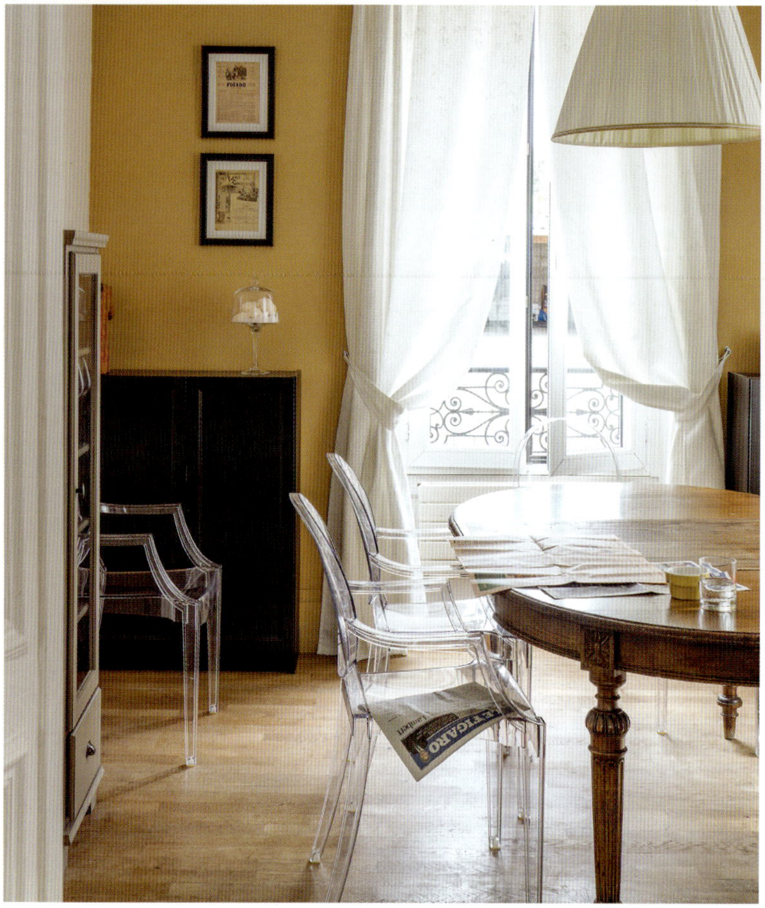

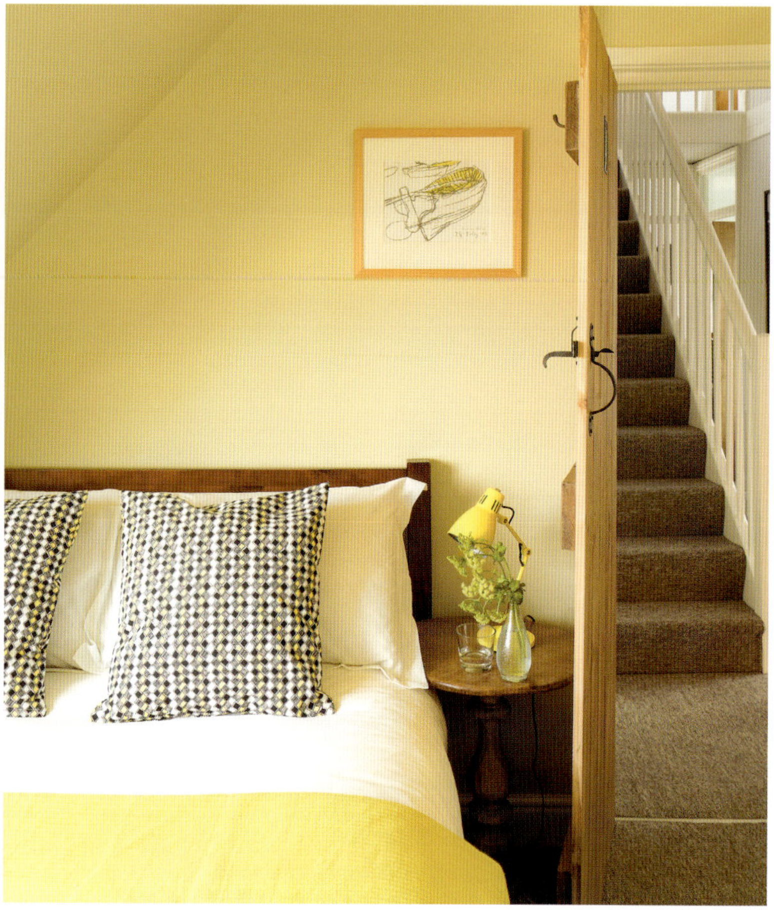

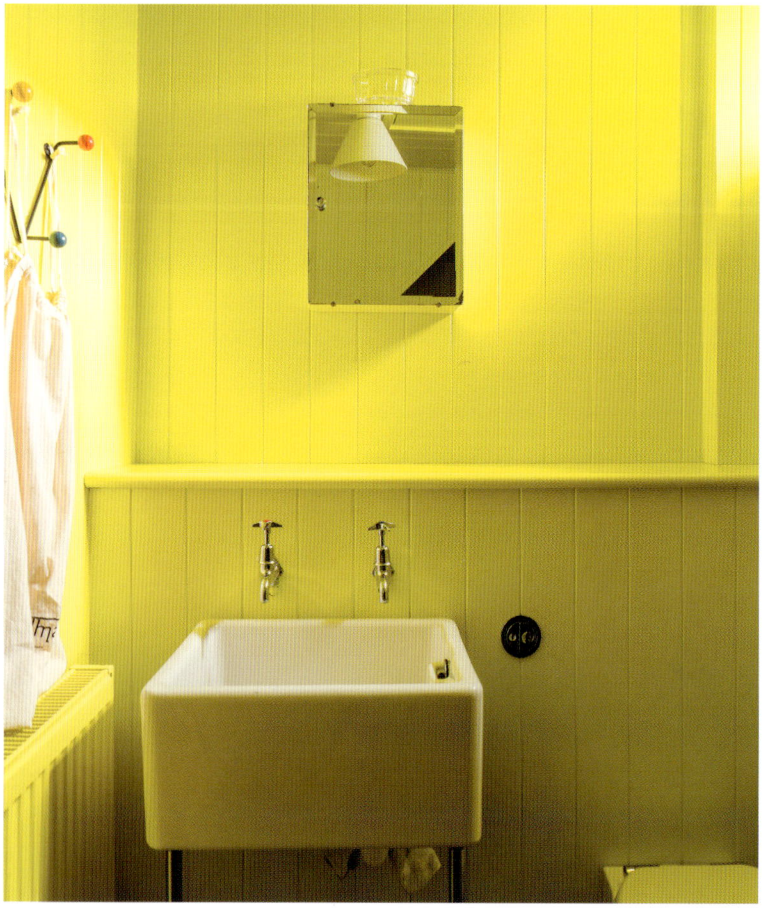

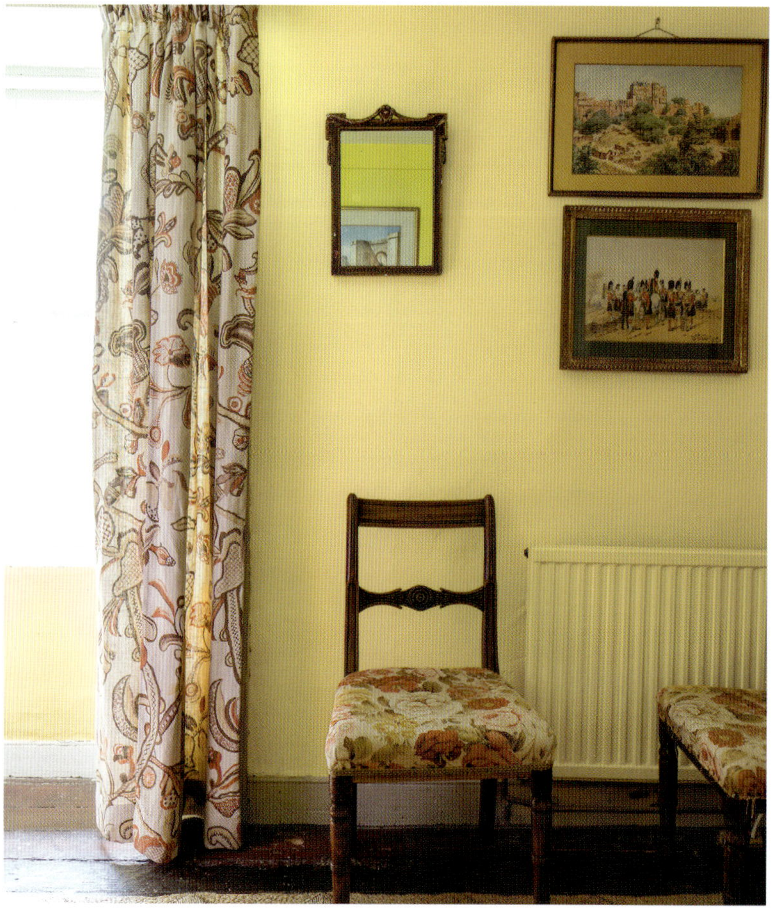

LINKE SEITE, OBEN LINKS
Bei grellem Tageslicht erscheint Gelb manchmal etwas flach, aber nach Sonnenuntergang verströmt das „India Yellow" dieser Wände seine Magie. Ihre leuchtenden Farben verleihen dieser Pariser Wohnung tagsüber eine heitere Note, und nachts erstrahlt sie in ihrem vollen Glanz.

LINKE SEITE, OBEN RECHTS
„Ciara Yellow" (A) holt die Frische eines Frühlingsmorgens in dieses sonnige Schlafzimmer. Wie sollte man sich nicht froh und glücklich fühlen zwischen diesen heiteren Wänden und den passend gestrichenen Einbauten? Auch die Decke ist im selben Farbton gehalten, wodurch die Dachschräge kaum ins Gewicht fällt.

LINKE SEITE, UNTEN LINKS
Die Farbe „Yellowcake" geht auf das leuchtende Gelb von Küchenschränken aus der Nachkriegszeit zurück. Hier wurde es allerdings sehr überzeugend als Farbe im Badezimmer eines Strandhauses eingesetzt. Das gewagte, leuchtende Gelb zieht einen sofort in seinen Bann.

LINKE SEITE, UNTEN RECHTS
Der Gelbton „Babouche" in diesem herrlich rustikalen Schlafzimmer lässt einen energiegeladenen Raum entstehen, der dennoch traditionell wirkt. Die Farbe wurde gewählt, um dem nach Norden liegenden Raum ein Gefühl von Wärme einzuhauchen.

RECHTS
Diese großzügige Eingangshalle eines georgianischen Hauses verlangte nach einem eleganten Gelbton. „Print Room Yellow" (A) ist hier perfekt, weil es freundliche Geborgenheit ausstrahlt und überdies dem alten Porträt schmeichelt. Es wird ergänzt durch Holzelemente in „Slipper Satin" mit seinem leicht antiquierten Look.

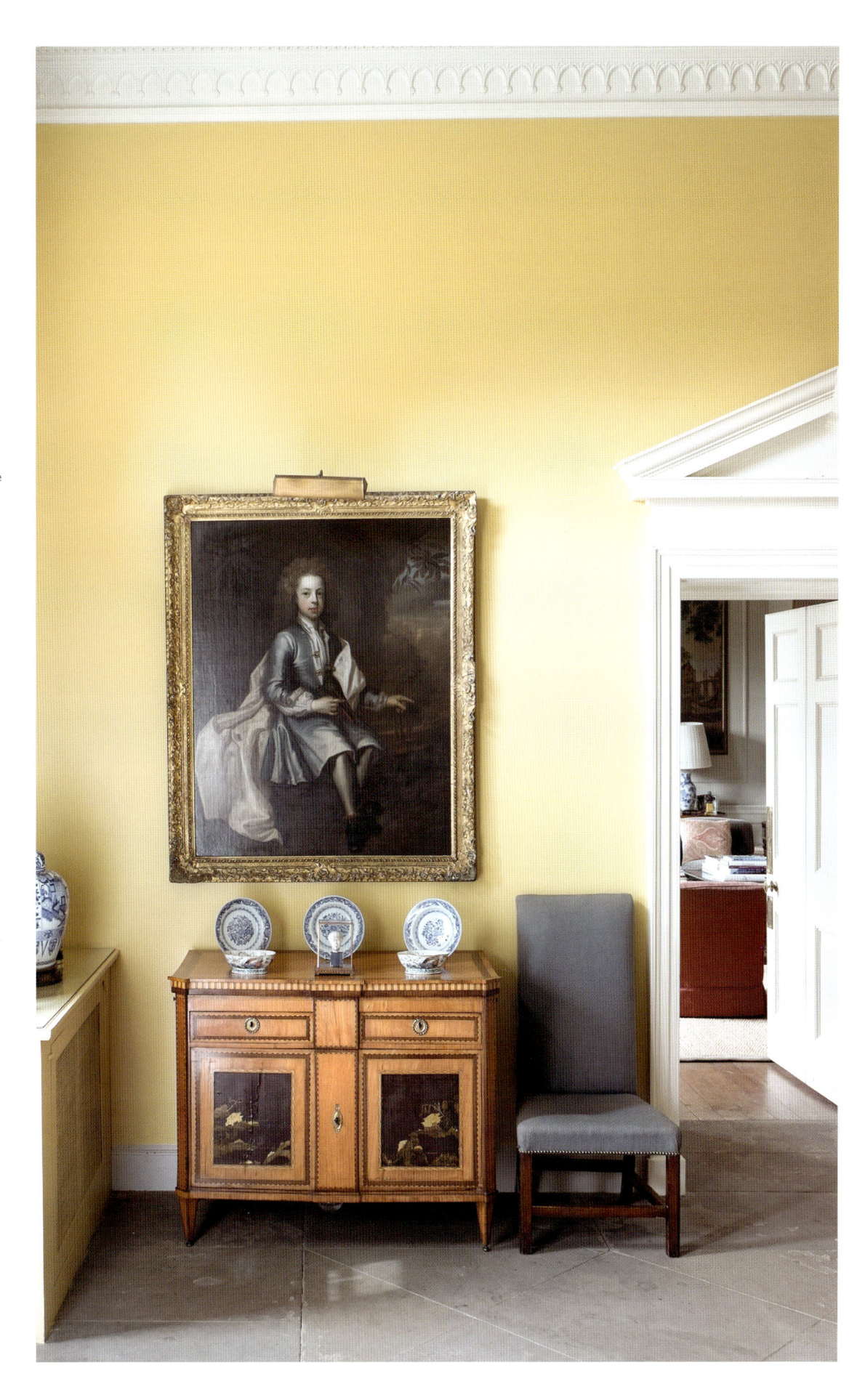

GRÜN

—

Grün, das wir seit jeher mit Gesundheit und Glück in Verbindung bringen, ist eine üppige, aufmunternde Farbe. Vom unaufdringlichen „Tunsgate Green" bis zu den dunklen Waldtönen des beruhigenden „Studio Green" – Grün steht für die Farben der Natur.

Wenn Sie etwas für den behaglichen Stil englischer Landhäuser übrig haben, benötigen Sie wenig mehr als „Lichen" und „Vert de Terre". Diese ruhigen, gedeckten Grüntöne sind entspannend und anpassungsfähig und wie geschaffen als Hintergrund für alte Kostbarkeiten im Trödelstil und für Stoffe im Retrolook. Damit Wände und Tür- oder Fensterrahmen nicht zu stark kontrastieren, werden diese Farben am besten mit traditionellen Weißtönen wie „Lime White" oder „Off-White" kombiniert. Für eine fröhliche Note setzen Sie ein lebhaftes Grün ein, zum Beispiel das leuchtende „Cooking Apple Green" oder „Green Ground". Diese Töne sind erfrischend und wirken raumerweiternd, fast als wäre man an der frischen Luft, und gleichzeitig verströmen sie eine heitere, familiäre Atmosphäre. Darum werden sie auch gerne für Küchenwände eingesetzt. Eine elegantere Note hat die altgediente Temperafarbe „Ball Green", deren magische Qualität sie bei Kerzenschein fast silbern erscheinen lässt. Zusammen mit dem rauchigen „Card Room Green" ist sie daher eine tolle Wahl fürs Esszimmer.

Eine der frühesten Erwähnungen farblicher Raumgestaltung ist eine Anordnung des englischen Königs Heinrich III., die Holzvertäfelung seiner Hauptresidenz Windsor Castle grün zu streichen. Ob dies den Eindruck von Gesundheit und Lebendigkeit vermitteln sollte oder die Harmonie mit der Natur, ist nicht überliefert, aber bis heute wohnt grünen Räumen eine Vitalität inne, wie sie keine andere Farbe erreicht.

RECHTE SEITE
Diese Landhausküche ist der perfekte Ort für „Breakfast Room Green", das den Raum bei Tageslicht wie im Kerzenschein mit Leben erfüllt. Der cremefarbene alte Herd passt hervorragend dazu. Dieses mittelkräftige Grün schafft eine wohlige Atmosphäre, weshalb es sich für traditionelle und moderne Räume gleichermaßen eignet.

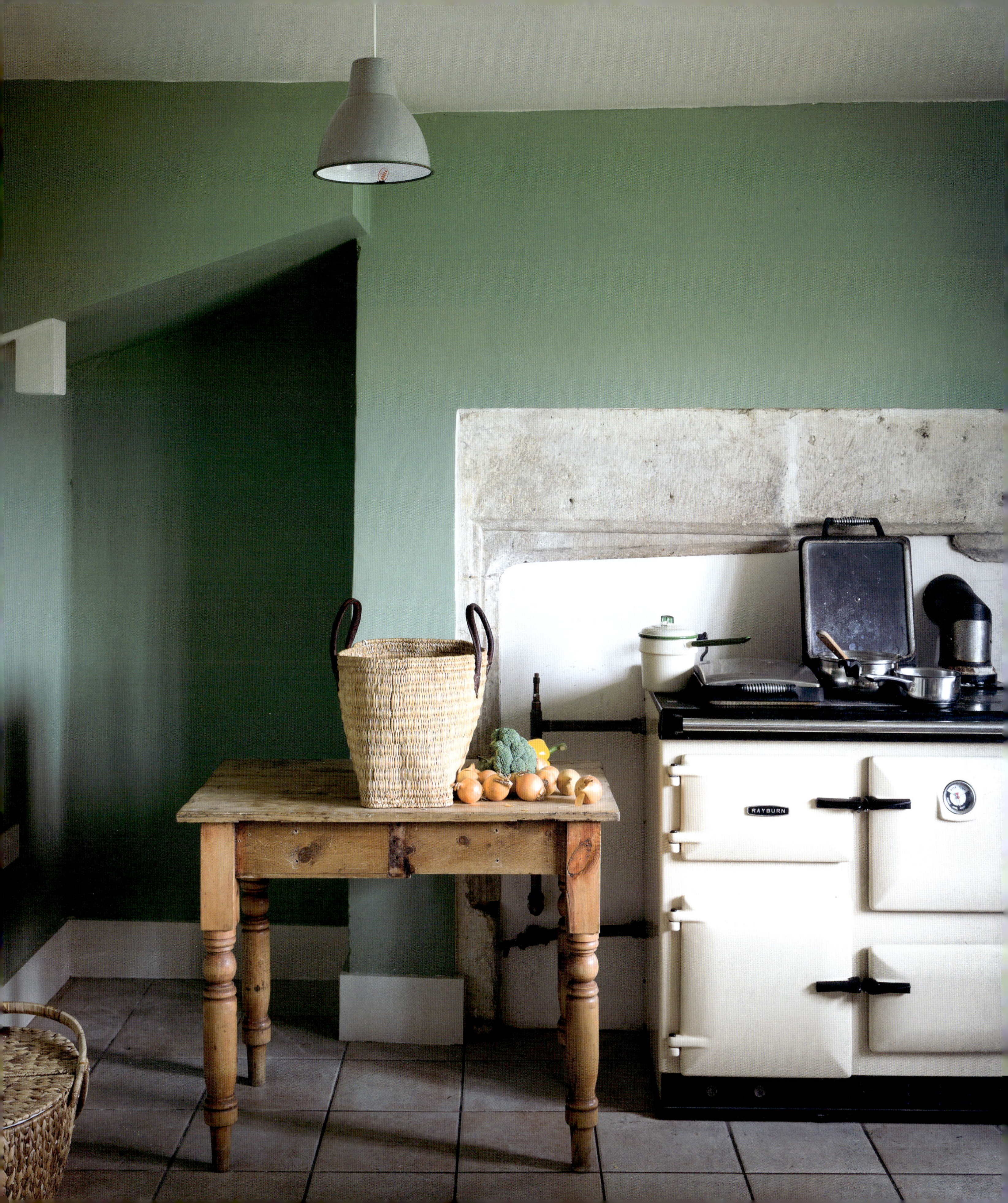
RAYBURN

UNTEN LINKS
Obwohl das „Lichen" dieses eleganten Wohnzimmers in Paris ein gedecktes Grün ist, vermittelt es die mondäne Atmosphäre eines englischen Herrenclubs. Dieser Ton ist ein gutes Beispiel dafür, wie man durch Farbe einen einladenden Rückzugsort schaffen kann. Neben dem vergoldeten Spiegel und dem Marmorkamin verströmt dieser Ton Wärme und Ausgeglichenheit.

UNTEN RECHTS
Der alte Küchenschrank in dieser rustikalen Küche wurde liebevoll restauriert und außen in nüchternem „Calke Green" gestrichen. Das frische „Cooking Apple Green" im Inneren des Vitrinenaufsatzes trägt zum Eindruck von Tiefe bei und liefert den perfekten Hintergrund für das zur Schau gestellte Porzellan.

UNTEN LINKS
Von dieser Ecke eines Schlafzimmers in den Niederlanden geht eine heitere Gelassenheit aus. Die in „Olive" (A) gestrichenen Wände haben eine botanische Anmutung und stellen auf diese Weise das verbindende Glied zwischen den Topfpflanzen und dem Garten vor dem Fenster dar.

UNTEN RECHTS
Mit seinem hohen Gelbanteil verleiht „Churlish Green" der Wandvertäfelung dieses Badezimmers in einem viel genutzten Strandhaus eine sehr frische Note. Die kräftige, ausdrucksstarke Farbe lenkt von den eher bescheidenen Proportionen ab und lässt den Raum sogar größer erscheinen.

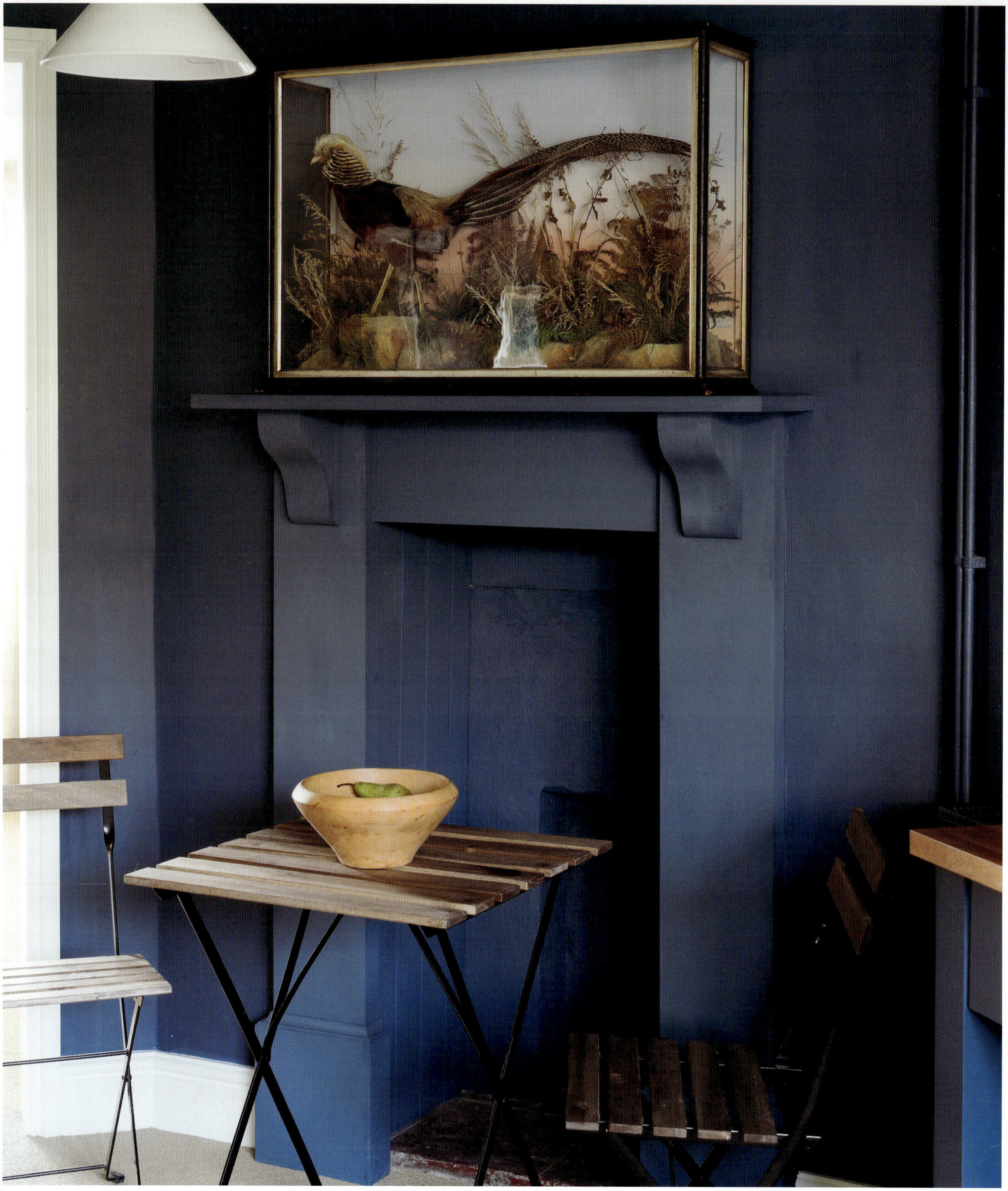

BLAU

Stärker als bei jeder anderen Farbe scheiden sich bei Blau die Geister, wenn es um die Raumgestaltung geht. Manche haben dabei sofort eine kalte, abweisende Atmosphäre vor Augen, während andere mit dieser Farbe Ruhe und Ausgeglichenheit verbinden.

Früher waren blaue Pigmente wertvoller als Gold, heute dagegen ist Blau die im Interior Design am häufigsten verwendete Farbe. Es ist die Farbe des Meeres und des Himmels und lässt Räume von zeitloser Schönheit entstehen. Die wässrigen Noten von „Pale Powder" und „Dix Blue" mit ihren grünen Untertönen sind ideal für die Gestaltung einladender Räume, die alles andere als kalt wirken. Daher sind sie gut geeignet für Schlafzimmer und Bäder. Die leichteren „Borrowed Light" und „Parma Gray" schaffen ein deutlich kühleres Ambiente. Kombiniert man sie allerdings mit einem klaren Weiß, entsteht eine luftige Frische, und zugleich vermitteln sie die Eleganz von klassischem Wedgwood-Porzellan, ohne altmodisch zu wirken.

Blau mit einer gräulichen Nuance ist am zurückhaltendsten und ist daher universell einsetzbar. Von tiefstem „Pigeon" bis zum zartesten „Cromarty" funktioniert es in jeglicher Kombination problemlos.

Wer kräftige, klare Farben mag, wählt das leuchtende „St Giles Blue", das wie „Cook's Blue" und „Blue Ground" die Räume bei Tageslicht belebt und mit der Dämmerung sanfter und behaglicher wird. Dunklere, mondänere Blautöne wie „Hague Blue" und „Stiffkey Blue" hingegen, die dramatische, glamouröse Effekte erzielen können, haben in den letzten Jahren als Alternative zu Kohlengrau stark an Popularität gewonnen.

Kleopatra soll reinen gemahlenen Lapislazuli als Lidschatten verwendet haben, und traditionell gilt Blau als königliche Farbe. Als Raumfarbe eingesetzt, bringen wir es aber vor allem auch mit Ruhe und Spiritualität in Verbindung.

LINKE SEITE
In dieser schlicht eingerichteten Ecke wirkt „Stiffkey Blue" sowohl dramatisch als auch optimistisch. Es besticht durch seine unerreichte Farbtiefe, die vom Sand und Watt Nord-Norfolks inspiriert ist, während die Kombination mit dem „All White" der Holzleisten, das sich im Lampenschirm wiederfindet, eine frische Note mitbringt.

UNTEN LINKS
„Lulworth Blue" ist ein klares, mitteltoniges Regency-Blau und eine erstklassige Wahl für dieses luftige Schlafzimmer am Meer. Es greift nicht nur die Farbe des Himmels und des Meeres auf, sondern strahlt eine Lebensfreude aus, die besonders durch den Kontrast zu den weiß bezogenen Betten eine heitere Stimmung schafft.

UNTEN MITTE
Das kraftvolle „Inchyra Blue" an den Wänden mit dem unteren Abschluss durch die Scheuerleiste in „Off-Black", erzeugt eine gediegen altmodische Atmosphäre mit dramatischer Note. Das „Cook's Blue" der Tür mildert das dunkle Farbschema ab und belebt das Bild.

UNTEN RECHTS
Das „Green Blue" dieses traditionellen Schlafzimmers wirkt bescheiden und zurückhaltend. Obwohl es augenscheinlich blau ist, fühlt es sich dank seiner grünen Untertöne nie kalt an. Hier bildet es einen hervorragenden Kontrapunkt zum roten Bettüberwurf, der den Blick in diesem harmonischen Raum auf sich zieht.

RECHTE SEITE
Dieses Wohnzimmer in klarem, blauem „Parma Gray" wirkt in seiner Schlichtheit äußerst einladend. Dadurch, dass das Bücherregal und die Stehleuchte in „All White" gehalten sind, fällt die Wandfarbe stärker auf — ein weiteres gutes Beispiel dafür, dass weniger manchmal mehr ist.

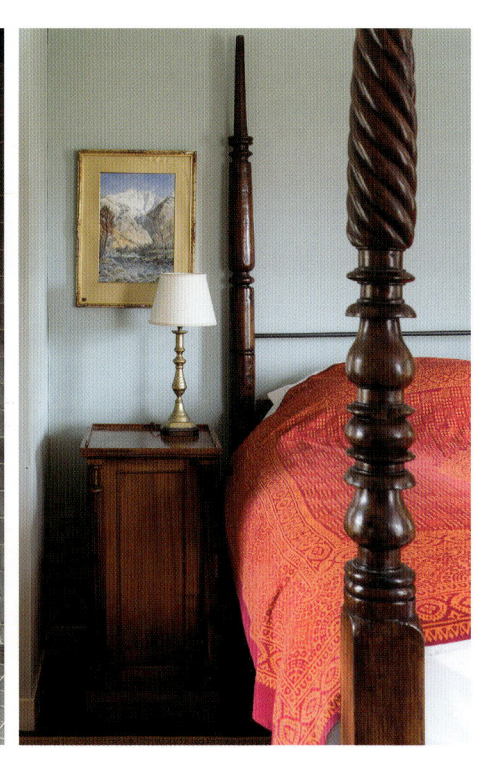

NOSTALGIA
CLIVE CUSSLER
THE STRIKER
BRING ME SUNSHINE
THE GIRL ON THE LANDING
Fingersmith
WATERS
THE TESSERACT

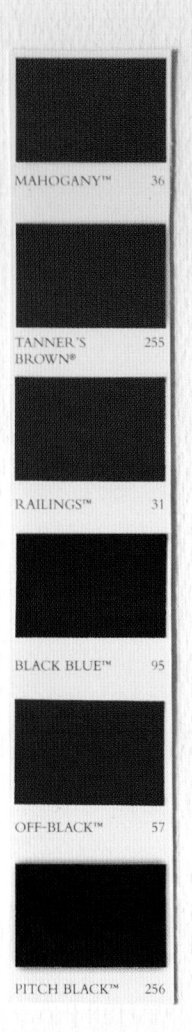

DUNKLE TÖNE

Es hat den Anschein, dass viele Designer in den letzten Jahren zur dunklen Seite des Farbspektrums übergewechselt sind. Heute machen wir uns weniger Gedanken über das Platzangebot als über die Grundstimmung unserer Wohnungen, weshalb es von gesättigten Tönen wie „Mahogany" und „Black Blue" nur so wimmelt.

Möglicherweise tendieren Sie persönlich nicht spontan zu diesen Farben, tatsächlich aber können sie für eher lichtarme Räume die ideale Lösung sein, da sie Grenzen verschwimmen lassen und damit zugleich die Proportionen überspielen. Aber auch offenen Grundrissen können dunkle Farben schmeicheln, und in solchen Fällen verlangen die Raumverhältnisse förmlich nach Tönen wie „Plummett" oder „Tanner's Brown". Die scheinbar schlichten Farben machen große Zimmer interessanter: Die Räume sind zweifellos stimmungsvoll, strahlen aber auch eine vielleicht unerwartete Modernität aus, ganz besonders wenn sie ausschließlich in einer Farbe gestaltet sind.

Tiefe, intensive Farbtöne wie „Pelt" und „London Clay" sind ein schöner Hintergrund für Möbel verschiedenster Stile, und ihre warmen Töne verleihen Schlafzimmern eine sanfte, romantische Note. Die eindrucksvollen „Mole's Breath" und „Off-Black" bringen benachbarte Farben besser zur Geltung als tiefes Pechschwarz und eignen sich daher für Wohnräume, die auch als Medienzimmer genutzt werden.

Vom gedeckten Grau der Farbe „Down Pipe" bis zum dichten Schwarzblau von „Railings" – dunkle Töne werten schöne Altbauzimmer zusätzlich auf, können in modernen Wohnungen aber ebenso eine zeitgenössische Dynamik entwickeln.

RECHTE SEITE
Fast alle Räume in diesem sehr stilvollen Haus in den Niederlanden sind je nach Himmelsrichtung entweder weiß oder in satten dunklen Tönen gestrichen. „Black Blue" in diesem Zimmer für Wände und Zierleisten zu nutzen, war eine kluge Entscheidung, da dünne weiße Linien die stimmige Wirkung der einheitlichen Farbgebung stören würden.

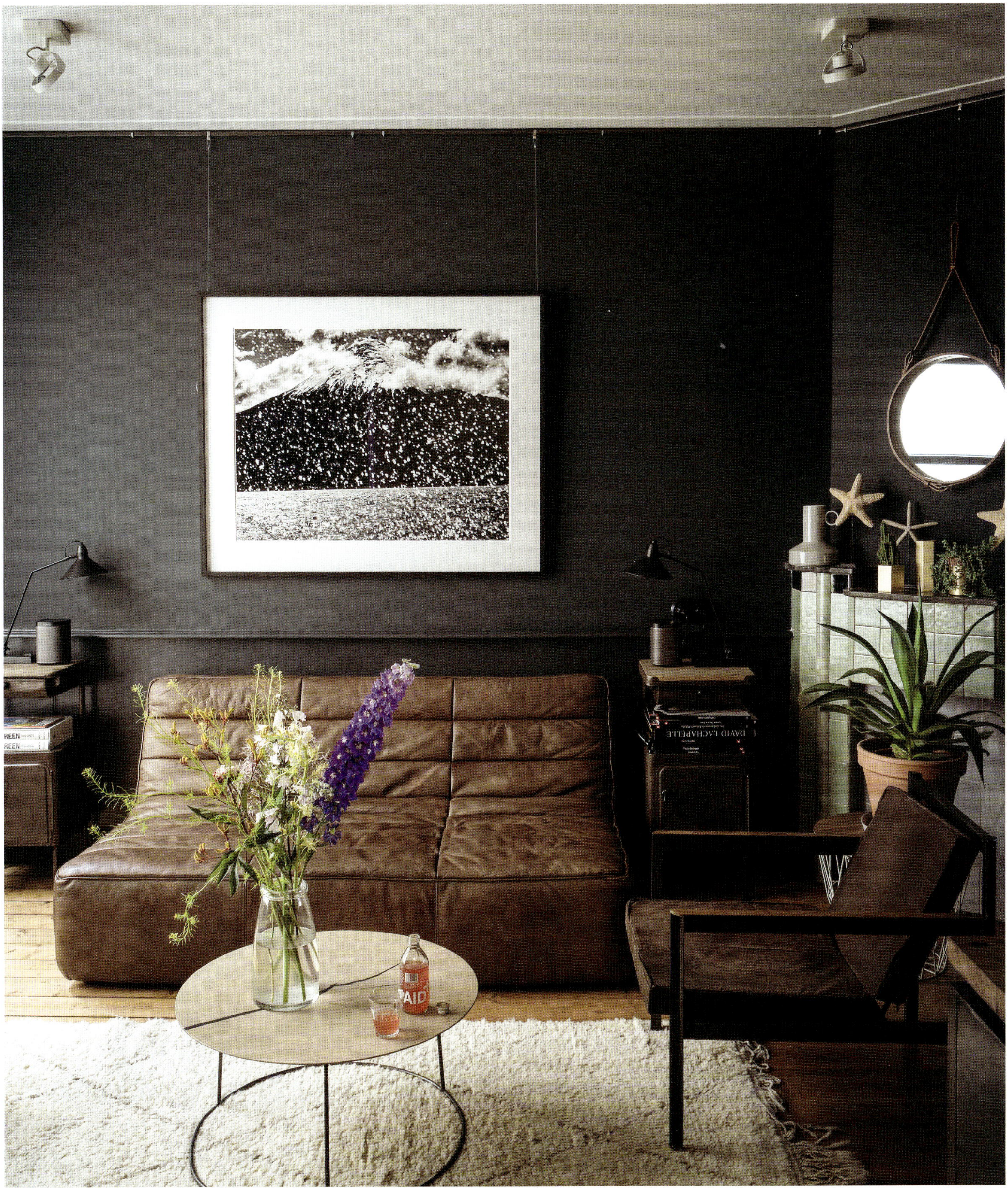
DAVID LACHAPELLE

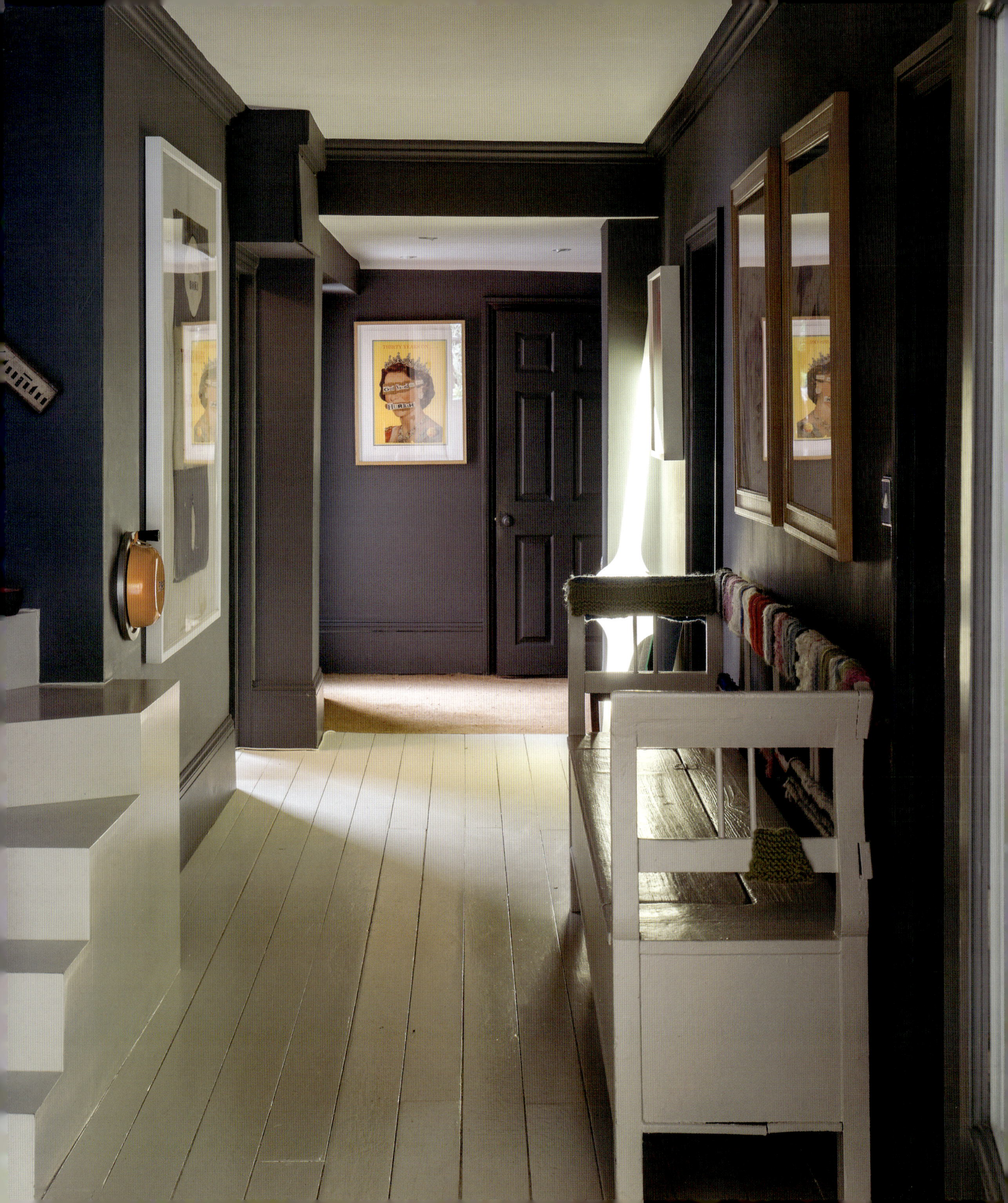

LINKE SEITE
Den Flur meines eigenen Hauses habe ich vor 15 Jahren in „Down Pipe" gestrichen – diese Zeitspanne ist ein Rekord angsichts der Tatsache, dass alle anderen Räume seitdem mindestens 15 Mal gestrichen wurden. Die Farbe lässt den Gang mondän schimmern, was ihren anhaltenden Reiz ausmacht, und lässt alle angrenzenden Räume weit und hell erscheinen. Der Boden und die Bank tragen „Strong White". Ein paar Farbakzenten konnte ich allerdings nicht widerstehen und habe die Rückenlehne der Sitzbank mit Guerilla-Strick geschmückt.

LINKS
Dieser Stahlschrank im Industriestil verträgt einen kräftigen Hintergrund. Das tiefe „Railings" ist da ein erstklassiger Partner, da es weder ganz schwarz noch blau ist. Wenn die dunklen Farben zum echten Statement werden sollen, streichen Sie Wände und rahmende Holzleisten in derselben Farbe.

OBEN
Diese Kombination aus „Mole's Breath" an den Wänden und „Off-Black" für Boden und Fensterrahmen wirkt ausgesprochen attraktiv. Das Grau von „Mole's Breath" enthält wesentlich weniger Blau als viele andere dunkle Farben und verströmt daher etwas mehr Wärme. Eine ideale Farbe für zeitlose Räume.

DIESE SEITE
Diese Diele einer Wohnung in Brooklyn ist verführerisch schlicht, und die Farben ihrer Wände und der dekorativen Holzflächen passen hervorragend zusammen. Kühles, graues „Dimpse" wurde für Wandpaneele und Wände verwendet, während die Türen in hellerem „Blackened" erstrahlen. Diese architektonischen Neutraltöne sorgen mit dem grau überhauchten Eichenboden für einen geradlinigen, modernen Raumeindruck.

NEUTRALE TÖNE

Seit Beginn des 21. Jahrhunderts führen neutrale Farben die Rangliste der beliebten Farben an – und dies nicht ohne Grund. Die meisten Menschen fühlen sich wohl, wenn sie von zurückhaltenden Farben umgeben sind, die das Auge zur Ruhe kommen lassen. Neutrale Farben bieten unendliche Möglichkeiten, luftige und erholsame Räume, zeitlos elegante ebenso wie Räume in einem mondänen Stil zu gestalten. Dennoch sind auch neutrale Farben nicht immer leicht zu kombinieren. Sie wirken schnell ausdruckslos oder etwas düster und so gar nicht wie die subtilen und komplexen Farbkombinationen, die wir hier vorstellen.

Licht spielt bei der Wirkung von Neutraltönen eine zentrale Rolle. Daher hat Farrow & Ball sechs neutrale Farbgruppierungen entwickelt, unter denen sich für alle Lichtverhältnisse das Richtige findet: traditionelle, gelbliche, rötliche, moderne, dezente und architektonische Neutraltöne. Sie vermitteln zwar unterschiedliche Stimmungen, lassen sich aber völlig problemlos in allen Varianten kombinieren.

Die Wahl einer neutralen Farbgruppe ist leicht: Schauen Sie sich einfach die Lichtverhältnisse in Ihrem Zimmer an und nehmen Sie die Gruppe, die Sie am stärksten anspricht. Diese können Sie dann als Grundlage für Ihr Raumkonzept einsetzen, in das Sie auch kräftigere Farben und Tapeten aufnehmen.

Zu schönen Altbauten passen häufig die sanfteren Neutraltöne der traditionellen, der gelblichen und rötlichen Farbgruppe. Einem zeitgenössischen Ambiente kommen besonders die kräftigeren, harmonischen Grautöne der modernen Farbgruppe sowie die dezenten und architektonischen Töne entgegen.

TRADITIONELL-NEUTRAL

Die Wurzeln dieser einzigartigen Gruppe neutraler Töne reichen weit in die Vergangenheit zurück. Dies waren die ersten „Weißtöne", die Farrow & Ball entwickelte, und bis heute lässt sich mit ihnen eine ganz besondere Atmosphäre kreieren. Unter all unseren neutralen Gruppen stehen diese Farben traditionellen Vorbildern am nächsten und sorgen für ruhige, dezente Räume von unerreichter Farbkraft und -tiefe. Da sie als äußerst kultiviert empfunden werden, findet man sie auf dekorativen Stuckdecken historischer englischer Häuser ebenso wie in weiträumigen Pariser Wohnungen. Sie eignen sich aber durchaus auch für schlichtere Orte wie eine Stiefelkammer oder ein Gartenhaus.

Wo immer sie zum Einsatz kommen, lassen die komplexen graugrünen Untertöne die Räume erscheinen, als seien sie ein wenig aus der Zeit gefallen. In lichtarmen oder nach Norden ausgerichteten Räumen kann das Grün darin deutlicher hervortreten, was ihnen eine noch klassischere Note verleiht.

Am effektvollsten sind die traditionellen Neutraltöne, wenn man sie alle in einem Zimmer miteinander kombiniert: das mittlere „Off-White" an den Wänden, das dunklere „Old White" auf Rahmen und Zierleisten, „Lime White" für Kehlung oder Stuck und „Slipper Satin" für die Raumdecke. Auf diese Weise entsteht der Eindruck einer durch und durch ausgewogenen, gelassenen Eleganz.

„Lime White"

„Off-White"

„Old White"

„Slipper Satin"

„Slipper Satin"

„Old White"

GEBROCHENES WEISS

In den letzten Jahren haben sich viele Menschen von allen Farben abgewandt, die auch nur einen Hauch von „Gelbstich" enthielten. Die hier vorgestellten Weißtöne mit einem gelblichen Unterton sind aber wesentlich komplexer und vermitteln eine unnachahmliche Zartheit und Leichtigkeit. Der Beimischung einer winzigen Menge Schwarz verdanken sie ihren traditionellen Charme, der sie so außergewöhnlich macht.

Die gelblichen Neutraltöne bilden die hübscheste und schlichteste der neutralen Farbgruppen. Sie sind in der ländlichen Umgebung verwurzelt und passen daher hervorragend zu Räumen im rustikalen Stil. Aber auch in den elegantesten Räumen sind sie äußerst stimmig. Wie die traditionellen Neutraltöne entwickeln sie unter Tageslicht aus Norden teils grüne Nuancen. In solchen Räumen sind die wärmeren Töne „Tallow", „Ringwold Ground" oder „Savage Ground" mit ihrer natürlichen Reflexion besser geeignet.

Am vorteilhaftesten und überzeugendsten wirken Neutraltöne, wenn sie die umgebende Natur mit einbeziehen. Gelbliche Neutraltöne sind daher ideal für sonnige Gartenzimmer, in denen sie den Übergang vom Innen- zum Außerraum betonen. Das erdige „String" wirkt auf restaurierten Holzelementen sehr natürlich. Kombiniert mit „Matchstick" an den Wänden, strahlt es erholsame Ruhe aus und lässt sich harmonisch mit Möbeln in frischem „New White" und „White Tie" ergänzen.

„White Tie"

„New White"

„String"

„Matchstick"

RÖTLICHE NEUTRALTÖNE

In Kombination mit ähnlichen Farbtönen entfalten Neutraltöne ihre Wirkung am besten. Diese unaufdringlichen Farben auf der Basis von Rot ergeben zusammen ein zeitloses und dezentes Farbschema, wobei ihr rötlicher Grundton ihnen die wärmste Ausstrahlung unter den neutralen Gruppen verleiht.

Diese Neutraltöne wurden ursprünglich im 17. Jahrhundert entwickelt, um Werkstoffe wie Putz, Stein und Holz farblich zu imitieren. In den letzten Jahrzehnten erlebten sie im Rahmen der ungeheuren Beliebtheit von Graubraun eine Renaissance.

Diese Gruppe der Neutraltöne ist besonders praktisch für zeitlos moderne Wohnungen, da sie sich gut mit vielen Interior-Materialien wie Leinen, Leder und Sandstein kombinieren lassen. Häufig ist es gerade der kombinierte Einsatz dieser Farben auf Farbflächen und Mobiliar, der einen Raum belebt. Aber auch in einem traditionelleren Umfeld überzeugen sie. Besonders lichtarmen Räumen verleihen diese Töne eine unvergleichlich warme Ausstrahlung.

Die einladenden, freundlichen Farben der rötlichen Neutraltöne eignen sich aber auch für den Außenraum. Mit seiner Tönung, die an die Steinquader traditioneller Häuser in den mittelenglischen Cotswolds erinnern, ist das kräftige „Oxford Stone" die perfekte Farbe für Mauerwerk, während es durch das etwas hellere „Joa's White" auf Kragsteinen oder Gesims wunderbar ergänzt wird. Zusammen mit Fensterrahmen in „Dimity" und Fenstersprossen im zarten „Pointing" entsteht ein harmonisches, unaufdringliches Farbschema.

„Pointing"

„Dimity"

„Joa's White"

„Oxford Stone"

„Oxford Stone"

MODERNE NEUTRALTÖNE

Zu Beginn des 21. Jahrhunderts kamen graue Einrichtungen flächendeckend in Mode. Obwohl manche die traditionellen Neutraltöne von Farrow & Ball als Grau betrachten, haben diese modernen Neutraltöne eine viel klarere, urbanere Anmutung mit einem Hauch von Zeitgeist. Die Magie dieser Farben liegt darin, dass sie alle auf Violetttönen basieren, die Raumkonzepten zeitgenösisches Flair verleihen und dennoch Wärme ausstrahlen. Der Grundton verhindert auch, dass sie in irgendeiner Weise trist oder streng erscheinen. Ihnen fehlt die düstere Kantigkeit der kühleren, industriell wirkenden blauen Grautöne, und daher eignen sie sich auch gut für das Familieneigenheim. Die Farbtöne schmeicheln einander und entwickeln im Zusammenspiel eine dezente, aber raffinierte Eleganz.

Die Gruppe der modernen Neutraltöne wird häufig in der Farbgestaltung eines gesamten Hauses eingesetzt, sodass man sich durch die Räume bewegt und den Wechsel in den Nuancierungen kaum bewusst wahrnimmt. Das kräftige „Elephant's Breath" begrüßt die Gäste im Flur mit großer Geste, während „Skimming Stone" den Wohnräumen zu maximaler Lichtwirkung verhilft. „Strong White" kommt gerne in der modernen Küche zum Einsatz, deren Einrichtung in Edelstahl es harmonisch ergänzt, während es den Raum besonders luftig erscheinen lässt. „All White" an den Decken aller Räume sorgt für die stimmige farbliche Kontinuität.

"Strong White"

"Skimming Stone"

"Elephant's Breath"

"All White"

DEZENTE NEUTRALTÖNE

Diese Farben erinnern an Altweibersommer und sind ideal für Menschen, die bei der Einrichtung das Understatement lieben. Viele empfinden diese harmonische Farbgruppe als sehr angenehm und für fast jede Art von Wohnstil stimmig. Die Töne sind kein ausgeprägter Blickfang, dafür aber äußerst vielseitig, und sie sorgen für eine in jeder Hinsicht entspannende Umgebung.

Die dezenten Neutraltöne sind weder so grau, dass sie kantig oder unbehaglich wären, noch gehen sie so stark ins Creme, dass sie altmodisch wirken könnten. Sie haben keine kalten oder warmen Untertöne und sind praktisch frei kombinierbar. Moderne Architektur lassen sie etwas weicher erscheinen und bieten dabei einen kräftigen Untergrund für alle anderen Farrow & Ball-Farben. Viele Menschen erinnern sie an die Farbtöne, die den skandinavischen Stil des 18. Jahrhunderts prägen. Sie haben eine natürlich ruhige Ausstrahlung und sorgen stets für ein angenehmes Raumgefühl.

Wände in „Purbeck Stone" mit Holzarbeiten in „Cornforth White" und einer Decke in „Ammonite" sind ein Ensemble aus einem farblichen Guss, sodass die leichten Tonunterschiede beinahe wie Schatten erscheinen. Die minimalistische Kombination unterstreicht die geradlinige Ästhetik moderner Einrichtungsstile und setzt so einen gekonnten Kontrapunkt zur Hektik unserer Zeit.

"Wevet"

"Cornforth White"

"Ammonite"

"Purbeck Stone"

"Purbeck Stone"

ARCHITEKTONISCH-NEUTRAL

Dies ist die perfekte Gruppe für alle, denen eine betont architektonische, moderne Anmutung im Industriestil am Herzen liegt. Die bewusst kühleren Farben mit ihren zum Blau tendierenden Untertönen sorgen für einen kantigeren Look, der sich gut in ein minimalistisches Konzept fügt.

Die architektonischen Neutraltöne sind eine gute Alternative zum reinen und oftmals fast blendenden Weiß, das viele Architekten so lieben. Die Beimischung geringer Mengen anderer Farbpigmente verleiht diesen Grautönen eine völlig neue Ausstrahlung. Statt hart und klinisch zu wirken, erzeugen sie ein Gefühl räumlicher Weite. Dies sind definitiv die Farben der Wahl für alle, die bei der Innenausstattung auf das Prinzip „weniger ist mehr" setzen. Doch eignen sie sich nicht nur für moderne Glasarchitektur. In der Verbindung mit schlichtem Weiß sind sie in traditionelleren Räumlichkeiten von großer Eleganz.

Aufgrund ihrer stark architektonischen Anmutung wird häufig der hellste dieser Farbtöne, „Blackened", durchgehend für alle Decken und Wände verwendet, um einen nahtlosen, hellen Raumeindruck zu erzeugen. Der kräftigste Ton, „Manor House Gray", erscheint dann meist auf dem Boden und erdet das Ganze, während „Dimpse" und „Pavilion Gray" gerne in den kleinen Räumen, als Akzentfarben oder auf einzelnen Möbeln zum Einsatz kommen.

"Blackened"

"Manor House Gray"

"Pavilion Gray"

"Dimpse"

FARBMUSTER

Die Musterdosen der Farrow & Ball-Farben sind so ansprechend und hübsch, dass sie zum Sinnbild moderner Raumgestaltung geworden sind. Ich bin ihnen schon überall begegnet, vom hochmodernen Architekturbüro, wo sie fein säuberlich aufgestapelt waren, bis hin zum Garagen-Flohmarkt, wo sie in dekorativen Körben auf ihre Entdeckung warteten. Wenn sie leer sind, werden sie gerne zu Stifthaltern umfunktioniert, und einer Farrow & Ball-Anhängerin wurde sogar ihr Verlobungsring in einer dieser hübschen Dosen überreicht.

Das wahre Juwel aber sind die 132 unnachahmlichen Farrow & Ball-Farben, die diese Töpfe enthalten. Auch wenn unsere Farbkarten mit echten Farben gefertigt werden (bei Farrow & Ball werden sie nicht gedruckt), geht doch nichts über ein echtes Farbmuster an der Wand des Raums, der neu gestaltet werden soll. Und zwar aus folgenden Gründen:

Erstens reagieren unsere besonders pigmentreichen Farben auf kleinste Veränderungen der Lichtverhältnisse. Mit dem Wechsel der Jahreszeiten, dem Sonneneinfall im Tagesverlauf und selbst wenn sich nur eine Wolke vor die Sonne schiebt, wirken die Farben jeweils unterschiedlich. Das macht sie so lebendig, und es ist genau diese Qualität, die Räumen Tiefe und Atmosphäre verleiht.

Zweitens ist es wichtig, dass man eine Farbe immer im richtigen Licht betrachtet. Wenn Sie ein Zimmer gestalten, das vorwiegend am Abend genutzt wird, testen Sie die vorgesehene Farbe auch bei Kerzenlicht.

Drittens können Sie anhand einer Farbprobe vor Ort erkennen, was der gewählte Ton im Zusammenspiel mit den Farben eines Nachbarraums bewirkt. So feine Töne wirken im Gesamtbild oft ganz anders, als wenn man sie isoliert betrachtet, denn sie werden stets auch von den Farben ihrer Umgebung beeinflusst. Das gilt auch für die Kombination verschiedener Proben: Ein kräftiges Rot kann vor einem weißen Hintergrund trübe erscheinen, Schwarz dagegen bringt es zum Leuchten.

Die goldene Regel beim Ausprobieren von Farben lautet, sie nicht direkt auf die Wand aufzutragen, die Sie verändern wollen – auch wenn die Versuchung noch so groß ist. Denn die alte Farbe – also genau die, die Sie überstreichen möchten – hat einen Effekt auf die potenzielle Nachfolgerin. Gleichen Sie die neue Farbe daher mit Ausstattungselementen ab, die erhalten bleiben, nicht durch Probeanstriche neben einer alten Farbe, die später nicht mehr vorhanden ist. Zudem lenken verworfene Farbmuster an den Wänden nicht nur ab, sondern sie müssen später auch aufwendig überstrichen werden – Graffiti können ja ein Blickfang sein, aber nicht an der Wohnzimmerwand! Wenn Sie mehrere Farben im Vergleich ausprobieren wollen, ist es noch wichtiger, sie isoliert zu betrachten. Als bunter Fleck an der Wand beeinflussen sich die Farben alle gegenseitig und es wird immer schwieriger zu erkennen, wie eine der Farben später alleine wirken könnte.

Wenn Sie zur gleichen Zeit Wandfarben und eine Farbe für die Holzelemente testen, versuchen Sie auch, die jeweiligen Proben im richtigen Größenverhältnis zueinander zu betrachten. Das Muster der Wandfarbe sollte also um einiges größer sein als das Muster der Farbe für den Holzanstrich. Dies wird den Farbeindruck beider Farben auf realistische Weise prägen.

Streichen Sie zwei Papier- oder Kartonstücke mit einer Testfarbe an – je größer, desto besser – und hängen Sie sie an zwei Stellen des Raums auf. Beachten Sie dabei, dass Sie die tatsächliche Farbwirkung erst durch zwei Anstriche erzielen. Beobachten Sie nun, wie sich die Farben im Verlauf des Tages verändern. Wie wirken sie im Abendlicht, wie tagsüber? So stellen Sie sicher, dass Sie den gewünschten Look erzielen.

Wie sich Farben zueinander und bei wechselnden Lichtverhältnissen verhalten, beruht auf komplexen Prozessen. Darum gibt es nichts Besseres, als die Kandidaten an Ort und Stelle zu testen. Und als Zugabe haben Sie am Ende auch noch all die hübschen kleinen Musterdöschen.

DIESE SEITE
An der Wand dieses hellen, noch ungestalteten Raums hängen Muster der dezenten Neutraltöne „Purbeck Stone", „Cornforth White" und als Akzentfarbe „Mole's Breath". Sie sollen auf Wänden, Holz und für die Kamineinfassung verwendet werden. Zudem werden vier Tapetenmuster als Schmuck für die Kaminwand in Erwägung gezogen, von denen jede ihren eigenen Charme hat. Im Uhrzeigersinn von links oben: „Peony" (BP 2302), „Versailles" (BP 2602), „Silvergate" (BP 803) und „St Antoine" (BP 909).

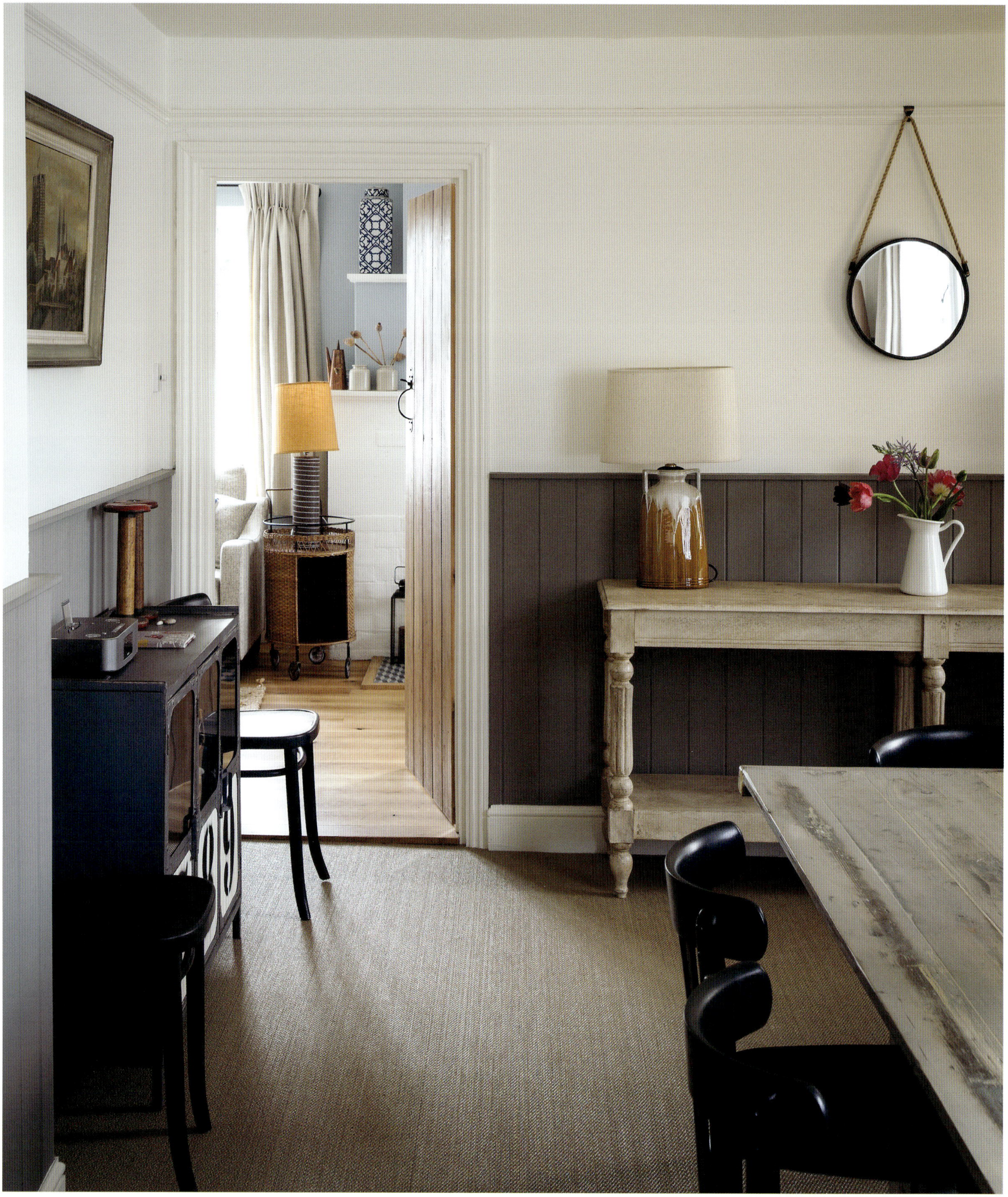

TEIL ZWEI

DAS HANDBUCH

LINKE SEITE
Die Kombination von „Mole's Breath" auf der Wandvertäfelung und „Ammonite" auf den Wänden verleiht diesem Esszimmer eine ungezwungene Atmosphäre. Oberhalb des dunkleren Holzes öffnet die hellere Wandfarbe den Raum, wodurch er optisch größer und luftiger wirkt.

WELCHES WEISS?

Wenn die Entscheidung für die Wandfarbe endlich getroffen ist, steht man angesichts der Auswahl an Weißtönen für Decke, Zierleisten und Holzelemente schon vor der nächsten Wahl. Hier finden Sie eine übersichtliche Liste aller Farrow & Ball-Farben mit dem jeweils am besten dazu passenden Weiß. Natürlich sind die meisten Farben mit verschiedenen Weißtönen kombinierbar, je nachdem, ob Sie einen dezent gedeckten Effekt anstreben oder eher ein frisches, plastisches Raumgefühl. Die folgende Liste kann Ihnen die Auswahl erleichtern, denn bei allen aufgeführten Kombinationen können Sie sicher sein, dass sie perfekt zueinander passen.

A

All White / Strong White
Ammonite / Wevet
Archive / Dimity
Arsenic / All White

B

Babouche / House White
Ball Green / James White
Black Blue / Ammonite
Blackened / All White
Blazer / Joa's White
Blue Gray / Shaded White
Blue Ground / Pointing
Bone / Lime White
Book Room Red / Dimity
Borrowed Light / All White
Brassica / Great White
Breakfast Room Green / James White
Brinjal / Skimming Stone

C

Cabbage White / All White
Calamine / Great White
Calke Green / Slipper Satin
Calluna / Wimborne White
Card Room Green / Lime White
Charleston Gray / Skimming Stone
Charlotte's Locks / All White
Churlish Green / James White
Cinder Rose / Great White
Citron / House White
Clunch / Wimborne White
Cooking Apple Green / James White
Cook's Blue / All White
Cord / New White
Cornforth White / Wevet
Cromarty / Shadow White

D

Dayroom Yellow / Wimborne White
Dead Salmon / Dimity
Dimity / Pointing
Dimpse / All White
Dix Blue / Clunch
Dorset Cream / New White
Dove Tale / Strong White
Down Pipe / Dimpse
Drawing Room Blue / Blackened
Drop Cloth / Shadow White

E

Eating Room Red / Joa's White
Elephant's Breath / Strong White

F

Farrow's Cream / White Tie
French Gray / Lime White

G

Great White / All White
Green Blue / Pointing
Green Ground / James White
Green Smoke / Off-White

H

Hague Blue / Old White
Hardwick White / Clunch
Hay / James White
House White / All White

I

Incarnadine / Wimborne White
Inchyra Blue / Shaded White
India Yellow / Matchstick

J
James White / All White
Joa's White / Dimity

L
Lamp Room Gray / Strong White
Lichen / Lime White
Light Blue / Strong White
Light Gray / Clunch
Lime White / Slipper Satin
London Clay / Skimming Stone
London Stone / Joa's White
Lulworth Blue / All White

M
Mahogany / Joa's White
Manor House Gray / Blackened
Matchstick / White Tie
Middleton Pink / All White
Mizzle / Wimborne White
Mole's Breath / Ammonite
Mouse's Back / Off-White

N
Nancy's Blushes / Great White
New White / White Tie

O
Off-Black / Dimpse
Off-White / Slipper Satin
Old White / Slipper Satin
Oval Room Blue / Shadow White
Oxford Stone / Dimity

P
Pale Hound / Wimborne White
Pale Powder / Pointing
Parma Gray / Wimborne White
Pavilion Blue / All White
Pavilion Gray / Blackened
Peignoir / Wimborne White
Pelt / Great White
Picture Gallery Red / Joa's White
Pigeon / Shaded White
Pink Ground / Tallow
Pitch Black / Shadow White
Pitch Blue / Blackened
Plummett / Ammonite
Pointing / Wimborne White
Purbeck Stone / Wevet

R
Radicchio / Joa's White
Railings / Ammonite
Rectory Red / Dimity
Red Earth / Dimity
Ringwold Ground / Tallow

S
Salon Drab / Dimity
Savage Ground / New White
Setting Plaster / Tallow
Shaded White / Shadow White
Shadow White / Wimborne White
Skimming Stone / Strong White
Skylight / All White
Slipper Satin / Pointing

Smoked Trout / Dimity
St Giles Blue / All White
Stiffkey Blue / Shadow White
Stone Blue / Strong White
Stony Ground / Slipper Satin
String / White Tie
Strong White / All White
Studio Green / Lime White
Sudbury Yellow / New White

T
Tallow / Pointing
Tanner's Brown / Joa's White
Teresa's Green / Slipper Satin
Tunsgate Green / All White

V
Vardo / Shaded White
Vert de Terre / Slipper Satin

W
Wevet / All White
White Tie / Wimborne White
Wimborne White / All White
Worsted / Shadow White

Y
Yeabridge Green / James White
Yellowcake / All White
Yellow Ground / White Tie

MENGENBERECHNUNG

FARBE

Es kann ein ziemlicher Dämpfer sein, wenn man feststellt, dass die gekaufte Farbmenge nicht ausreicht. Bestellt man aber mehr als benötigt, gibt es womöglich so bald keine Verwendung für den Rest. Damit es dazu gar nicht erst kommt, nutzen Sie den Farbmengenkalkulator auf dieser Seite. Wichtig zu wissen: Die benötigte Farbmenge hängt immer vom Untergrund ab. Der Kalkulator bietet daher nur Richtwerte. Poröse Oberflächen brauchen meist einen zusätzlichen Anstrich, und auch bei extremen Farbwechseln wie etwa von Weiß auf Schwarz oder umgekehrt benötigen Sie eine dritte Farbschicht. Daher empfiehlt sich eine gute Vorbereitung durch Grundierung und Voranstrich.

TAPETE

Auch ein Zuviel an Tapete möchte man vermeiden. Dennoch empfehlen wir, bei der Kalkulation immer eine Rolle extra einzuplanen – für Reparaturen oder falls beim Kleben etwas schiefgeht. Bei einer Nachbestellung kann es gut sein, dass die nächste Charge eine leichte Farbabweichung aufweist. Und wenn etwas übrig bleibt: Mit Tapetenresten ausgeschlagene Schubladen und Schränke sind ein echter Hingucker.

Jede Tapetenrolle ist 10 m lang und läuft 53 cm breit. Am besten lassen Sie die benötigte Menge einfach von Ihrem Tapezierer berechnen. Alternativ hilft Ihnen Farrow & Ball auch gerne bei der Kalkulation. Diese Angaben sind aber ebenfalls nur als Richtwerte zu betrachten.

Farbtyp	Reichweite*
Estate Emulsion	70 m² pro 5 Liter
Modern Emulsion	60 m² pro 5 Liter
Estate Eggshell	60 m² pro 5 Liter
Floor Paint	60 m² pro 5 Liter
Full Gloss	30 m² pro 2,5 Liter
Dead Flat	60 m² pro 5 Liter
Exterior Masonry	40 m² pro 5 Liter
Exterior Eggshell	32 m² pro 2,5 Liter
Casein Distemper	65 m² pro 5 Liter
Soft Distemper	65 m² per 5 Liter
Limewash	variiert nach Untergrund

*Angegeben ist die Reichweite der maximalen verfügbaren Gebindegröße.

RECHTE SEITE
Die Wahl von „Tessella" (BP 3604) — meiner Lieblingstapete — für die Wände dieses Esszimmers ist gewagt, doch Farbe und Design harmonieren wunderbar mit den Bodenfliesen beider Räume. Das helle „Dayroom Yellow" des Tischgestells gibt dem Ensemble eine heitere Note.

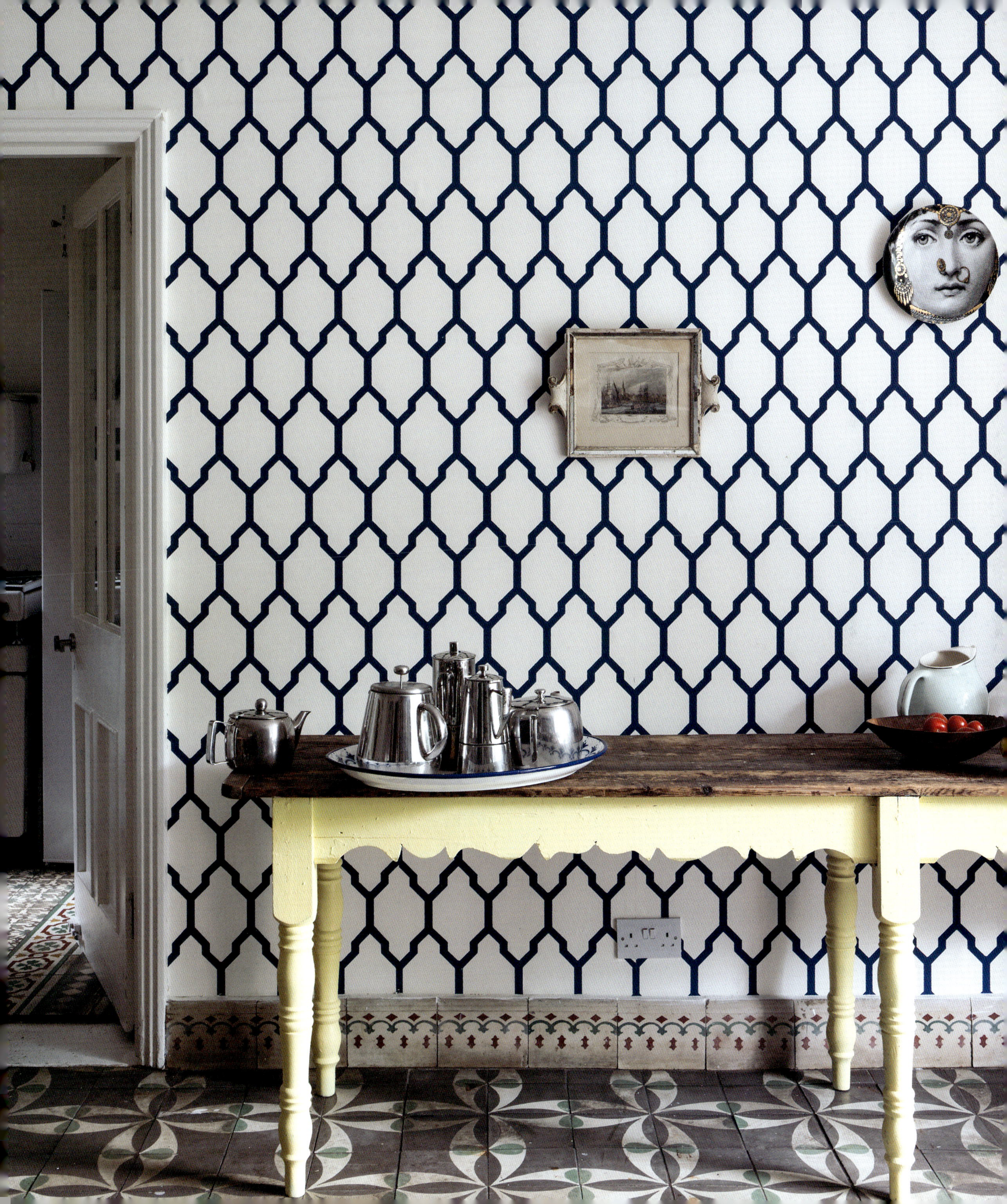

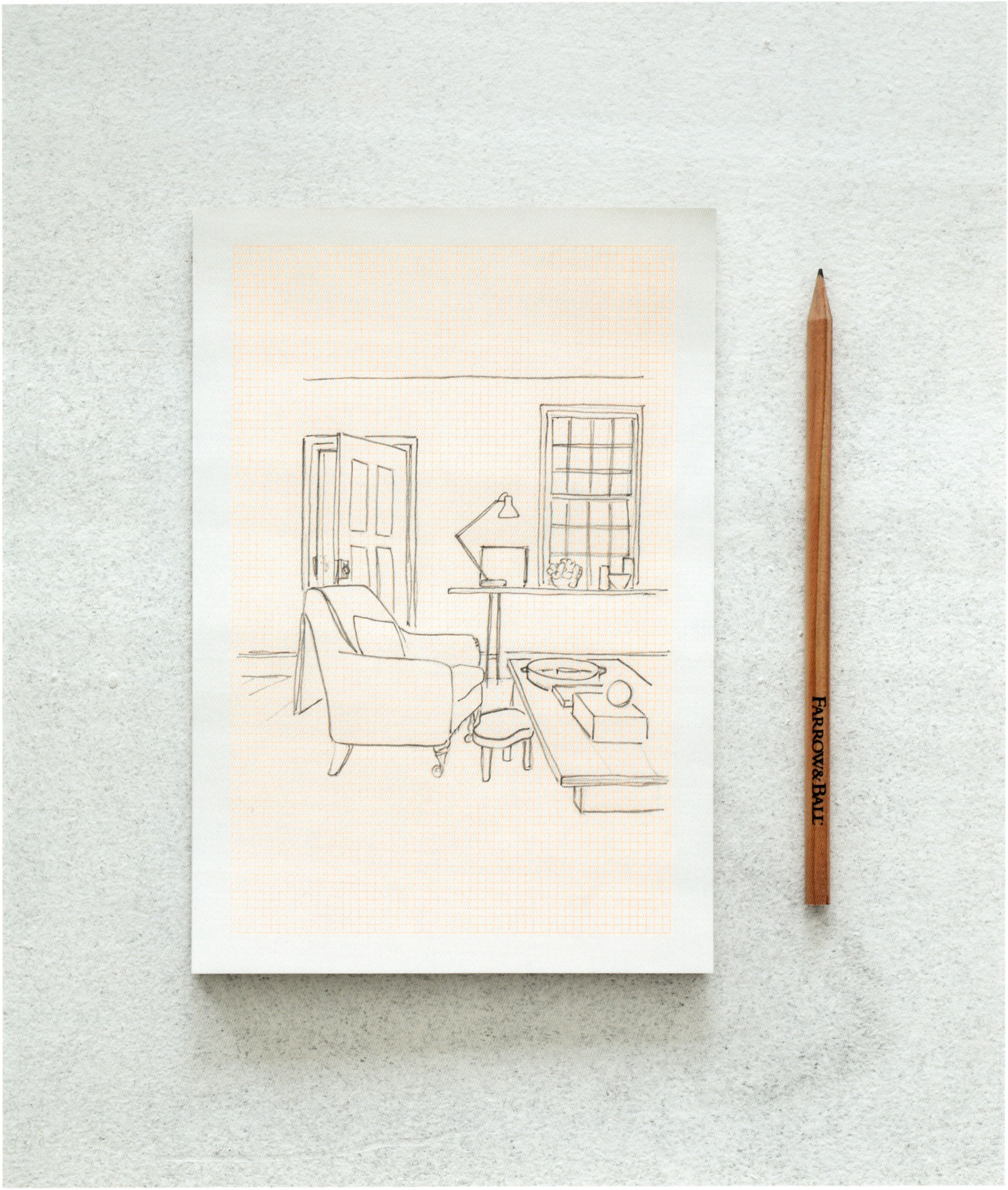
FARROW&BALL

FARBLICHE GEWICHTUNG

Betrachten Sie jeden Raum als eine großartige Gelegenheit, um Farbe einzusetzen. Ob Sie sich spontan und intuitiv für ein Gestaltungskonzept entschieden haben oder nach reiflicher und präziser Überlegung – das Konzept ist nur der Beginn einer Reise, an deren Ende Sie aus Ihren Räumen das Beste gemacht haben.

Wenn es um die Farbgestaltung von Räumen geht, die voller architektonischer Einzelheiten stecken, ist es nicht immer leicht zu wissen, welche Farbe wo optimal platziert ist. Die erste wichtige Entscheidung ist in diesem Fall, ob Holzarbeiten farblich abgesetzt werden sollen oder nicht. Dies hängt in der Regel vom Stil des Raums ab. In Altbauten neigen die meisten Menschen zur klassischen Lösung, Tür- und Fensterrahmen rein weiß zu streichen, denn früher galt, dass das Holz heller sein sollte als die Wände. In modernen Räumen hingegen, in denen die Holzelemente meist nicht dekorativ gestaltet sind, zieht man häufig eine einheitliche Gestaltung in einer Farbe vor. So entsteht ein Rahmen, der einer minimalistischen Einrichtung eher entspricht.

Da es beinahe endlos viele Möglichkeiten gibt, kann es weiterhelfen, sich auf drei grundlegende Arten der Gestaltung zu besinnen: hell auf dunkel, dunkel auf hell oder durchgängig einfarbig.

HELL AUF DUNKEL

Die erste und zugleich traditionellste Methode besteht darin, eine Farbe für die Wände zu verwenden und die Holzarbeiten weiß zu streichen. Dabei war glänzendes Weiß lange Jahre Standard, bevor es aufgrund seiner angeblich strengen Wirkung aus der Mode kam. Aber da manche Moden auch in der Raumgestaltung wiederkehren, ist Hochglanz inzwischen wieder äußerst beliebt und wird wegen seiner Schlichtheit und seines frischen Kontrasts geschätzt. Im ganzen Haus verwendet, fungiert er als Bindeglied zwischen den Räumen.

Ein grellweißer Lack kann die Noblesse einer dezenten, gedeckten Wandfarbe vollkommen aufheben, und darum sind die Weißtöne von Farrow & Ball so einzigartig: Für jede Farbe bieten sie einen harmonischen Weißton als Pendant, sei es „James White" zu Grüntönen oder das warme „Dimity" zu Rottönen. Ein harmonisch auf die Wandfarbe abgestimmtes Weiß hat den Vorteil, dass es für eine sanftere Atmosphäre sorgt. Ist der Kontrast zwischen Holz- und Wandfarbe zu stark, wird das Auge immer wieder von den kleinen Kontrastpartien angezogen und die Holzelemente treten ungewollt in den Vordergrund – Fußleisten ebenso wie Türen und Fenster. Dies betont die Grenzen und verkleinert den Raum optisch. Ist das Weiß hingegen harmonisch auf die Wandfarbe abgestimmt, wirken diese Elemente weicher, verschmelzen mit dem Hintergrund und der Raum wirkt größer und ruhiger. Eine tonal abgestimmte Raumgestaltung lässt nahtlose, elegante Räume entstehen.

RECHTS
Diese hübsche, luftige Badezimmer ist ganz unkompliziert und traditionell gestaltet. „Pale Powder" an den Wänden sorgt für einen Hauch von Farbe, und das „Pointing" der Holzelemente rundet es harmonisch ab.

RECHTE SEITE
Die Farbe „Dead Salmon" wurde in Kedleston Hall, Derbyshire, entdeckt und entfaltet in diesem schlichten Raum eine moderne Anmutung. Das passende Weiß aus der Gruppe der rötlichen Neutraltöne ist „Dimity". Hier zeigt sich, wie perfekt die Weißtöne von Farrow & Ball Kanten überspielen und für nahtlose Übergänge sorgen.

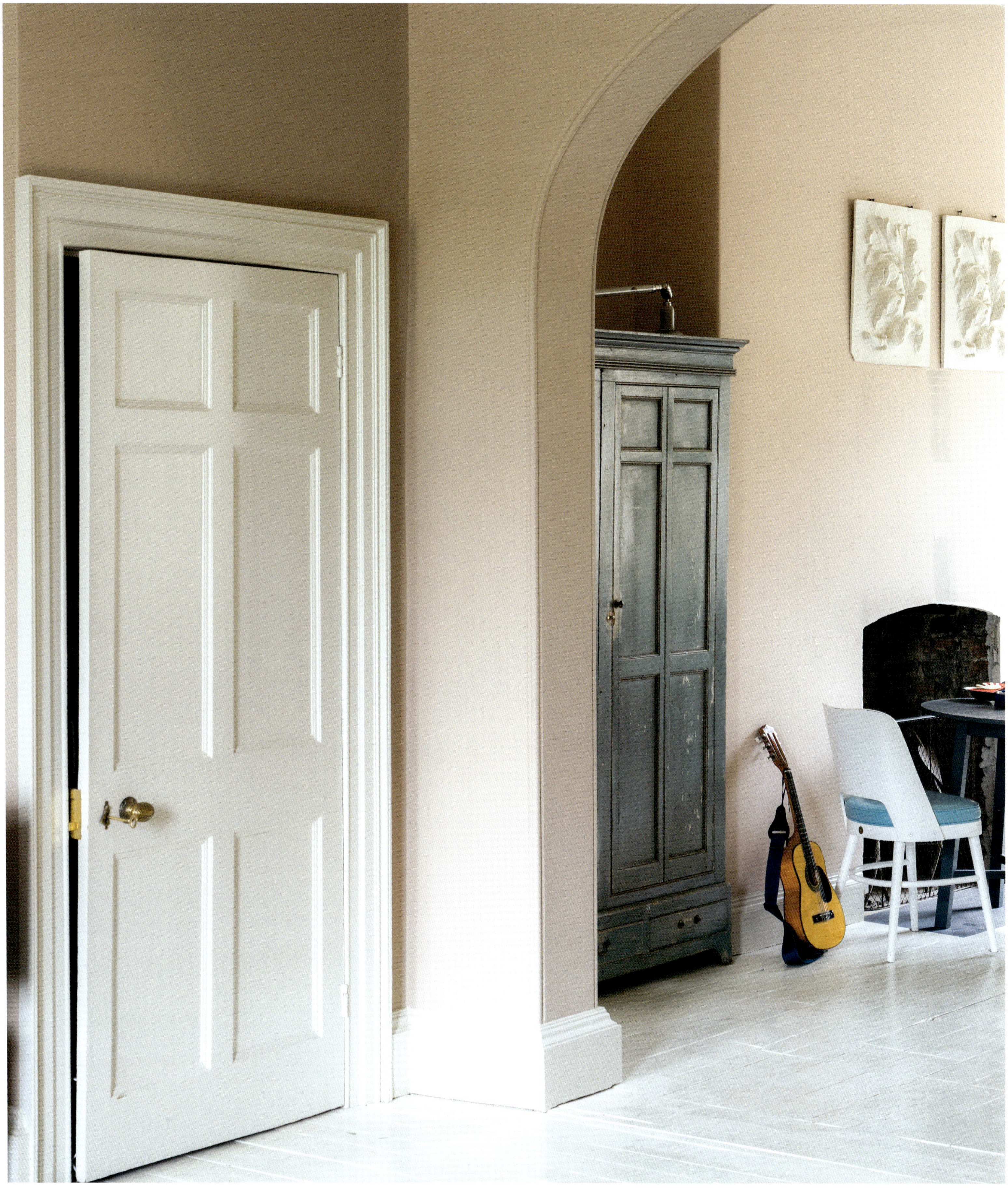

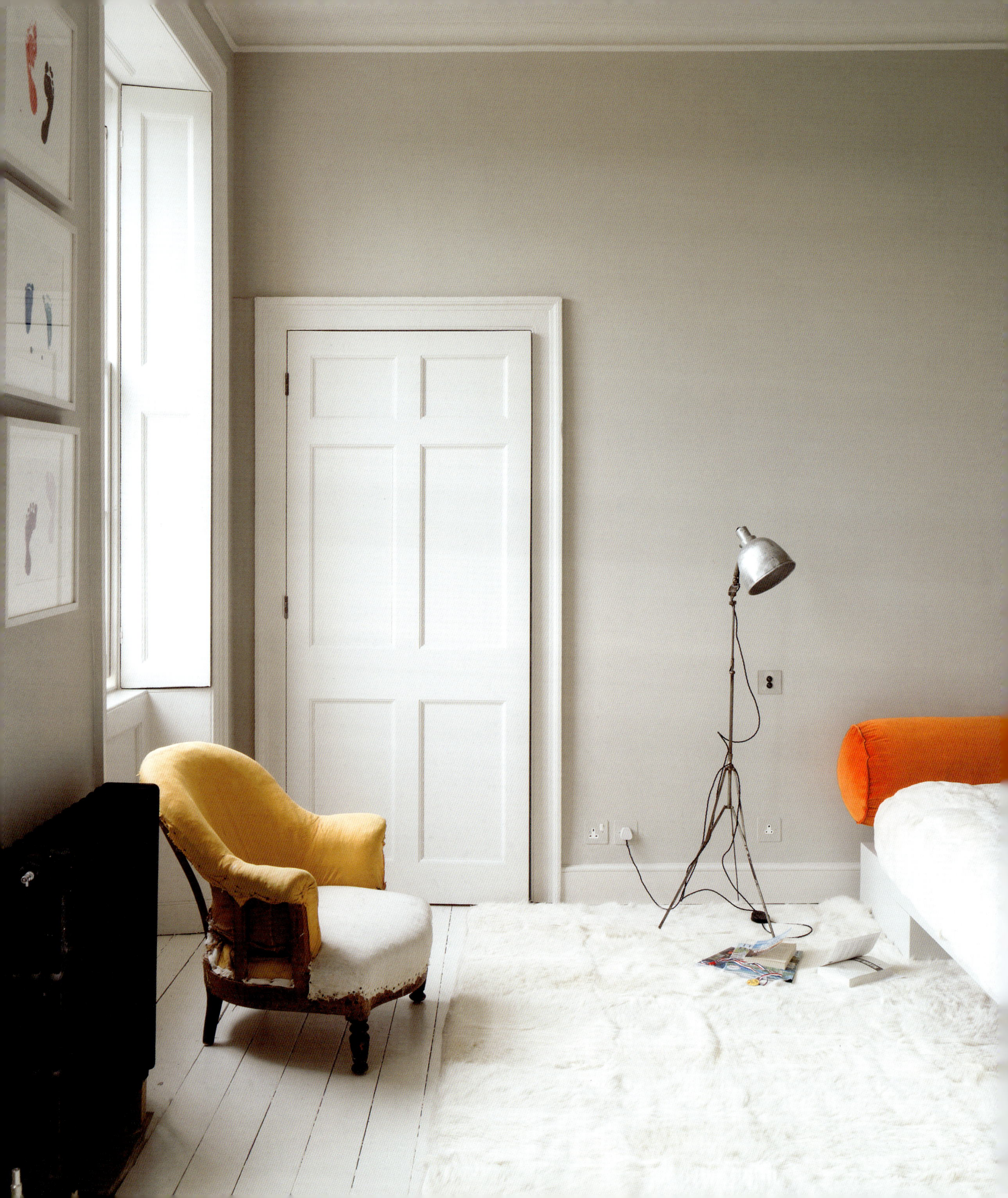

OBEN LINKS
Wer könnte diesem lichtdurchfluteten Bad im US-Staat New York widerstehen? Das „Middleton Pink" der Wände gepaart mit „All White" auf dem Holz beschwört unbeschwerte Kindheitstage herauf und wirkt erfrischend und bezaubernd zugleich.

LINKS
Das „Wevet" auf Fensterrahmen und Türen ist das Bindeglied in dieser ruhigen Ecke eines Hauses in den Niederlanden. Der zarte Weißton mit einem Hauch Grau ergänzt das „Lamp Room Gray" der Wände ideal. Die beiden Farben ergeben ein harmonisches Bild, da sie beide im selben Grundton gehalten sind.

OBEN RECHTS
„Teresa's Green" an den Wänden und „Pointing" für das Holz sind eine sehr klassische und absolut angemessene Wahl für diesen Treppenflur eines historischen Hauses. Einfache Farbschemata wie dieses sind häufig am überzeugendsten.

LINKE SEITE
Dieses Zimmer verströmt Ruhe und Gelassenheit. Das „Skimming Stone" an den Wänden ist ideal für Schlafräume geeignet, da es nie kühl wirkt. Hier ist es mit dem helleren „Wimborne White" auf Holzelementen und Boden kombiniert, was den klaren, geradlinigen Charakter des Zimmers unterstreicht.

DUNKEL AUF HELL

Die zweite Grundidee der Farbbehandlung ist, die Zierelemente dunkler zu streichen als die Wände. Wer möchte nicht, dass das Zimmer möglichst groß und hell wirkt? Da die Wände die größte Fläche bilden, lässt sich dies am einfachsten mit hellen Wänden und einem dunkleren Farbton für die Holzelemente erzielen. Dunkle Zierelemente lassen die Wände heller erscheinen und entfalten zudem eine dekorative Wirkung. Wenn Ihnen dunkles Holz zu gewagt ist, seien Sie beruhigt: Schließlich schüchtern uns Räume mit ungestrichenem Holz wie dunklem Mahagoni oder schlichter Kiefer auch nicht ein. Von hier ist es kein großer Schritt zu dunkel lackiertem Holz.

In Regency-Häusern findet man häufig Holz, das nur eine Nuance dunkler ist als die Wände – eine dezente Gestaltung, die diesem eher ruhigen Stil entspricht. Auch hierfür bietet Farrow & Ball mit seinen unzähligen aufeinander abgestimmten Tönen die passende Lösung. Die im 19. Jahrhundert beliebte Kombination aus kräftigen Farben für das Holz und Wänden in zarteren Tönen ist heute wieder sehr gefragt. Sie kann dramatische Effekte erzielen und auf kleinem Raum ausdrucksvolle Akzente setzen. Diese Methode grenzt Räume aber auch deutlich voneinander ab, da sie einen klaren Rahmen setzt. Die dunklen Elemente ziehen das Auge an und so verlagert sich der Fokus eines Raums mit der Folge, dass sich seine optischen Proportionen verändern. Achten Sie also auf ein gutes Kräfteverhältnis zwischen den Farben.

RECHTS
Das „Hague Blue" für Tür, Türrahmen und Scheuerleisten des Kinder-Badezimmers in diesem Stadthaus in Bath führt ein völlig neues und sehr modernes Element ein. Mit „Pink Ground" an den Wänden, „Setting Plaster" für den Waschtisch und „Strong White" auf dem Boden entsteht ein äußerst charmanter und origineller Raum.

RECHTE SEITE
Ein gegenüber den Holzelementen hellerer Farbton an den Wänden lässt einen Raum groß und luftig erscheinen. Hier wird dies mit hellem „Ammonite" an den Wänden und dem etwas dunkleren „Purbeck Stone" auf dem Holz erstklassig umgesetzt. Die hervorstechende dunkle Tür in „Down Pipe" verstärkt den Effekt noch einmal.

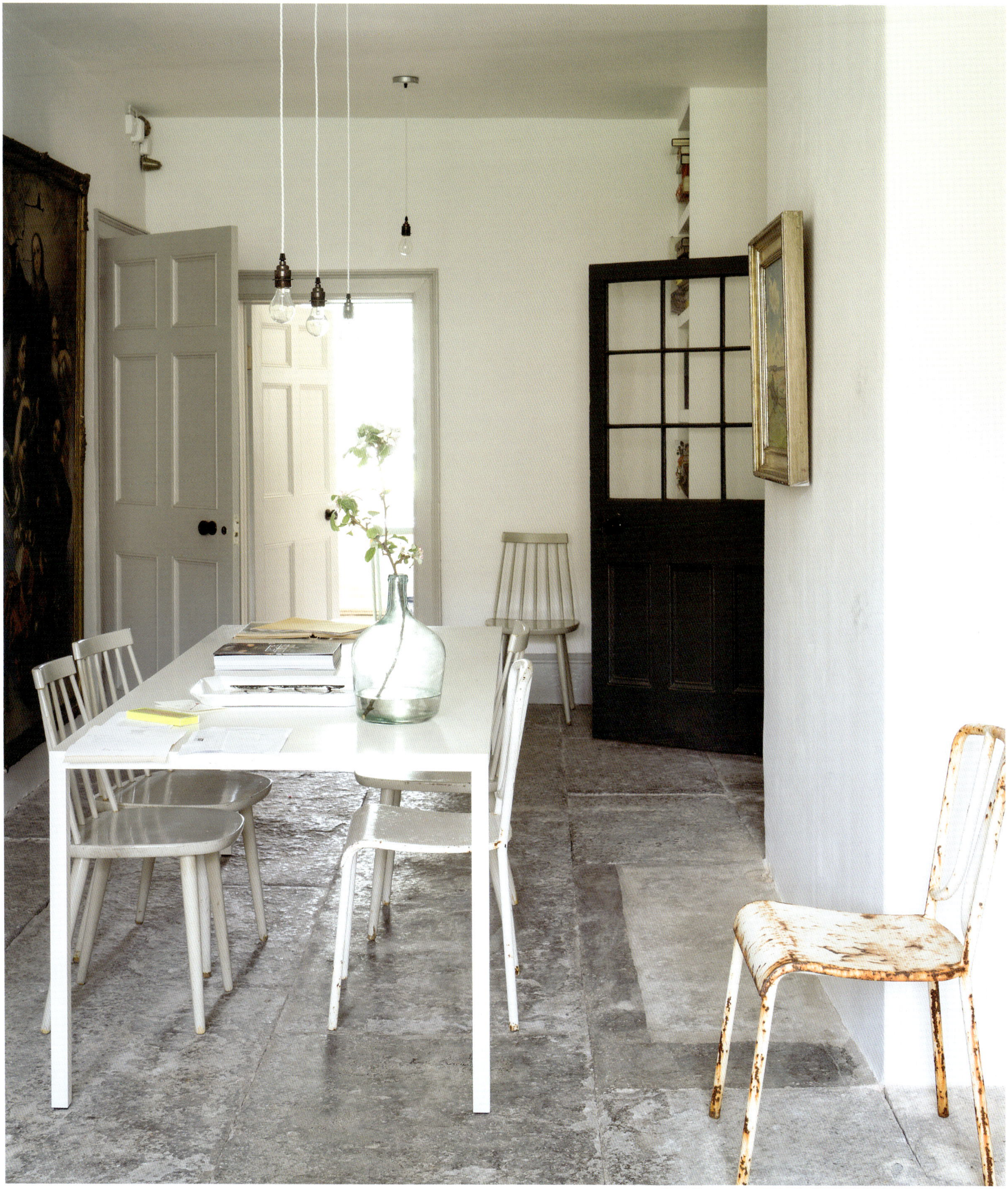

OBEN LINKS

Im Gartensalon dieses französischen Châteaus spielt das „Pale Hound" der Wände sehr harmonisch zusammen mit der Farbe der Bodenfliesen. Das kräftigere, aber ebenso sanfte „Lamp Room Gray" der Türen verleiht ihnen angemessenes Gewicht und bildet eine schöne Überleitung zu den tieferen Tönen des angrenzenden Zimmers.

OBEN RECHTS

Die ausgewogene Kombination aus hellem „Shadow White" an den Wänden und dem immer noch lichten „Drop Cloth" auf dem Holz ist in diesem Flur eines Cottage in Dorset sehr effektvoll eingesetzt und unterstreicht die gelassene und zugleich durchgestaltete Note. Der dunklere Ton des Holzes springt nicht direkt ins Auge, doch ohne ihn würde der Flur nicht so freundlich wirken.

OBEN LINKS

Ein zartes „Borrowed Light" an den Wänden wird durch das „Stiffkey Blue" der Fußleiste verankert. Zudem bildet es das perfekte Gegengewicht zum „Wimborne White", das für den oberen Wandvorsprung verwendet wurde. Dieses Farbschema ist besonders beliebt für Kinderzimmer, wirkt aber in diesem Esszimmer ebenso überzeugend.

OBEN RECHTS

Diese Art der Raumnutzung liebe ich. In dieser sehr geräumigen Küche ist genug Platz, um eine gemütliche Ecke mit einem Sekretär einzurichten. Die wohlige Atmosphäre verdankt dieser Bereich den in „Stone Blue" gestrichenen Fensterrahmen, -sprossen und -läden, die sich markant von der Wand absetzen. Für diese wurde der Farbton „New White" gewählt.

EINFARBIG

Die dritte Möglichkeit der Raumgestaltung ist eine einheitliche Farbe für Wände und Holzelemente. Im Georgianischen Zeitalter Englands war diese Lösung überaus beliebt, und auch heutige Interior Designer arbeiten gerne damit, da einfarbige Räume eine ruhige und extrem stilsichere Ausstrahlung haben.

Wandvertäfelungen waren traditionell dreifarbig. In nur einer Farbe dagegen wirken sie viel eleganter. Wenn die Kontraste auf ein Minimum reduziert sind, ist die Begrenzung des Raums weniger spürbar. Es entsteht der Eindruck von Weite und Geradlinigkeit – noch dazu bietet sich so ein idealer Hintergrund für Kunstobjekte.

Viele scheuen sich, für die Holzarbeiten dunkle Farben einzusetzen. Dabei wirkt das gerade bei kräftigen Farben sehr natürlich. Schmale oder schlichte Rahmen verschmelzen mit der Wand und werden nur als Schatten wahrgenommen. Eine einfarbige Gestaltung bietet zudem den Vorteil des fließenden Übergangs von innen nach außen. Sie öffnet den Raum zum Garten, denn wenn Fensterrahmen und -sprossen dieselbe Farbe haben wie die Wände, stellen sie keine optische Barriere dar.

Ausschlaggebend ist natürlich die Wahl der Wandfarbe, denn sie prägt den gesamten Raum. Bleibt noch die Entscheidung, ob Sie die Zierleisten betonen oder verdecken möchten. Aber glücklicherweise helfen dabei ja die drei hier vorgestellten Gestaltungsprinzipien.

RECHTS
Das kräftige „Railings", das in diesem klassisch niederländischen Haus mit Ausnahme von Decke und Boden für alle Flächen genutzt wurde, sorgt für mondäne Eleganz. Diese Art der Raumgestaltung lässt eine ausdrucksvolle und zugleich entspannte Atmosphäre entstehen. Außerdem ist sie praktisch, um unerwünschte Verzierungen zu verdecken und verbirgt sogar Türangeln.

RECHTE SEITE
Dieses schöne Zimmer ist in „Pavilion Gray" gestrichen, um das Licht optimal zu nutzen. Hätten die Türen eine andere Farbe, würde dies weniger gut gelingen. So lenken sie das Auge kaum ab und verschmelzen förmlich mit der Wand. Die außergewöhnliche Wandaussparung, die durch das freundliche „Calamine" betont wird, hebt die Keramiksammlung hervor.

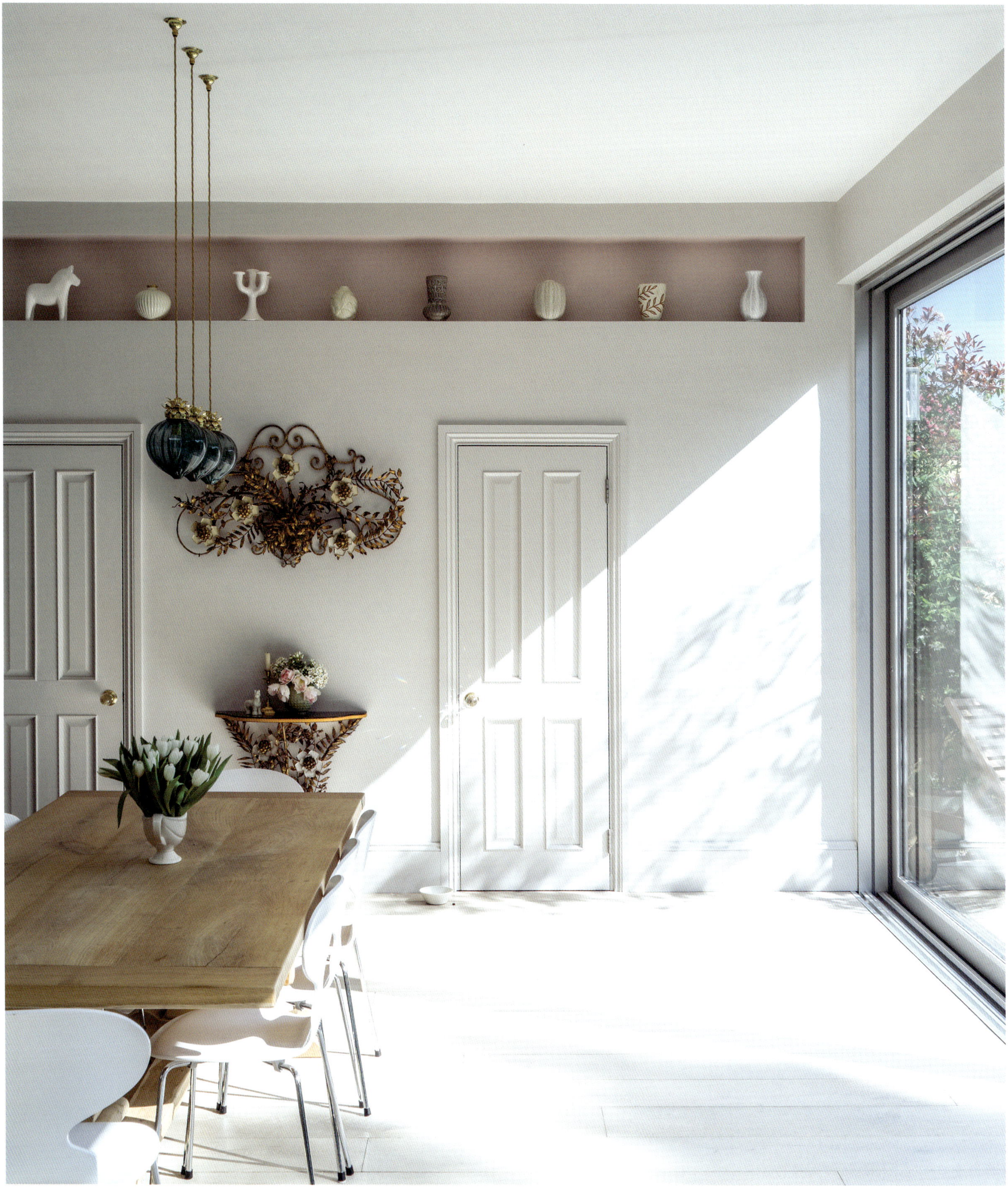

OBEN LINKS

Hier wurde ein Zimmer vollständig in „Tanner's Brown" gestrichen und das angrenzende in dem leuchtenderen „Oval Room Blue". Viele Leute scheuen sich, die Tür in unterschiedlichen Farben zu gestalten. Doch wenn die Ausführung derart perfekt ist, wirkt es absolut natürlich.

OBEN RECHTS

Wie viele Schlafzimmer ist dieses spektakuläre Exemplar in Toronto durch mehrere Türen mit anderen Bereichen verbunden. Um den Charme und die Einheitlichkeit des Raums zu erhalten, haben die farbfreudigen Besitzer nicht nur die Stirnwand, sondern auch die Holzelemente, Türrahmen und vor allem die Türen in dem kräftigen, etwas herben „Citron" streichen lassen. Das Resultat ist ein durch und durch überzeugendes, stilvolles Zimmer.

OBEN LINKS

Bei dem naturgemäß eingeschränkten Platzangebot eines Hausboots ist es wichtig, Wandpaneele und Fenster in derselben Farbe zu halten, damit der Raum dennoch möglichst groß erscheint. Hier wurde alles in „Cornforth White" gestrichen, nur die Decke in dem noch helleren „All White", damit sie möglichst viel Licht reflektiert. Das dunklere „Purbeck Stone" erdet den Raum.

OBEN RECHTS

Jede Oberfläche in diesem Zimmer, von den Wänden über die Türen bis hin zu Heizkörper und Fenster, ist in „Blackened" gestrichen. Dieser kühlste Weißton von Farrow & Ball wirkt glatt und ruhig, sodass Möbel und Kunst in fröhlichen Farben toll zur Geltung kommen.

Top row:
- Formula: Green Ground
- Formula: Dayroom Yellow
- Formula: Cellina
- Formula: Nancy's Blushes

Bottom row:
- Formula: Green Smoke
- Formula: Radicchio
- Formula: Hague Blue
- Formula: Brinjal

FLIESSENDE ÜBERGÄNGE

Zeitgenössische Wohnungen sind durch fließende Übergänge geprägt. Eine entspannte Umgebung, in der man von Raum zu Raum gehen kann, lebt davon, dass die eingesetzten Farben dieses Kontinuum durch starke Kontraste abrupt unterbrechen. Im Folgenden zeigen wir Ihnen, dass dieser Effekt auf verschiedene Weise zu erzielen ist, je nachdem, ob Sie sich ein minimalistisch schlichtes Raumgefühl wünschen oder eine fantastische Farbenwelt.

Durchgehend eine Farbe oder neutrale Gruppe
Durchgehend eine Deckenfarbe
Durchgehend eine Holzfarbe
Ton-in-Ton-Kombinationen
Verschiedene Farben
Eine verbindende Farbe für den Flur

LINKE SEITE
Die helleren Töne von „Green Ground", „Dayroom Yellow", „Calluna" und „Nancy's Blushes" gehen nahtlos ineinander über, genau wie die dunkleren, aber ebenso gut aufeinander abgestimmten Farben „Green Smoke", „Radicchio", „Hague Blue" und „Brinjal".

LINKS, UNTEN UND RECHTE SEITE
Für diese drei Zimmer wurden jeweils nur „Lamp Room Gray" und „Wimborne White" genutzt. Bei der Entscheidung für ein so reduziertes Farbspektrum ist gute Planung gefragt. Die Lichtszenarien der drei Räume unterscheiden sich ebenso wie die architektonischen Situationen. Im Wohnzimmer (links) wünschten sich die Eigentümer charaktervolle Farben, um eine intime Atmosphäre zu erzeugen, im Essbereich (unten) helle Töne, um den modernen Raum optisch zu erweitern, und in der Küche (rechte Seite) sollten die Farben etwas kräftiger sein, damit die dekorativen Holzarbeiten um den Durchgang herum zu ihrem Recht kommen.

DURCHGEHEND EINE FARBE ODER EINE NEUTRALE GRUPPE

Fließende Übergänge lassen sich natürlich ganz einfach mit einer durchgehend einheitlichen Farbe erzielen. Diesen Ansatz verfolgen Architekten heute gerne, weil sie das Auge so eher auf ihren Entwurf lenken können als es eine Raumgestaltung mit Farben erlaubt.

Weiß, die Farbe der Reinheit und Perfektion, ist dabei natürlich die erste Wahl – nicht zufällig war die „White Box" das beliebteste Einrichtungsmodell der ersten 15 Jahre des 21. Jahrhunderts. Für viele ist dieser Look der Inbegriff von Schlichtheit und Geradlinigkeit, andere hingegen finden ihn kalt, ausdruckslos und steril. Keine Frage: Weiße Wände drängen sich nicht in den Vordergrund und lassen Räume aufgrund ihrer Reflexion größer erscheinen. Durchgehendes Weiß hat jedoch nicht unbedingt den Effekt einer entspannten Atmosphäre.

Sorgsam aufeinander abgestimmte weiße und gebrochen weiße Töne, wie unsere Neutraltöne sie bieten (siehe S. 78–91), verhindern hingegen, dass Räume leblos wirken, und sorgen gleichzeitig für ein Gefühl der Kontinuität. Jede der neutralen Gruppen hat einen eigenen Charakter und kann mit ihren perfekt abgestimmten Tönen für fließende Übergänge sorgen. Hierbei könnte der dunkelste Ton beispielsweise in einem Raum als Farbe für die Holzarbeiten dienen, im nächsten für die Wände und im dritten als Akzentfarbe. Der hellste Ton könnte in dunklen Bereichen als Bodenfarbe und auch für die Decke genutzt werden. Die Kombinationsmöglichkeiten sind schon allein bei vier Farbtönen schier unendlich, und Sie können sie getrost überall anwenden, es wird stets ein kohärentes, ruhiges Bild entstehen.

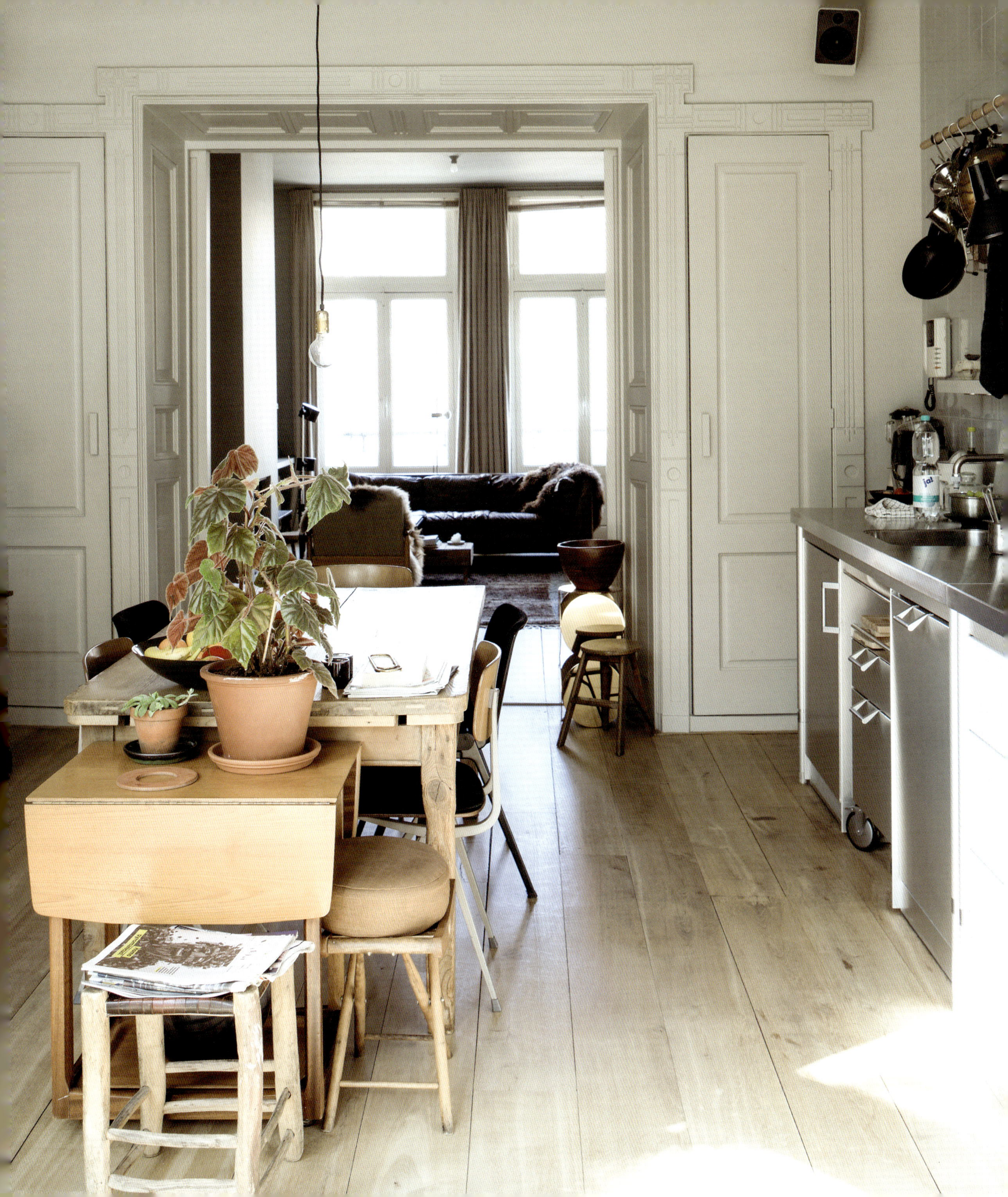

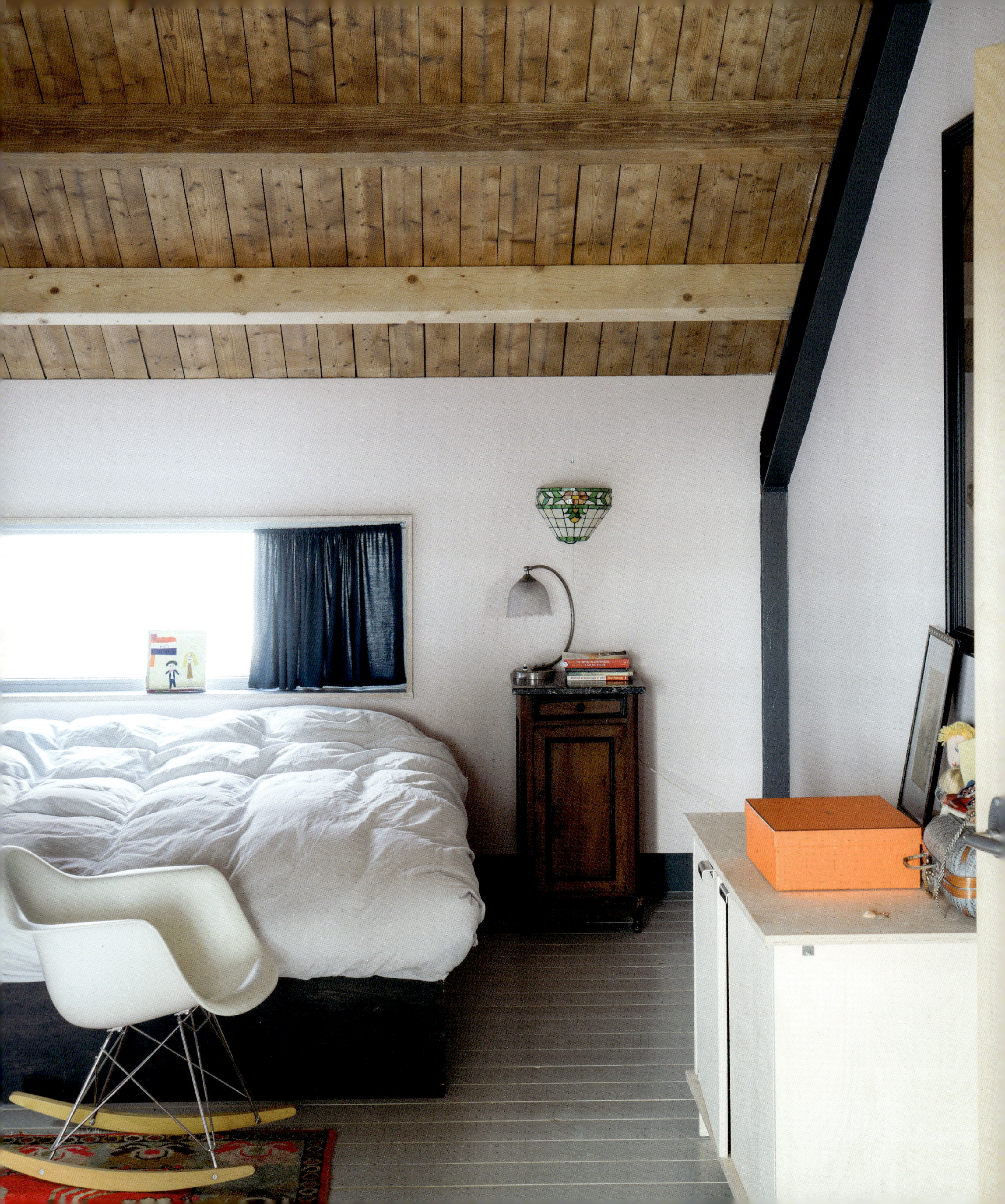

DURCHGEHEND EINE DECKENFARBE

Wenn Sie ein und dieselbe Deckenfarbe im gesamten Haus verwenden, schaffen Sie auf einfache Weise und sehr effektiv fließende Übergänge. Auch wenn man nicht bewusst wahrnimmt, dass alle Raumdecken denselben Ton haben, entsteht eine behagliche Gesamtwirkung. Das heißt aber im Rückschluss nicht, dass man dafür auf ein farb- und charakterloses Weiß zurückgreifen muss. Betrachten Sie einmal die hellste Wandfarbe, die Sie gewählt haben – sie findet sich häufig in der Küche. Sollte es ein Weißton sein, können Sie diesen vermutlich auch für die Küchendecke verwenden und ihn durch alle Räume des Hauses fortsetzen.

Wenn Sie Ihre Räume mit kräftigeren Tönen gestalten, sorgt auch eine dunklere Deckenfarbe wie „Off-White" für einen einheitlichen Look.

OBEN LINKS UND RECHTS UND LINKE SEITE
Obwohl Größe und Lichtverhältnisse der Zimmer in diesem Haus in den Niederlanden stark variieren, sorgen die naturbelassenen Holzdecken und Dachbalken für ein einheitliches Raumgefühl. Bei hohen Decken fällt die Farbe kaum auf, bei eher geringen Raumhöhen hingegen wird die Deckenfarbe schnell zum wichtigen Bestandteil des Raumkonzepts. Das schlichte „Strong White" wurde hier für alle Wände verwendet.

FLIESSENDE ÜBERGÄNGE

DURCHGEHEND EINE HOLZFARBE

Eine einheitliche Farbe auf allen Holzelementen im gesamten Haus betrachten viele als die einfachste Methode, ein harmonisches Bild zu schaffen. Diese Farbe könnte, wie auf Seite 119 beschrieben, ein freundliches Weiß sein. Oft bietet es sich sogar an, denselben Weißton für Decken und Holz zu nutzen. Bei der Wahl der Farbe für die Zierelemente spielt die Architektur allerdings eine große Rolle. In Altbauten mit dekorativen Kassettentüren und Türrahmen sorgt eine einheitliche Farbgestaltung für eine nahtlose Überleitung von einem Raum zum nächsten. Viele moderne Häuser dagegen sind mit glatten, schlichten Türen und ebenso minimalistischen Zargen ausgestattet, die als überleitendes Element kaum noch in Erscheinung treten, sodass es schwieriger ist, eine Farbe mit dieser Funktion einzusetzen.

OBEN, LINKS UND RECHTE SEITE
In allen drei Beispielen wurde eine dunkle Farbe für die Holzelemente gewählt, aber aus unterschiedlichen Gründen. Das „Down Pipe" auf Fußleiste und Fensterfüllung (oben) setzt optische Akzente. Das glänzende „Off-Black" von Tür und Rahmen (links) sorgt in diesem Haus für ein einheitliches Bild aller Durchgänge, und das mondäne „Railings" (rechte Seite), das sich noch ein wenig als gemalter Rahmen auf den Wänden fortsetzt, wertet die Holzelemente dieser modernen Londoner Wohnung eindeutig auf.

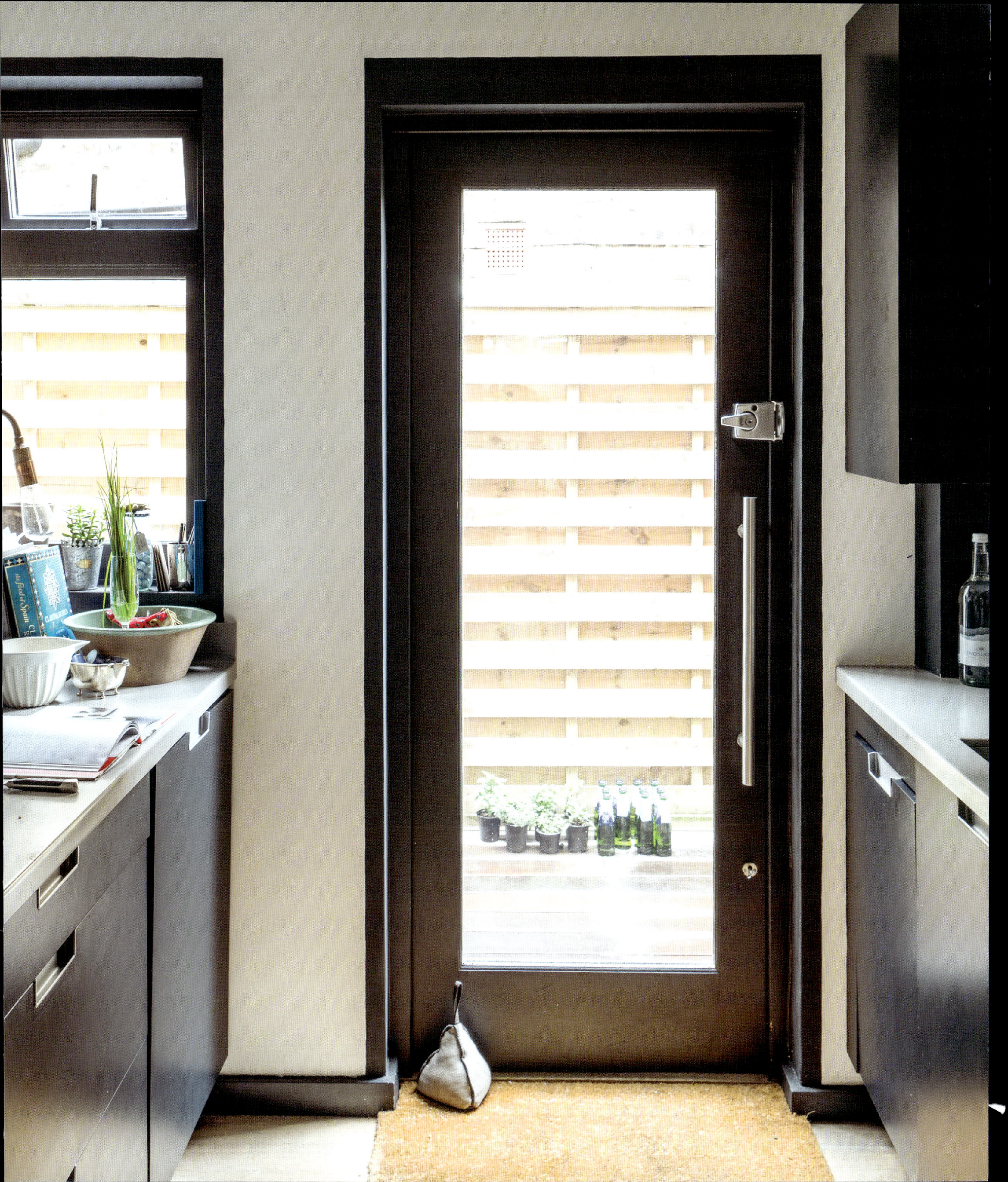
the food of Spain

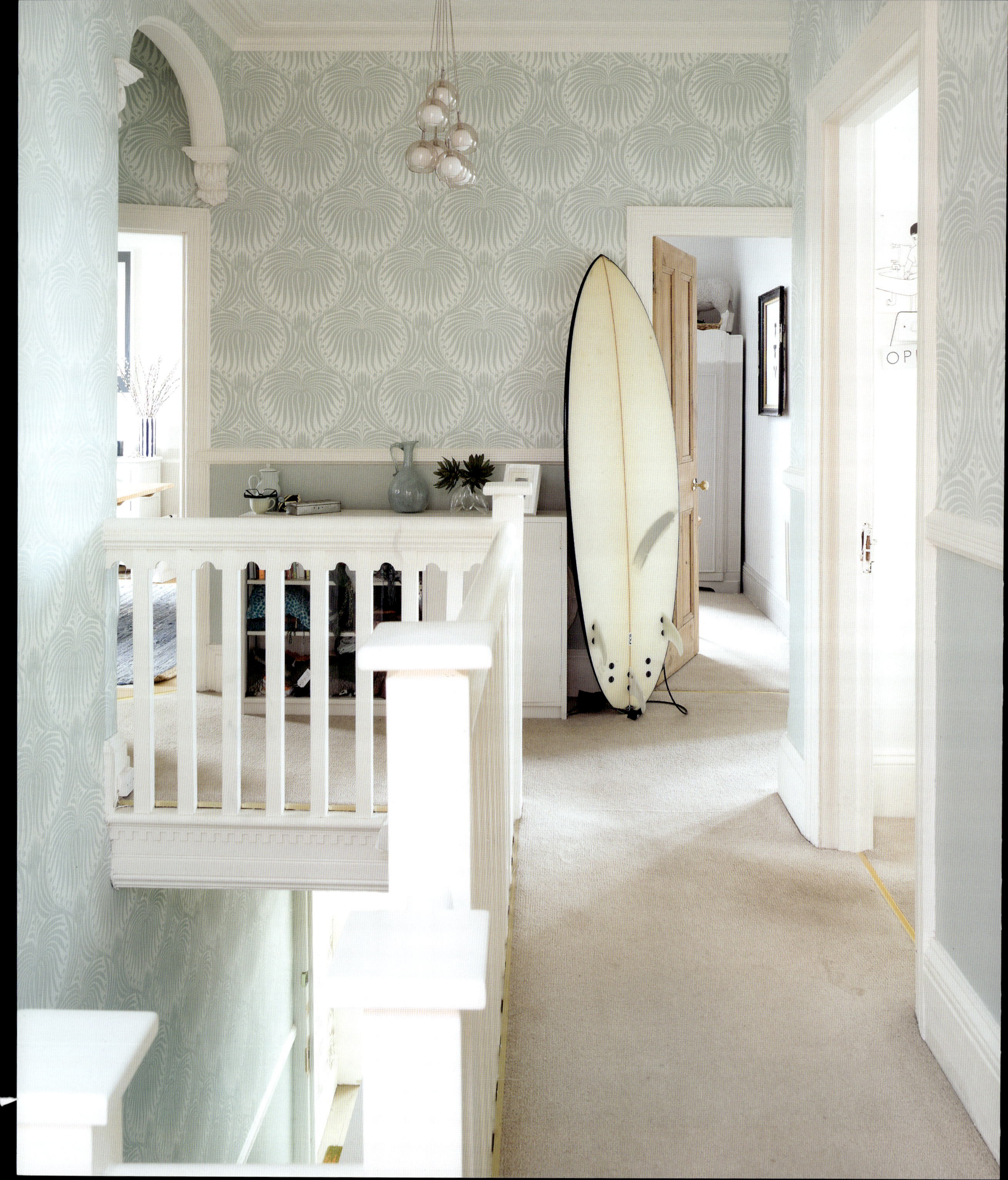

LINKE SEITE
Charlotte hat sich dafür entschieden, den Treppenaufgang in ihrem Haus im West Country zum dekorativsten Ort des Hauses zu machen. Die extravagante Tapete „Lotus"(BP 2051) bildet mit „Teresa's Green" und „Pointing" einen faszinierenden Grundakkord. Alle angrenzenden Räume sind in ähnlichen Farbtönen gestaltet, sodass das ganze Haus eine harmonische Einheit bildet.

UNTEN LINKS
Die Farben in diesem Haus sind rundum ansprechend. Eine Wand im Flur ist in „Down Pipe" gehalten, alle davon abgehenden Räume in architektonischen Neutraltönen. Das Zimmer vorn strahlt im hellsten Ton, „Blackened".

UNTEN RECHTS
Die Kombination aus „Yeabridge Green" im vorderen Raum und „Vardo" ist ein Blickfang. Das Farbschema ist sehr lebhaft, aber durch tonale Gewichtung entsteht kein Bruch, sondern ein weicher Übergang.

TON-IN-TON-KOMBINATIONEN

Farben können unsere Aufmerksamkeit steuern und für Ablenkung sorgen. Daher werden gerne miteinander verwandte Töne gewählt, um die so beliebten fließenden Übergänge zu kreieren.

Beginnen Sie beispielsweise mit dem stärksten Ton einer Farbgruppe wie „Pigeon" im Flur, wählen dann den nächst helleren Ton „Blue Gray" für einen angrenzenden Raum und „Cromarty" in einem anschließenden Zimmer, das durch die hellere Farbe größer wirken wird.

UNTEN LINKS
„Charlotte's Locks" setzt im Flur dieses Stadthauses einen spannenden Akzent. Wir erhaschen den verführerischen Blick aus einem Raum im gedämpfteren „Teresa's Green". Die Tür in „Pointing" stellt die Verbindung her.

UNTEN RECHTS
Diese Tür in „Stone Blue" ist eine offene Einladung, in den angrenzenden Flur zurückzukehren. Doch sofort wird man von dem entspannenden Farbton „Buff" (A) umfangen, der über den freundlichen Farbklecks hinweggeht.

RECHTE SEITE
Es ist schon ein Genuss, nur in diesem neutral gehaltenen Flur zu stehen und die einladenden Einblicke in die in verwandten Tönen gestalteten Schlafzimmer zu genießen. „Parma Gray", „Calamine" und „Dayroom Yellow" ergänzen einander hervorragend und sorgen für prickelnde Vorfreude, die Zimmer und ihre Farben von Nahem betrachten zu können.

VERSCHIEDENE FARBEN

Wenn Sie verschiedene Bereiche eines Hauses durch einen einheitlichen Look verknüpfen und trotzdem verschiedene Farben nutzen möchten, bietet es sich an, jeweils eine Gestaltungsidee pro Etage zu entwickeln. Auf diese Weise können Sie sich schon im Voraus gut vorstellen, wie die Farben benachbarter Räume einander ergänzen. Vom Flur sind immer mehrere Räume gleichzeitig einsehbar. Wenn man dies bei der Farbgestaltung außer Acht lässt, entsteht kein harmonisches Bild.

Achten Sie darauf, dass die unterschiedlichen Farben, die Sie für die Räume eines Stockwerks wählen, tonal gleich gewichtet sind. Das üppige „Hague Blue" beispielsweise harmoniert mit dem genauso kräftigen „Card Room Green" oder auch mit „Eating Room Red" im nächsten Zimmer. Im Zusammenspiel mit dem frischen „Green Ground" oder dem zarten „Middleton Pink" würde es zu schwer wirken. Zu diesen beiden Farben würde man eher ein viel helleres, klares Blau wie „Skylight" kombinieren, das sich durch seinen Tonwert perfekt einpasst.

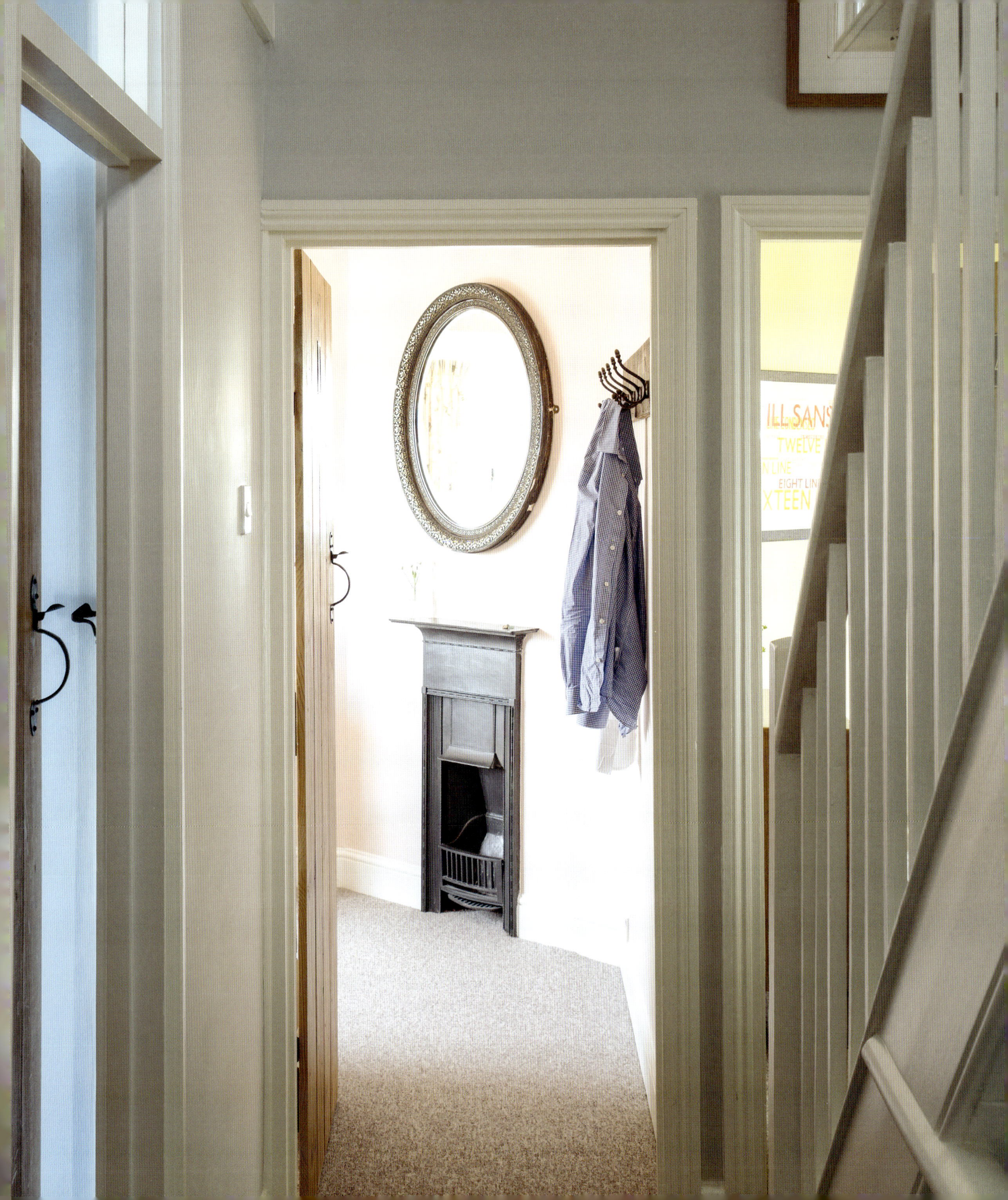
ILL SANS
TWELVE
EIGHT LIN
XTEEN

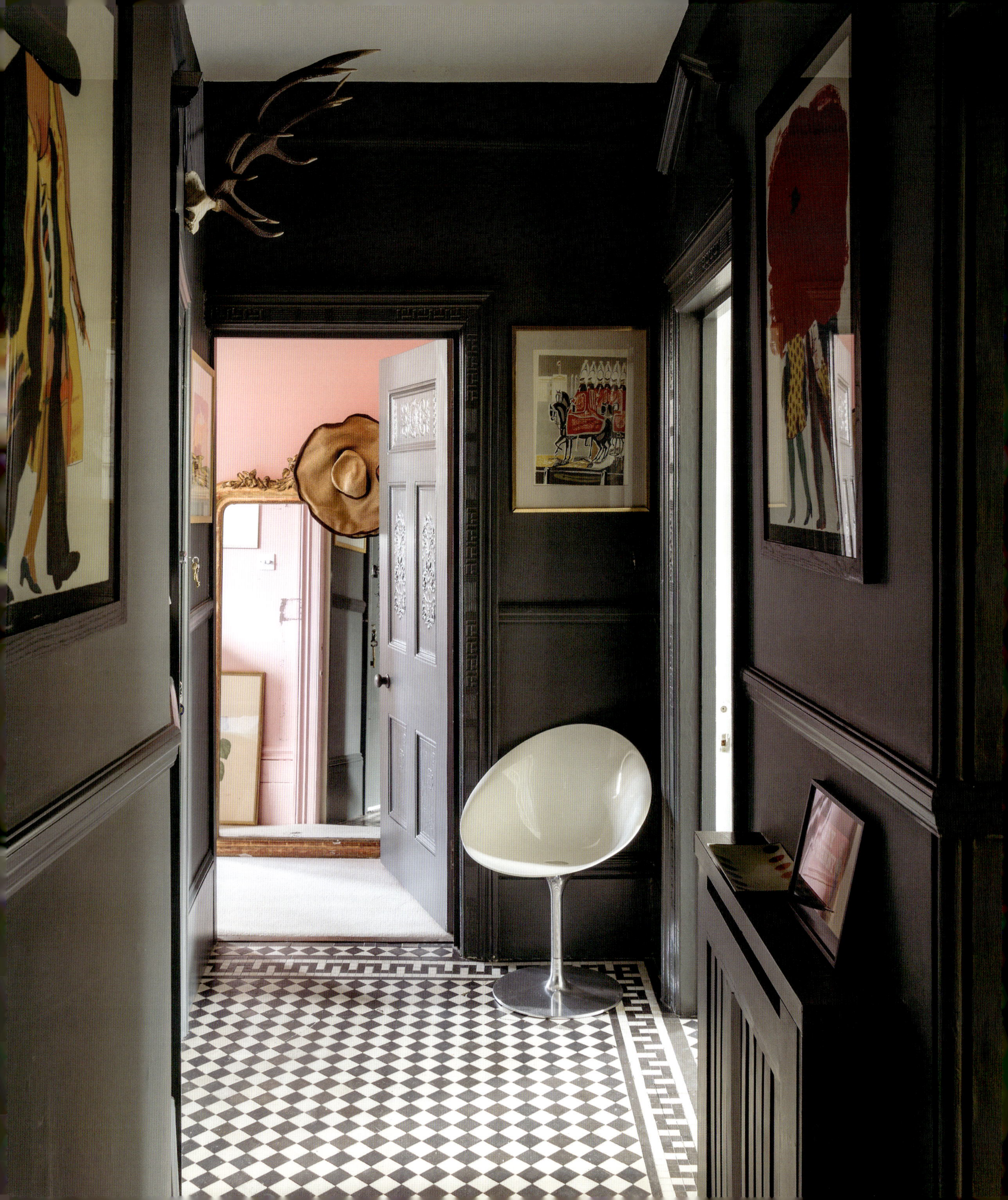

EINE VERBINDENDE FARBE FÜR DEN FLUR

Der Flur kann auch farblich ein verbindendes Element sein, da er von allen Zimmern aus einsehbar ist. Wenn es um fließende Übergänge geht, ist es daher wichtig, dass Sie über die Farbgebung des Flurs möglichst frühzeitig entscheiden. Der Korridor hat immer zweierlei Funktion: Er ist die Visitenkarte für Ihr Zuhause, denn hier empfangen Sie Ihre Gäste. Er ist aber auch die Schlagader des Hauses, die alle Teile verbindet und den optischen Übergang zwischen den Räumen herstellt, selbst wenn sie in ganz unterschiedlichen Stilen und Farben gestaltet sind.

Neutralfarben in mittleren Tonlagen wie „Cornforth White" und „Skimming Stone" sind daher gut für Flure geeignet. Dunklere Töne wie „Mole's Breath" oder „Charleston Gray" erzeugen nicht nur einen interessanten Effekt beim Betreten, sondern sorgen auch dafür, dass die angrenzenden Räume größer und heller wirken. Damit bleiben Ihnen zudem mindestens fünf hellere Neutraltöne für die Gestaltung der übrigen Räume, sodass Sie hier subtile Farbabstufungen einführen können. Gerade sie sind es, die einen edlen Eindruck entstehen lassen.

Natürlich können Sie auch eine Akzentfarbe wählen, die Sie in den Räumen unterschiedlich aufgreifen. Überzeugend ist der Effekt beispielsweise, wenn Sie diese kräftige Farbe auch im Flur, für die Kücheninsel, auf der Innenseite der Bücherschränke im Wohnzimmer oder auf der Außenseite der Badewanne einsetzen. Es gibt Millionen Möglichkeiten, die Akzentfarbe in Räume einzubringen und so einen roten Faden zu knüpfen, der sich durch das gesamte Haus zieht.

LINKE SEITE
Ich bin ein großer Fan von Fluren in kräftigen Farben. Hier dient „Down Pipe" als Bindeglied für die gesamte Wohnung. Sie finden die Farbe zu dunkel? Da wir insgesamt nur wenig Zeit in dem Durchgangsraum verbringen, darf er einen besonderen Charakter haben. Seine auffällige Gestaltung gibt Ihnen außerdem die Freiheit, in den übrigen Räumen zu experimentieren.

RECHTS OBEN
In diesem kleinen Flur wurde das dunkle „Plummett" für die Wände und das Holz verwendet. Der oftmals unscheinbare Korridor wird so besonders ausdrucksvoll, und überdies lässt die Farbe die einzelnen Zimmer weiter und heller erscheinen. Interessant ist der Effekt des Tageslichts auf den Estate Egshell-Holzlack: Er wirkt sehr viel heller als die Estate Emulsion-Wandfarbe im selben Farbton.

RECHTS UNTEN
Die Eigentümer dieser Pariser Wohnung haben sämtliche Holzelemente in leuchtendem „Tallow" gestrichen und so mit leichter Hand fließende Übergänge geschaffen.

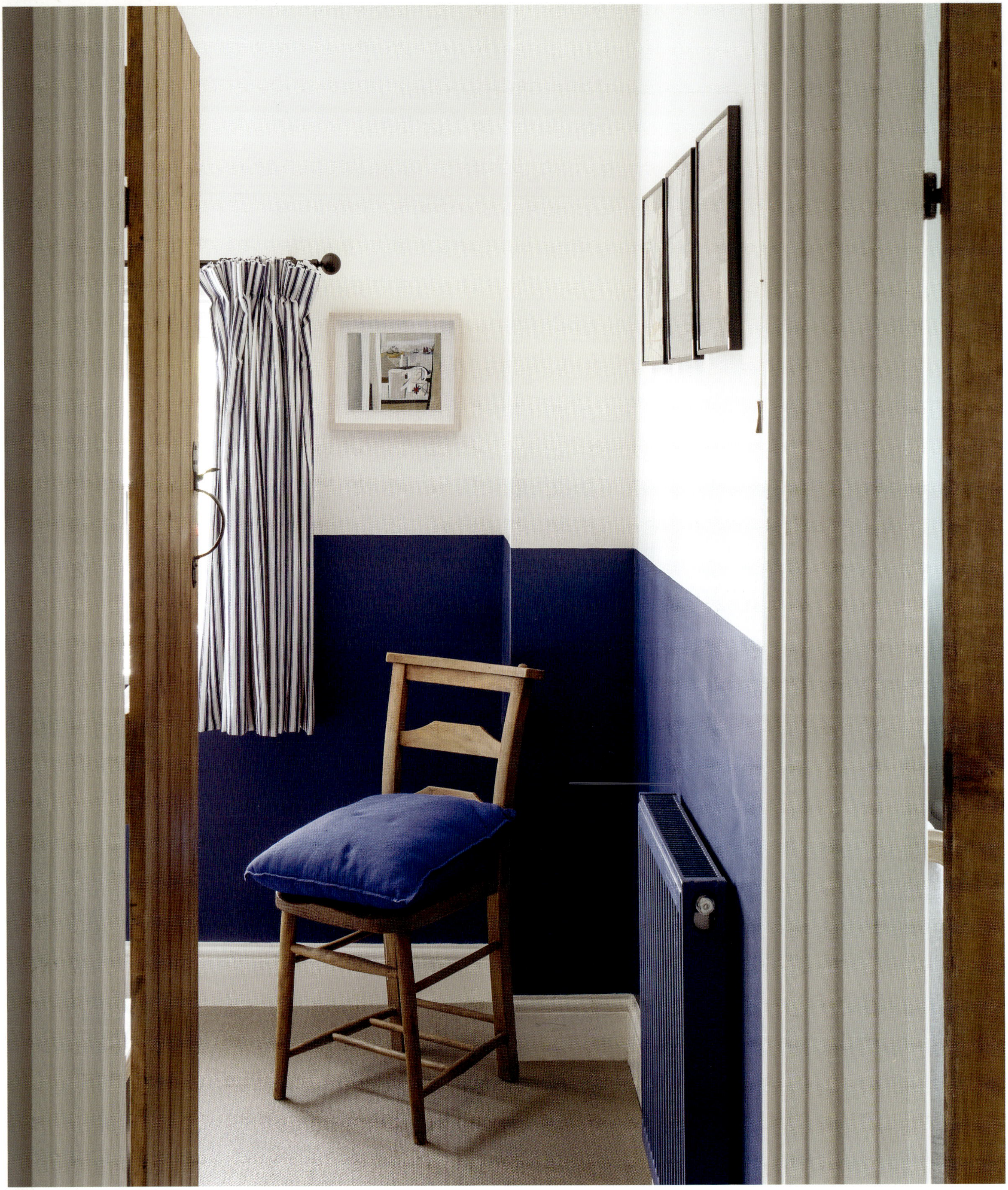

WÄNDE ALS BLICKFANG

—

Schon bei dem Gedanken an eine Wand als Blickfang bekommen manche einen Schreck, während andere sich vor Freude die Hände reiben. Farbe wirkt sich besonders nachhaltig auf unser Raumempfinden aus. In einem weiten, ungewöhnlich geschnittenen Raum kann eine einzelne Farbwand einen Fokus bieten – ist der farbliche Schwerpunkt allerdings ungünstig gesetzt, kann er die Proportionen des Raums völlig verzerren. Eine einzelne, in einer auffälligen Farbe gestaltete Wand wirkt vor allem dann belebend, wenn sie in starkem Kontrast zu den anderen Farben darin steht. Umso besser daher, wenn man sich ein wenig damit auskennt, in welcher Weise verschiedene Farben zusammenwirken. Starke Kontraste beispielsweise entstehen durch die Verwendung von Komplementärfarben (siehe S. 56–57), denn sie verstärken sich gegenseitig in ihrer Wirkung. Farben sind nicht nur ein hübsches Dekorelement, sondern sie können Räume stark verändern und sogar unvorteilhafte Proportionen überspielen.

LINKE SEITE
Der herrliche Kontrast zwischen dem kräftigen „Drawing Room Blue" und dem leuchtenden „All White" darüber springt ins Auge, und man möchte das Zimmer sofort erkunden. Die Wand bis auf halbe Höhe in einer Farbe zu gestalten, ist viel einfacher als Sie vielleicht denken. Dieses überzeugende Beispiel zeigt, dass sich die Mühe in jedem Fall lohnt.

KRÄFTIGE FARBE AUF EINER BREITEN WAND

Wenn Sie eine Längswand in einer kräftigen Farbe streichen und die kürzeren Wände in einer helleren Farbe, schieben sich die langen Seiten optisch zusammen, wodurch der Raum länger und schmaler erscheint und damit möglicherweise weniger behaglich. Im Wohn- oder Schlafzimmer kann eine farblich betonte Wand beunruhigend wirken. Wenn Sie also Farbe im Schlafzimmer einsetzen möchten, wählen Sie dafür eher die Stirnwand hinter dem Kopfende des Bettes. Der Effekt erdet den Raum und schafft eine wohlige Atmosphäre, in der man gerne aufwacht.

OBEN

Die große Wand in „Pitch Black" in dieser modernen Wohnung in Frankreich verbreitet eine selbstbewusste Aura – vor allem in der Kombination mit dem leuchtenden „All White", das auf der Farbskala diametral entgegengesetzt ist. Die dunkle Wand definiert den Raum und betont die hohe Decke unter dem Giebeldach. Einfarbige Wände wirken immer beeindruckend und überzeugen vor allem dann, wenn die Accessoires kräftige Farbakzente setzen.

KRÄFTIGE FARBE AUF EINER SCHMALEN WAND

Streicht man eine schmalere Wand in einer kräftigen Farbe, so lässt dies den Raum quadratischer wirken. In einem länglichen Raum, der ansonsten ganz in „Wevet" gehalten ist, sorgt eine Stirnwand im kräftigeren „Charlotte's Locks" dafür, dass der Raum sich optisch verkürzt und in den Proportionen harmonischer wirkt. Eine kräftigere Farbe in den Nischen zu beiden Seiten eines Kamins sorgt hingegen für Tiefe und zugleich für ein ausgewogenes Bild.

OBEN LINKS

Das sonnige „Babouche" auf einer Wand lässt dieses eher klein dimensionierten Schlafzimmer sofort geräumiger erscheinen, und überdies wirkt die Farbe angenehm belebend. Die übrigen Wände und die Decke sind einheitlich in „Off-White" Estate Eggshell gestrichen.

OBEN RECHTS

Das „Off-Black" an einer Wand dieses Kinderzimmers in einer Pariser Wohnung zieht das Auge an und sorgt für Gesprächsstoff. Viele Kinder mögen das Gefühl der Sicherheit, das kräftige Farben ausstrahlen – ein Design-Konzept, das diesem Kind sehr früh nahegebracht wird.

OBEN LINKS
Dieses einladende Gästezimmer unter dem Dach eines schottischen Bauernhauses ist in „Light Blue" gehalten, sodass der kleine Raum etwas luftiger wirkt. „Light Blue" hat etwas Magisches an sich, denn se spielt je nach Lichteinfall ins Blau oder ins Grau.

LINKS
Welch traumhaftes Zimmer für ein Baby! Viele scheuen bei der Gestaltung von Kinderzimmern vor dunklen Farben wie „Pelt" zurück. Wie man hier aber sieht, wirken sie umwerfend und vermitteln wohlig warme Geborgenheit.

OBEN RECHTS
Das Fenster dieses Badezimmers wirkt im Verhältnis zum Raum geradezu riesig. Die in „Calamine" gestrichenen Wände schaffen ein warmes Flair und damit ein Gefühl der Geborgenheit. Das in „Blue Ground" lackierte Schränkchen setzt einen freundlichen Kontrapunkt.

WARME UND KÜHLE FARBEN

Sicherlich haben Sie auch schon oft gehört, dass dunkle Farben Räume angeblich kleiner wirken lassen. Natürlich steckt ein Funken Wahrheit darin – aber viel interessanter und wichtiger daran ist, dass warme Farben wie Rot und Gelb Räume einladender machen, da sie auf uns zuzukommen scheinen. Kühlere Farben wie Blau hingegen treten zurück und lassen Räume größer erscheinen.

OBEN

Ein Wohnzimmer am Strand sollte offen und einladend sein, was diesem Raum spielend gelingt. Reichlich Tageslicht sowie das helle „Parma Gray" der Wände und das „Wimborne White" der Fenster sorgen für eine optische Erweiterung des Raums. Wer würde hier nach einem Tag am Strand nicht gerne entspannen?

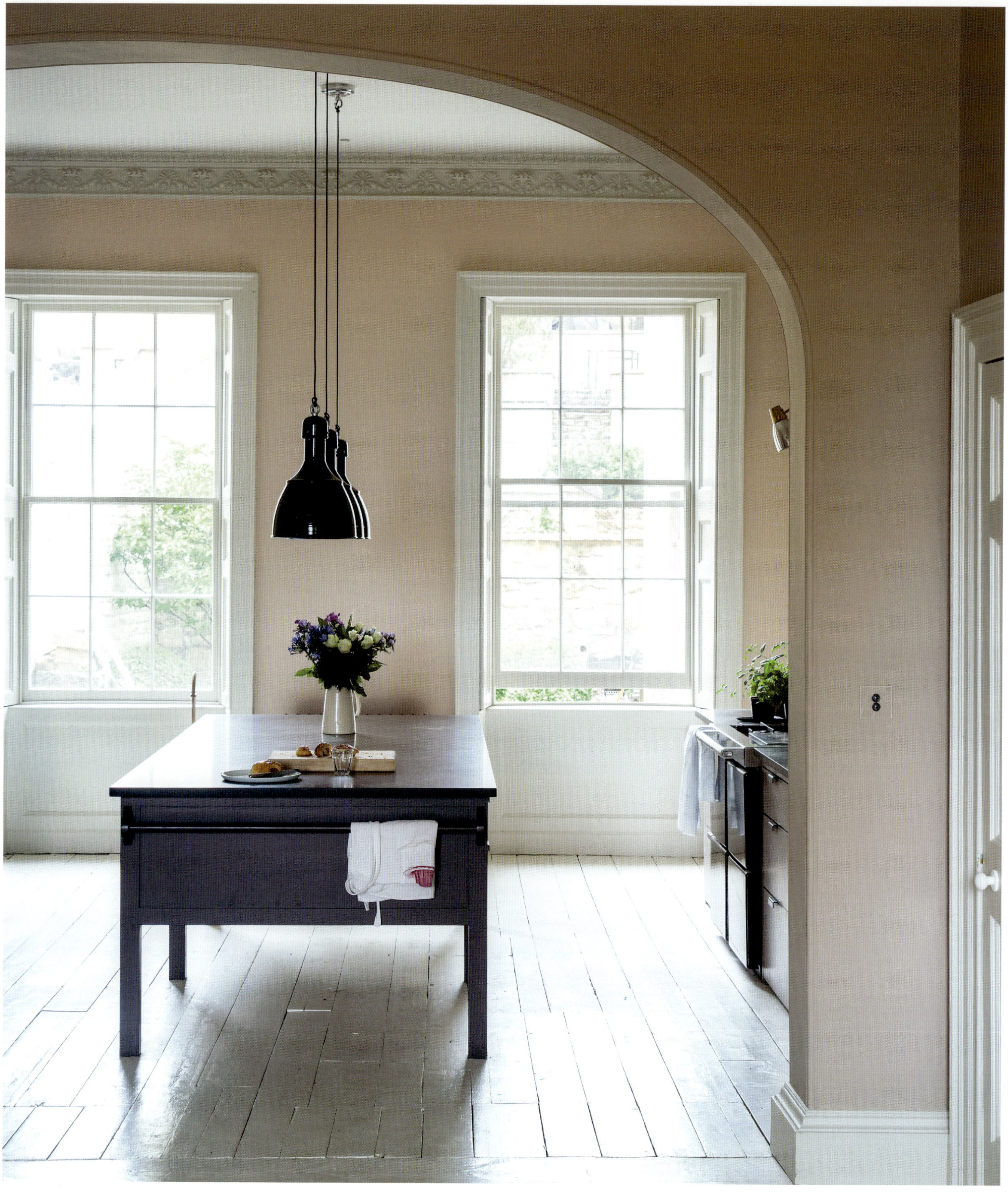

EINE KRÄFTIGE FARBE IM MITTELPUNKT

Kräftige Farben müssen nicht dominant wirken. Kombiniert man sie etwa mit Neutraltönen, entstehen eindrucksvolle Farbspiele, die das Raumgefühl prägen. Eine dunklere Farbe im Mittelpunkt lässt alles um sie herum leichter und heller erscheinen. Ein schöner Effekt ist dies zum Beispiel auf einer Largeninsel, die in einer dunklen Farbe gestaltet wird. Alternativ können Sie auch nur die Beine des Esstischs dunkel streichen, um den Raum zu erden. Die Farbe bleibt dabei weit unterhalb der Augenhöhe. Als eine Art optischer Anker wirkt dunkle Farbe auch in einem ansonsten neutralen Badezimmer, wenn Sie die Außenseite beziehungsweise Verkleidung der Wanne dunkel streichen.

GROSSE ODER KLEINE MUSTER

Wie so viele Dinge in der Raumgestaltung erscheint es zunächst unlogisch, große Muster in kleinen Räumen einzusetzen, um sie größer wirken zu lassen, während kleine Muster beengend wirken sollen – aber genau so ist es. Daher eignet sich Tapete so wunderbar dafür, Räume zu verändern. Zarte Muster wie „Renaissance Leaves" oder „Samphire" lassen jedes Zimmer sofort behaglich erscheinen, während große, extravagante Muster wie „Tessella" oder „St Antoine" Grandezza ausstrahlen und Weite erzeugen.

LINKE SEITE
Dieser schlicht gestaltete Raum gefällt mir ausgesprochen gut. Die überraschend ausdrucksstarke Wandfarbe „Dead Salmon" verleiht der Küche einen warmen Glanz, während die übergroße, schlichte Kücheninsel in „Railings" dem Raum Erdung gibt und ihn insgesamt größer und heller wirken lässt.

OBEN LINKS
Die äußerst prächtige Damast-Tapete „St Antoine" (BP 953) (A) war die perfekte Wahl für dieses Badezimmer, das dadurch um einiges größer erscheint. Viele Menschen trauen sich nicht, Bilder auf gemusterte Tapeten zu hängen, aber hier sieht man, wie schön gerahmte Kunstwerke vor einem floralen Hintergrund wirken können.

OBEN RECHTS
Das zarte Muster der Tapete „Yukutori" (BP 4304), das von japanischen Tuschezeichnungen fliegender Vögel inspiriert wurde, ist ideal für diese Küche geeignet. Aus der Nähe sind die zarten Formen der Vögel gut erkennbar, aber von Weitem verschwimmt das Muster und wirkt sich fast wie ein Weichzeichner auf die Wände aus.

ROCK
FALL
ECHO
DUST
A TWELVE AND A HALF DAY WALK ON BAFFIN ISLAND ARCTIC CANADA SUMMER 1988
HAMISH FULTON PART III OF 'HERE AND THERE: TRAVELS' AT THE CLOCKTOWER GALLERY
108 LEONARD STREET NEW YORK NY (212) 233 1096 MARCH 23RD TO MAY 7TH 1989
THURSDAY TO SUNDAY 12.00-6.00

AKZENTE

Akzentfarben werden meist aus folgenden Gründen eingesetzt:

Tiefe und Balance schaffen
Lichtarme Ecken beleben
Rhythmus im Haus erzeugen

Das Schöne an Akzentfarben ist, dass man sie ganz nach Belieben üppig oder auch sehr dezent einsetzen kann. Wenn Sie mit Farben und Mustern zunächst zurückhaltend umgehen möchten, dann experimentieren Sie damit auf kleinstem Maßstab – zum Beispiel an Stellen, die die meiste Zeit unsichtbar sind: In Schränken, hinter Schiebetüren oder auf der Außenseite der Badewanne. Solche Farbinseln sorgen für tolle Effekte, wenn sie sich hin und wieder offenbaren. Andere lieben einzelne Wände oder auch die eher schmale Kaminwand in starken Akzentfarben. Wie couragiert Sie das Thema auch angehen – bedenken Sie, dass Akzente am schönsten sind, wenn sie einen Raum beleben und ihn nicht dominieren.

LINKE SEITE
In seiner Schlichtheit bietet dieser in „Off-White" gehaltene Raum den perfekten Hintergrund für das grafische Poster und die beiden Stühle in „Chinese Blue" (A). Nach Belieben kann der Look ganz neutral oder auch der Jahreszeit entsprechend gestaltet werden – einfach nur indem man die Stühle austauscht.

TIEFE UND BALANCE SCHAFFEN

Selbst wenn Sie Ihre Räume noch so zurückhaltend gestalten, etwa mit neutralen Farbgruppen (siehe S. 78–91): Eine kräftigere Akzentfarbe in einem ähnlichen Ton verändert die Wirkung eines Raums sofort und baut eine reizvolle Spannung auf. Ein dunklerer Ton lässt die übrigen Farben der neutralen Gruppe lebendiger erscheinen. Dies sind die Akzentfarben, die am besten zu den neutralen Gruppen passen:

„Mouse's Back" zu den traditionellen Neutraltönen
„Mole's Breath" zu den dezenten Neutraltönen
„London Stone" zu den rötlichen Neutraltönen
„Cord" zu den gelblichen Neutraltönen
„Charleston Gray" zu den modernen Neutraltönen
„Down Pipe" zu den architektonischen Neutraltönen

Natürlich gibt es unendliche Möglichkeiten, Akzentfarben einzubringen, von einer ganzen Wandfläche bis zu einem einzelnen Möbelstück. Streicht man etwa die Holzeinvertäfelung rechts und links vom Kamin in einem dunkleren Ton als die Wand darüber, sorgt dies für optische Tiefe und Ausgleich. Wenn Sie etwas wagemutiger sein möchten, könnten Sie aber auch die Kaminwand selbst in der Akzentfarbe streichen und ein starkes dekoratives Element schaffen.

138

DAS HANDBUCH

139

AKZENTE

LICHTARME ECKEN BELEBEN

Sie finden, Ihre Räume könnten etwas fröhlicher wirken? Um das zu erreichen, genügen schon ein paar kleine Akzente in der richigen Farbe. Eine tolle Idee, Highlights zu platzieren, ohne einen Raum dadurch grundlegend zu verändern, ist es, das Innenleben von Küchen- und anderen Schränken oder Kammern in einer freundlichen Akzentfarbe zu streichen. So sorgen Sie für angenehme Überraschungseffekte, ohne Stil und Stimmung des Raums zu verändern.

Küchenregale sehen gleich lebendiger aus, wenn man die Rückwand farbig streicht, und selbstverständlich wirken Gläser und Porzellan in einem von innen dunkel lackierten Schrank noch viel stilvoller. Ein weiterer Vorteil kräftiger Farben ist, dass dunkle Regale ein wenig Unordnung locker überspielen. Auch früher wurden Akzentfarben häufig für Bücherregale verwendet, sei es als eigenständige Dekoration oder um den Inhalt vorteilhaft zur Schau zu stellen.

Nichts ist so effektvoll wie ein innen mit einer prächtigen Tapete ausgeschlagener Schrank, sei es ein Kleiderschrank, den üppige Damasttapeten oder hübsche Blütenmuster zieren, oder ein Barschrank, der mit kleinen Mustern wie „Ocelot" oder „Samphire" besticht. Kinder lieben kräftige Farben in ihren Schränken. Sie dürfen sie vielleicht sogar selbst aussuchen – wenn Sie selbst einen anderen Geschmack haben, ist es vielleicht ein Trost, dass die Schranktüren ja meist geschlossen bleiben.

Wird Farbe unterhalb der Augenhöhe eingesetzt, wirkt sie wesentlich unauffälliger. Mit der Außenseite der freistehenden Badewanne, der Kücheninsel oder auch den Tischbeinen können Sie also nichts falsch machen, wenn Sie es mit den Akzentfarben ruhig angehen lassen wollen. Richtig dosiert, können Sie kräftige Farben überall einsetzen, und eine leuchtende Akzentfarbe auf einem Möbelstück, das sich jederzeit verrücken lässt, ist ein hübscher Kontrast oder Blickfang.

RECHTS
Wann immer sich die Tür des Wandschranks in diesem einfarbig in „Yeabridge Green" gestrichenen Flur öffnet, sorgt er für ein Lächeln, denn die Innenseite erleuchtet in einem kräftigen „Yellow Ground". Wenn Sie ein und dieselbe Akzentfarbe in allen Schränken verwenden, schaffen Sie dadurch eine Art roten Faden und machen sich selbst eine Freude.

RECHTE SEITE
Der dunkle Farbeffekt der Kaminwand wirkt imposant und lässt den Raum plastischer wirken. Gepaart mit dem pudrigen „Cinder Rose" der Wände wirkt die ausdrucksstarke Farbe besonders glamourös und zieht den Blick auf sich. Farbe und Effekt sind durch die Bildleiste begrenzt und setzen sich darüber nicht fort. Dies trägt zu einer intimen Atmosphäre bei.

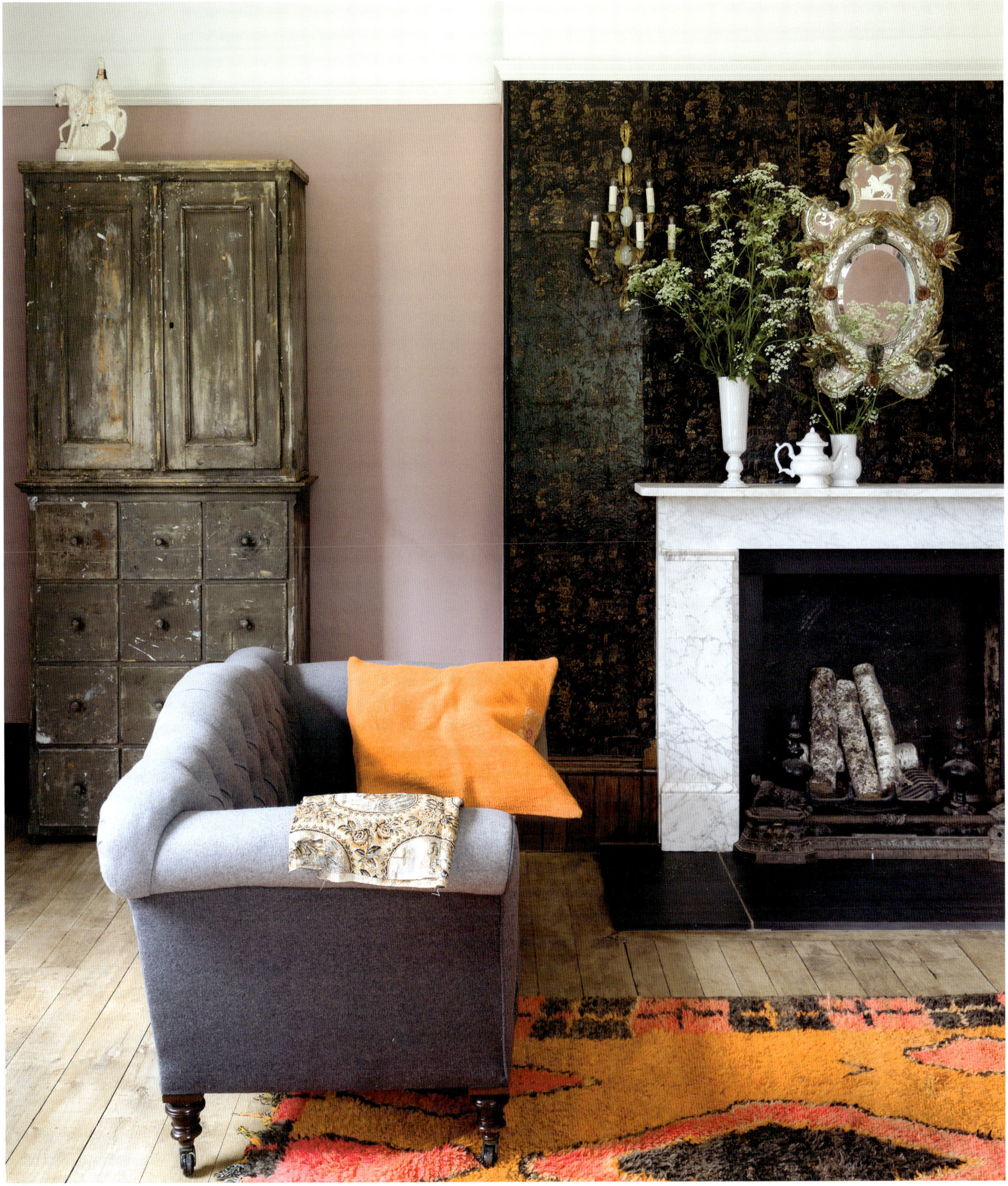

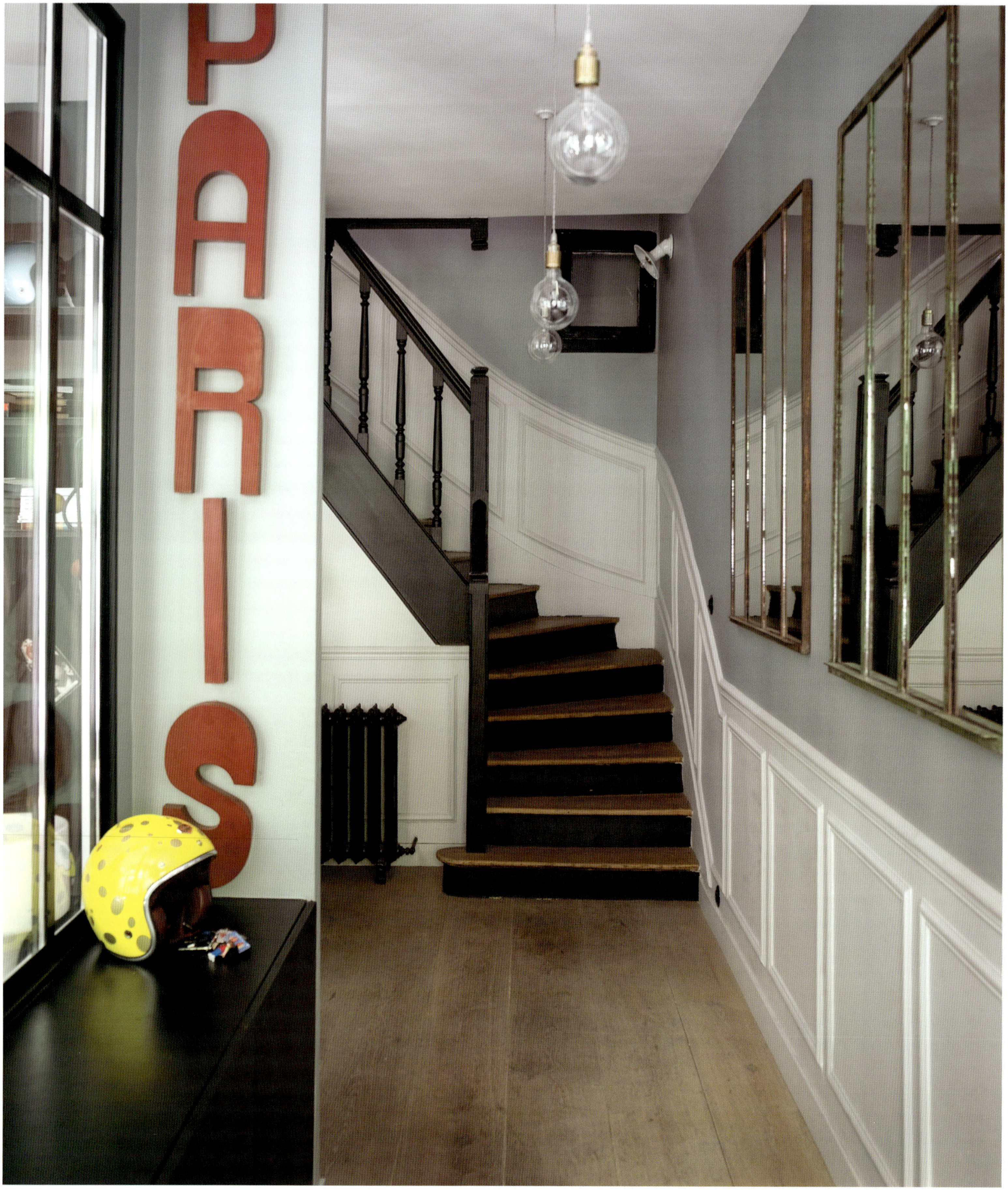
PARIS

RHYTHMUS IM HAUS ERZEUGEN

In der Raumgestaltung entstehen Rhythmus und fließende Übergänge durch Wiederholung. Außerdem lassen sich durch Wiedererkennungseffekte optische Brücken zwischen verschiedenen Räumen schlagen. Wenn Sie beispielsweise die Treppe in einer dunklen Akzentfarbe streichen, wirkt sie auch visuell als Bindeglied und wird zum Rückgrat des Hauses mit skulpturalem Charakter. Oder Sie verwenden die Wandfarbe eines Raums im angrenzenden Zimmer als Akzentfarbe und sorgen so für eine ansprechende Verknüpfung der beiden Bereiche.

Akzentfarben tragen dazu bei, die Stimmung eines Raums zu definieren und schmücken ihn. Wie Farben miteinander reagieren und wie sie sich unter Umständen gegenseitig beeinträchtigen, ist ein vielschichtiges Thema, und ein gutes Gespür für Ausgewogenheit ist dabei gefragt. So sollte eine Akzentfarbe nie dominieren, sondern dem Raum nur eine Note beisteuern – und uns vielleicht zum Lächeln bringen.

LINKE SEITE
Schon beim Betreten dieses Hauses erinnern uns große Buchstaben daran, in welcher Stadt wir uns befinden. Das Gegengewicht zu diesem Effekt des Schriftzugs bildet die dunkle Treppe in „Off-Black", die das Haus wie eine Wirbelsäule durchzieht. Die Wandvertäfelung in „All White" und die Wände in „Pavilion Gray" wirken neben dem dunklen Akzent der Treppe elegant und leicht.

OBEN LINKS UND RECHTS
Diese beiden Schlafzimmer sind mit identischen Holzeinbauten ausgestattet, doch durch die unterschiedlichen Tapeten über den Kopfenden der Betten haben sie einen völlig anderen Charakter. Selbstbewusst setzt sich „Block Print Stripe" (BP 754) (links) über die Wand hinauf an der Decke fort, sodass die Nische fast an ein Zelt erinnert. Rechts beschränkt sich die Tapete „Ocelot" (BP 3704) nur auf die Rückwand. Das zarte Muster erzeugt Weite, während die vertikalen Streifen links den Raum höher erscheinen lassen. In allen Schlafzimmern dieses französischen Châteaus wurde Tapete als Akzent eingesetzt und dient so als Bindeglied.

AKZENTE

OBEN LINKS
In diesem Teenagerzimmer wurden zwei Wandschranktüren entfernt, wodurch ein hübscher Arbeitsplatz entstanden ist. Der Schrank selbst besticht mit dunklem „Brassica", aber nur bis auf Höhe der Bildleiste an den übrigen Wänden. Die Akzentfarbe der hellen und anregenden Schreibecke ist das leuchtende „St Giles Blue".

OBEN RECHTS
Mit ihrem bestechenden grafischen Muster verleiht die Tapete „Tourbillon" (BP 4807) diesem Vitrinenschrank eine ganz neue Dimension. Das eigentlich markante Muster aus verschlungenen Kreisen wirkt hier im Hintergrund dezenter. Wenn Sie Lust haben auf Muster, sich aber erst herantasten wollen, ist eine solche Lösung ein guter Anfang.

RECHTE SEITE
Dieses Badezimmer ist absolut ausgewogen, denn die fünf Farben ergänzen sich harmonisch zu einem fesselnden und zugleich stimmigen Look. Das zauberhafte Blau der Badewanne und das Gelb der Toilette passen gut zum „Hague Blue" der Wandpaneele, der Wand darüber in „Pink Ground" und dem „Strong White" des Bodens.

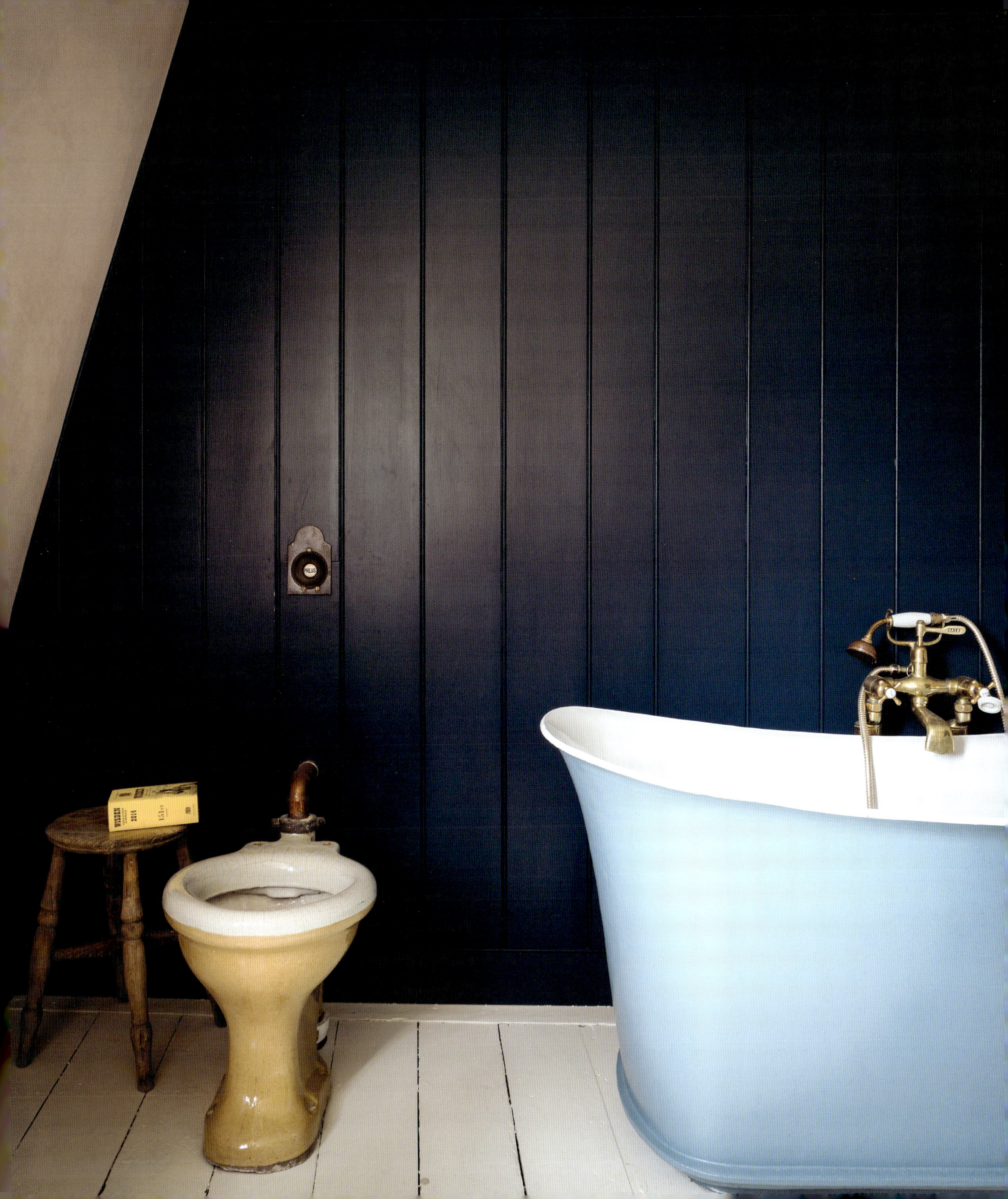
PRESS
WISDEN
2014

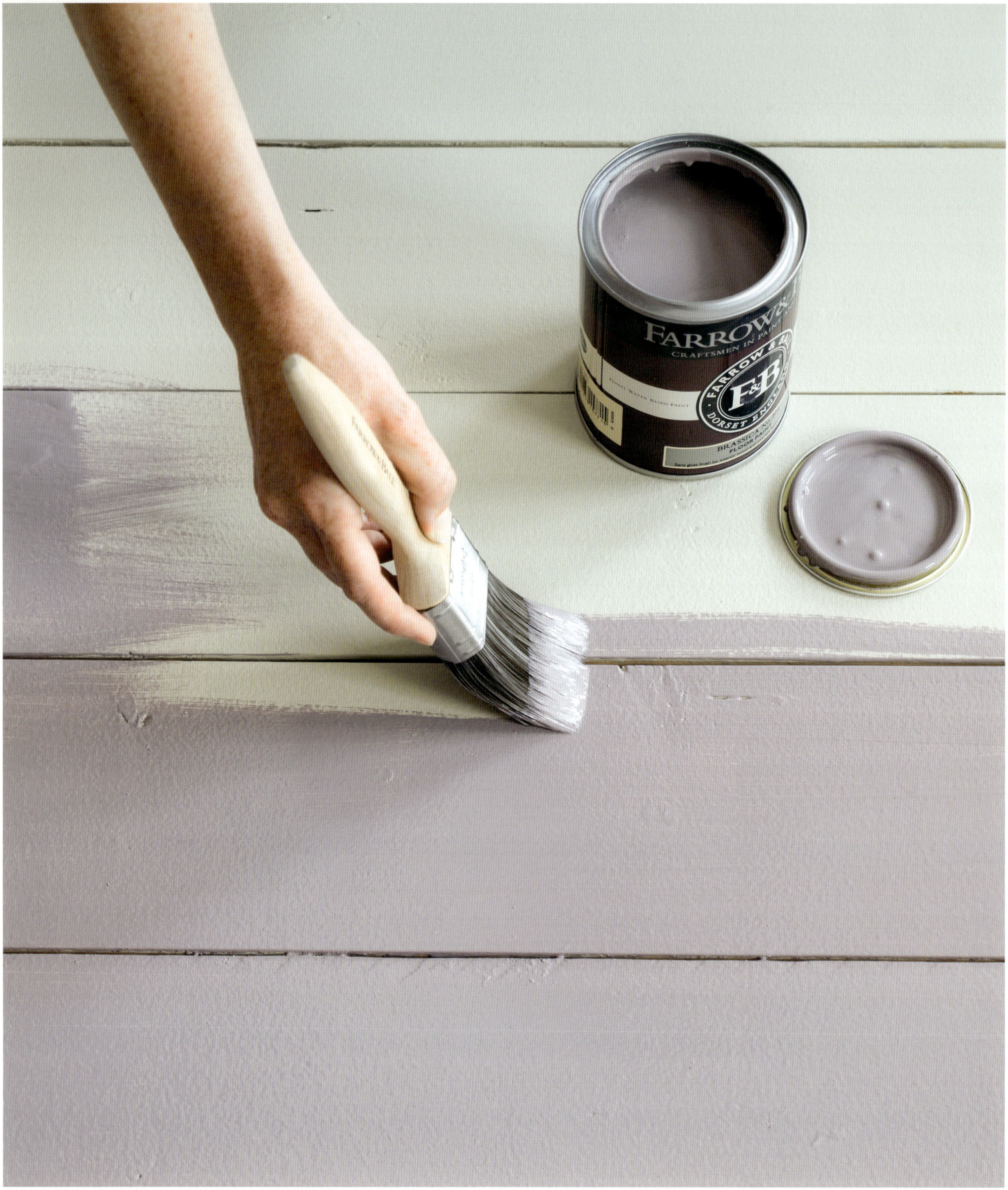

BÖDEN

Lackierte Fußböden haben eine lange Tradition, und inzwischen sind sie auch wieder in Mode. Vor ein paar Jahrhunderten nutzte man Farbe, um Holzböden wie Stein aussehen zu lassen, um Steinplatten ein Schachbrettmuster zu geben oder kunstvolle Intarsienarbeiten nachzuahmen. Natürlich kann man Farbe auch heute noch zu diesen Zwecken einsetzen, aber meist werden Böden eher aus Gründen des Stils und der Alltagstauglichkeit in einer einheitlichen Farbe gestrichen.

Mit Farbe von Farrow & Ball erwachen alte wie neue Böden zum Leben. Abgenutzte Dielen, die womöglich hier und da ausgebessert wurden, wirken angestrichen wieder edel, und auch neue Dielen ohne Patina wertet ein Anstrich auf.

In jedem Haus gibt es Räume, in denen man sich vor allem einen pflegeleichten Boden wünscht. Dabei ist der Aspekt Ästhetik aber ebenso wichtig wie jener der Belastbarkeit. Da Farrow & Ball-Bodenfarbe in allen Farbtönen erhältlich ist, können Sie jeden Raum nach Ihrem Geschmack gestalten, indem Sie ganz einfach den Boden lackieren. Zudem ist Bodenfarbe wesentlich preiswerter als jeder andere Bodenbelag.

LINKE SEITE
Charlotte und ich können der Versuchung, jede Woche zumindest ein Element unseres Hauses zu streichen, schwer widerstehen. Hier verschönert sie gerade ihr Bad durch „Brassica"-Bodenfarbe. Vor dem Anstrich sind Farbproben auch beim Boden ein Muss, denn gerade wenn das Licht von oben einfällt, können Farben völlig anders wirken.

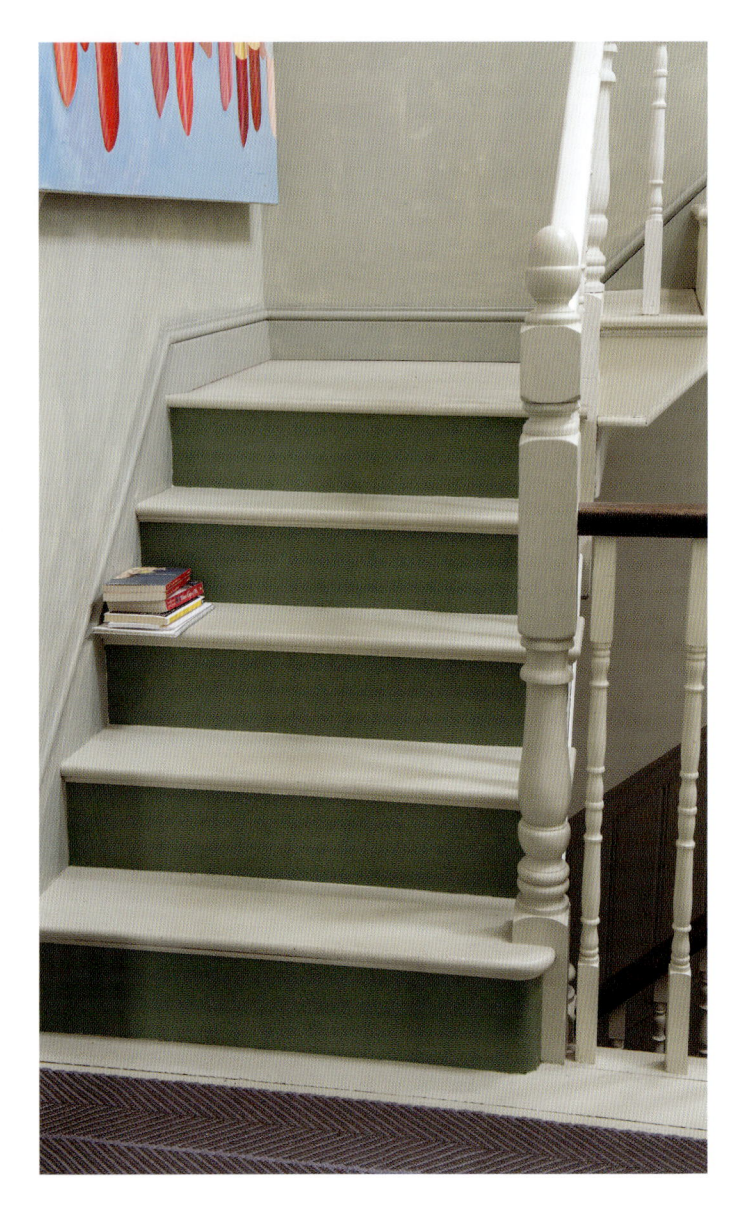

PERSÖNLICHES STATEMENT

In diesem einladenden Haus, das eine Familie bewohnt, ist der Boden durchgehend in „Shaded White" gestrichen, aber die Treppe wird durch die Stoßstufen in „Breakfast Room Green" zur Sensation. Die abgesetzte Farbe ist nicht nur praktisch, da sie die Stufen plastischer und besser erkennbar macht, sondern versteckt auch wunderbar die Spuren, die jede Menge heraufstapfender Füße hinterlassen. Außerdem ist sie ein klares Stil-Statement mit dekorativer Wirkung. Da der Farbakzent unterhalb der Augenhöhe liegt, fällt die Treppe auch nicht zu sehr ins Gewicht.

FANTASIEVOLLE STREIFEN

Der Boden dieses Wohnraums mit einem hübschen Sekretär in der Ecke hat mit „Brassica" und „Manor House Gray" eine erfrischende Streifenoptik. Die unterschiedliche Breite der Streifen ist dabei durchaus beabsichtigt, da sie den Raum unauffällig in verschiedene Bereiche aufteilt. Trotz des Ausgleichs durch das dezente „Clunch" der Wände und der Holzelemente mag dieser Look manchem zu anarchisch wirken. Aber auch Bodenfarben sind in einer großen Vielfalt erhältlich, und jeder kann sie nach Lust und Laune einsetzen.

WEISSE UND HELLE BÖDEN

Küchen sind oft sehr betriebsame Räume. Eine einfarbige Gestaltung sorgt hier für eine ruhige Atmosphäre. Obwohl alle Elemente dieser Küche einheitlich in „Slipper Satin" gestrichen wurden, erscheint der Boden viel heller als die Wände, da er das einfallende Licht in jeden Winkel verteilt. Helle Böden sind eine ideale Möglichkeit, das vorhandene Licht optimal auszunutzen.

BÖDEN IN KRÄFTIGEN FARBEN

Die Bodenfarbe wirkt sich nachhaltig auf die Atmosphäre eines Raums aus, und je größer die Bodenfläche, desto stärker macht sie sich bemerkbar. Bedenken Sie, dass eine Farbe auf dem Boden stets viel heller wirkt als an den Wänden. Hier sorgt der kräftige „India Yellow"-Boden in einem schlichten weißen Zimmer für Erdung und wirft etwas von seinem Farbton auf die Wände zurück. Er ist das zentrale Element der Raumgestaltung, aber da er unterhalb der Augenhöhe liegt, ist er nicht dominant.

EINHEITLICHE BODENFARBE

Für dieses Zimmer haben die Eigentümer verschiedene Neutraltöne gewählt. „Strong White" an den Wänden ist gepaart mit Holzeinbauten in „Cornforth White". Der Boden wurde – wie im gesamten Haus – in „Pointing" gestrichen, was für eine ruhige, aber moderne Anmutung sorgt. Durch die einheitliche Bodenfarbe entstehen fließende Übergänge, die das Haus zu einer Einheit verschmelzen lassen.

KONTRASTIERENDE BODENFARBEN

John Fowlers Lieblingsfarbe für Teppiche war „Mouse's Back". Hier wurde sie für den Boden im Vordergrund verwendet, wodurch dieser solide und dennoch unaufdringlich wirkt. Der Boden im Flur dagegen trägt „Off-White", sodass er das Licht reflektiert und den eher dunklen Bereich aufhellt. Während eine einheitliche Bodenfarbe im Haus für Kontinuität sorgt, können kontrastierende Böden Räume definieren, wenn bereits eine einheitliche Wandfarbe gewählt wurde.

FARBTUPFER

In diesem Haus, das fast durchgängig in gedeckten Weißtönen gehalten ist, sind die zwei Streifen in „Cook's Blue", die den Kamin einfassen, ein überraschender und perfekt dosierter Farbklecks. Er lenkt die Aufmerksamkeit nicht nur auf die hübschen alten Fliesen, sondern hat eine heitere und moderne Wirkung, die dem Raum zudem eine persönliche Note verleiht. Der helle Boden in „Clunch" reflektiert Licht an die Wände und sorgt zu jeder Tageszeit für eine angenehme Atmosphäre.

DUNKLE BÖDEN

Der Boden dieses entspannt wirkenden Raums ist in „Brassica" gestrichen, die Holzelemente in „Drop Cloth" und die Wände in „Shadow White". Trotz seiner kräftigen Farbe dominiert der Boden den Raum nicht, sondern lässt ihn durch die hellere Gestaltung der Wände vielmehr groß und weit erscheinen.

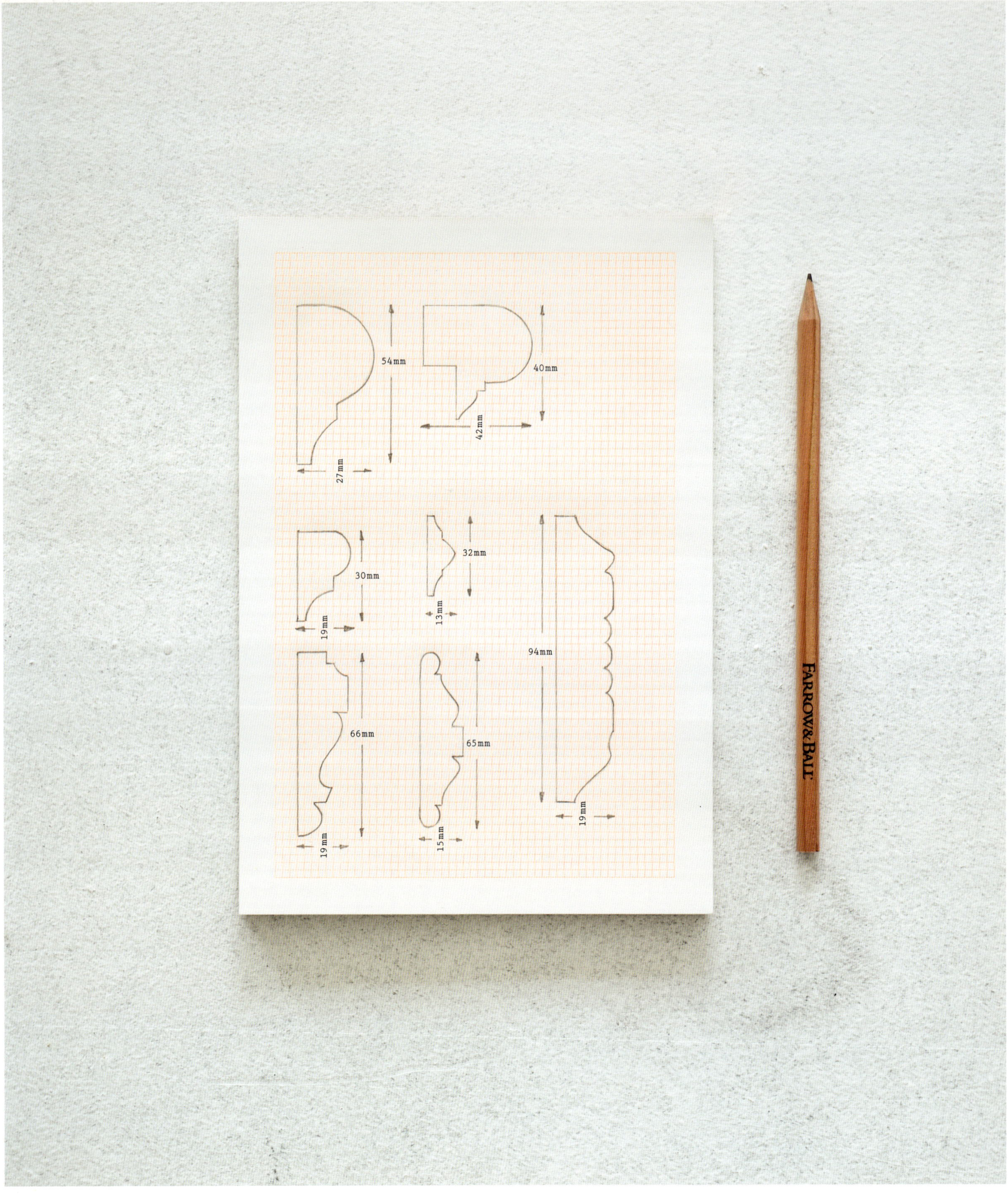
54mm
27mm
40mm
42mm
30mm
19mm
32mm
13mm
94mm
19mm
66mm
19mm
65mm
15mm
FARROW&BALL

STUHL- & BILDERLEISTEN

Hier erinnern wir noch einmal daran, dass es in der Raumausstattung keine in Stein gemeißelten Regeln gibt. Das gilt umso mehr, wenn es um Stuhl- und Bildleisten geht. Diese architektonischen Elemente und die Wände, die sie schmücken, können auf unterschiedlichste Weise gestaltet werden, und sie alle prägen das grundlegende Raumgefühl.

Häufig werden diese Leisten weiß gestrichen – aus Gewohnheit oder auch, wenn sie sehr dekorativ sind, um nicht durch Farbe von der Schönheit ihrer Form abzulenken. Daran ist zwar grundsätzlich nichts auszusetzen, es sorgt aber häufig für einen eher unruhigen Raumeindruck. Das Auge wird von den weißen Linien angezogen statt von den schönen Wänden oder einer fantastischen Aussicht.

Ursprünglich wurden diese horizontalen Schmuckelemente übermalt, um Unregelmäßigkeiten der Maserung oder Holzfarbe zu verdecken. Sie waren keine Zierleisten, sondern erfüllten einen Zweck: Die Stuhlleisten schützten die Wände vor Beschädigung durch Möbel, und die Bildleisten dienten zum Anbringen von Bildaufhängungen. Einen praktischen Grund, warum sie eine andere Farbe haben sollten als die Wände, gibt es hingegen nicht. Es ist ein neuerer Trend, sie in ein dekoratives Merkmal zu verwandeln oder sogar als Leitmotiv eines Raumkonzepts zu nutzen.

In den meisten modern gestalteten Häusern werden diese Leisten entfernt oder schlicht in der Farbe der Wand gestrichen. Da das Auge nicht von einem Kontrast abgelenkt wird, erscheinen die Räume so größer.

KONTRAST ODER HARMONIE

Wenn Sie die Schmuckleisten ein wenig hervorheben möchten, verwenden Sie am besten das Weiß oder die Farbe, die Sie auch für die restlichen Holzelemente einsetzen. Vielleicht gefällt Ihnen das klare „All White", denn es wirkt frisch und kontrastreich. Oder Sie versuchen es mit einem Ton, der mit der Wandfarbe harmoniert (siehe S. 96–97) und so ein ausgewogenes Bild entstehen lässt.

Eine Stuhlleiste eröffnet gleich mehrere Möglichkeiten der Wandgestaltung: Sie können zwei zusammenpassende Farben wählen, Farbe und Tapete kombinieren oder auch zwei unterschiedliche Tapeten – eine unter- und eine oberhalb der Stuhlleiste. Auch hier gibt es keine Regeln, welcher Bereich dunkler und welcher heller sein sollte, aber ein dunkler oberer Bereich kann dazu führen, dass die Wände nach innen zu kippen scheinen und der Raum ein wenig beklemmend wirkt. Unterhalb der Stuhlleiste sorgt ein dunklerer Ton für Erdung und lässt Räume meist offener und größer erscheinen. Das wirkt besonders in einem langen, schmalen Flur in Neutraltönen vorteilhaft. Hier kann ein kräftigeres „Charleston Gray" unterhalb der Stuhlleiste, kombiniert mit dem helleren „Elephant's Breath" darüber für optische Erweiterung sorgen und den Flur luftiger erscheinen lassen.

Farrow & Ball macht es Ihnen wirklich leicht, Wandfarben und Tapeten zu kombinieren. So können Sie die Grund- oder die Ornamentfarbe der Tapete oberhalb der Stuhlleiste mit der Wandfarbe unterhalb davon aufgreifen – oder umgekehrt. Hierbei empfiehlt es sich, die Leiste selbst in der Farbe der unteren Wandpartie zu streichen, um das Auge nicht auf eine Trennlinie zu lenken.

Sind Bildleisten und die darüber liegende Wandpartie in derselben Farbe wie die Wände gestrichen, lässt dies die Decke höher erscheinen. Alternativ lassen Sie die Wandfarbe direkt unterhalb der Bildleiste enden und streichen Leiste und obere Wandpartie in der Deckenfarbe. So entsteht ein Effekt, als würde die Decke bereits an der Farbkante ansetzen, wodurch sie optisch abgesenkt wird. Der Trick ist ideal für sehr hohe Räume, damit sie behaglicher wirken.

Eine weitere Gestaltungsmöglichkeit ist der Einsatz abgestufter Farben. Reservieren Sie die kräftigste Farbe für die Hauptwand und die Bildleiste, die Wandpartie darüber bekommt einen etwas helleren Ton und die Kehlung zur Decke oder die Stuckleiste streichen Sie in einem passenden Weiß. So entstehen gleitende Übergänge, die den Raum öffnen und ihn hell und groß erscheinen lassen.

RECHTE SEITE, OBEN LINKS
Die Besitzer dieses Hauses haben die architektonischen Merkmale des Raums überaus vorteilhaft genutzt. Die Farbe „Mole's Breath" der Vertäfelung wird gerne als Akzent auf den dezenten Neutralfarben eingesetzt. In Kombination mit dem helleren „Ammonite" der Wände lässt es das Zimmer hier groß und luftig erscheinen.

RECHTE SEITE, OBEN RECHTS
Die elegante Wandvertäfelung dieses geräumigen Salons aus der Georgianischen Epoche ist in zeitlosem „Off-White" gestaltet, während die Wände das tonal passende „Light Gray" tragen. Ein dunklerer Ton oberhalb einer hellen Farbe kann beengend wirken, doch in einem solch großen Raum wirkt diese Zusammenstellung perfekt.

RECHTE SEITE, UNTEN LINKS
Wände und Wandverkleidungen in einer Farbe zu gestalten, war schon im 18. und frühen 19. Jahrhundert sehr beliebt und ist derzeit wieder sehr in Mode. Das unbestimmte Schwarzblau von „Railings" sorgt in diesem außergewöhnlichen Haus in den Niederlanden für einen angemessen dramatischen Hintergrund. Estate Emulsion an den Wänden und Estate Eggshell auf dem Holz sorgen für feine Abstufungen im Glanz der Farbe.

RECHTE SEITE, OBEN RECHTS
Das nur bis zur Bildleiste aufgetragene „Stone Blue" der Wände in diesem Wohnraum eines Landhauses senkt die Decke optisch ab und stattet den Raum so mit einer angenehmen, privaten Atmosphäre aus. Die Bildleiste selber ist – wie auch alle Holzelemente – in zartem „Lime White" gestrichen, während das Wandsegment darüber sowie die Decke im modernen, helleren „Slipper Satin" erstrahlen.

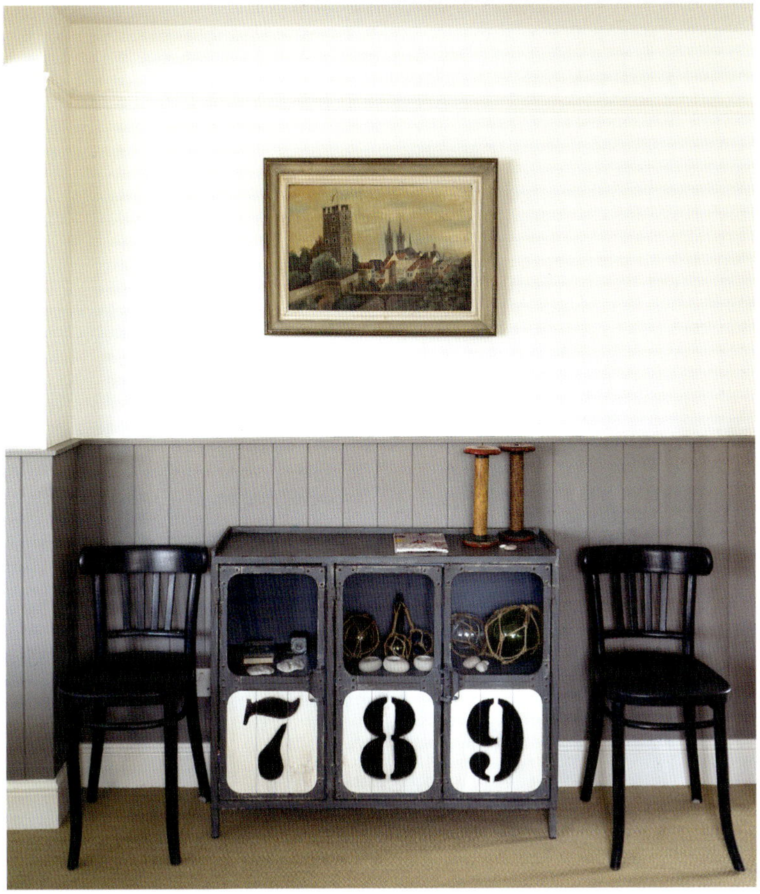
789
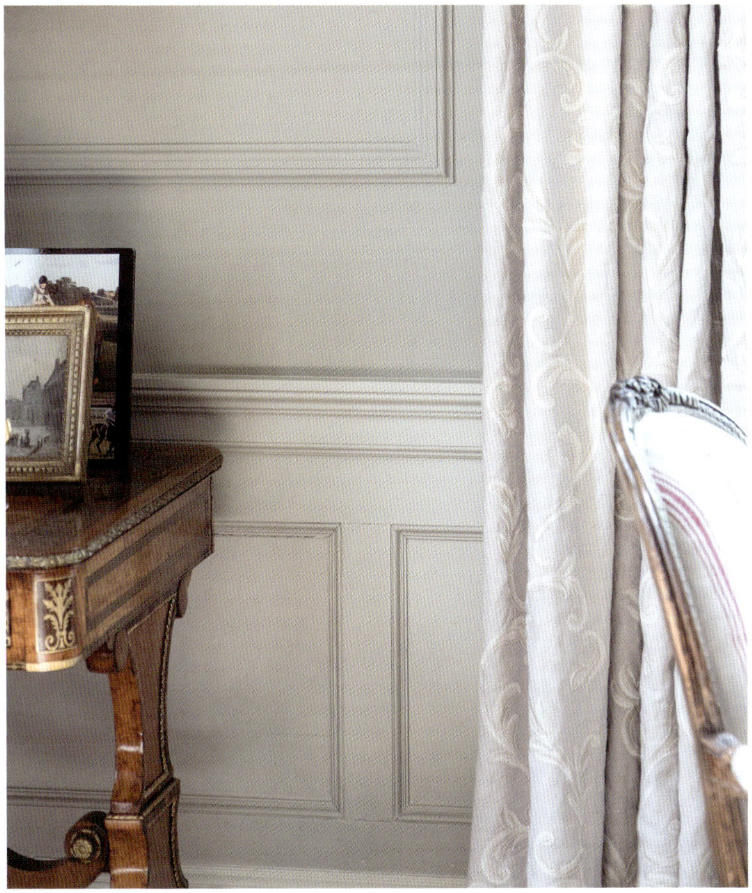
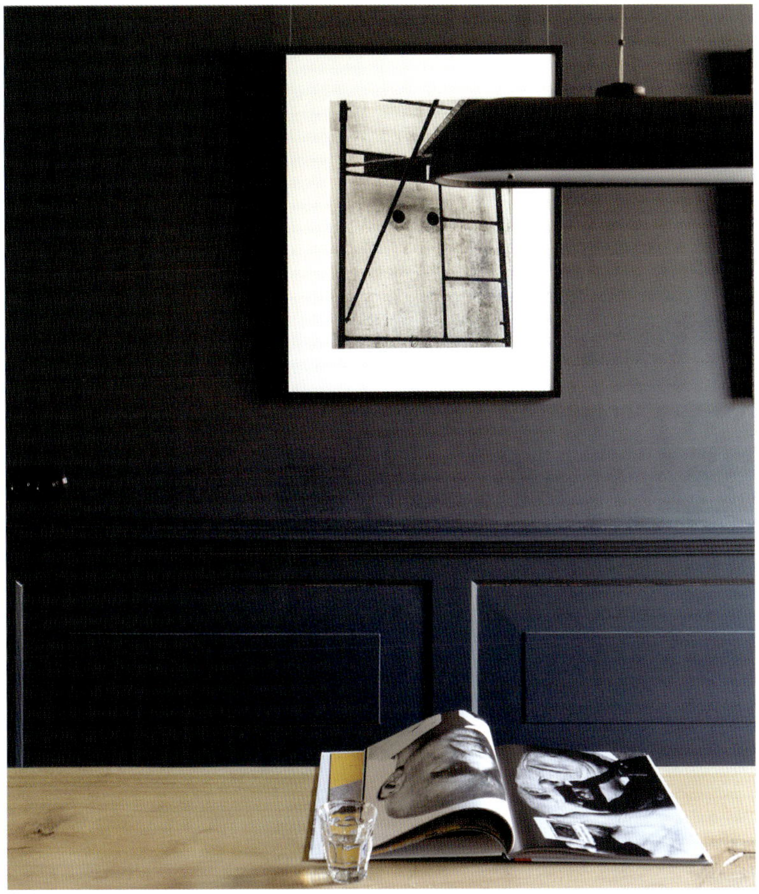
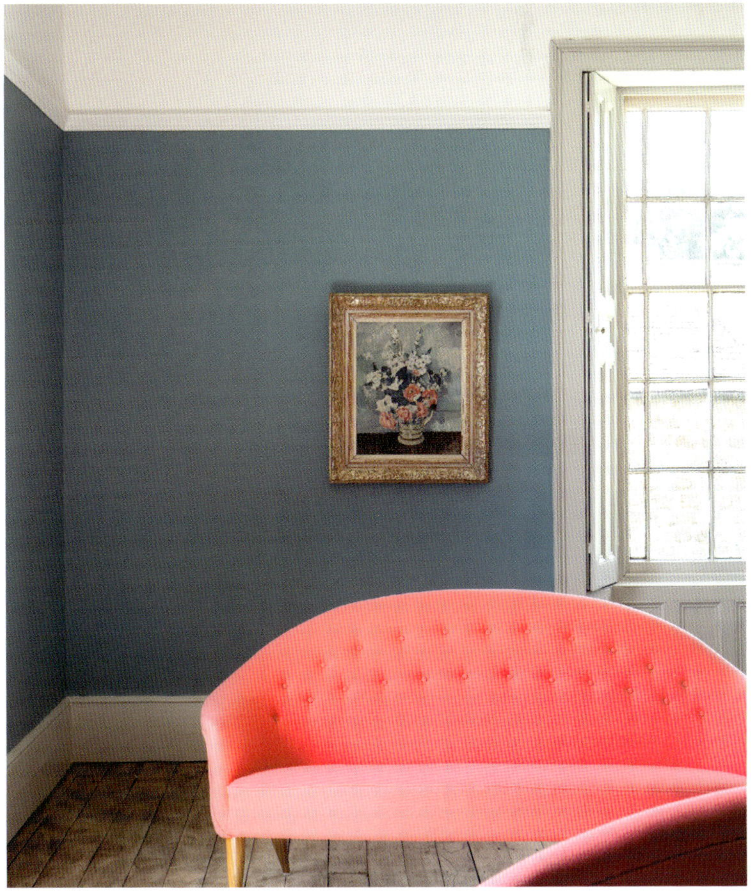

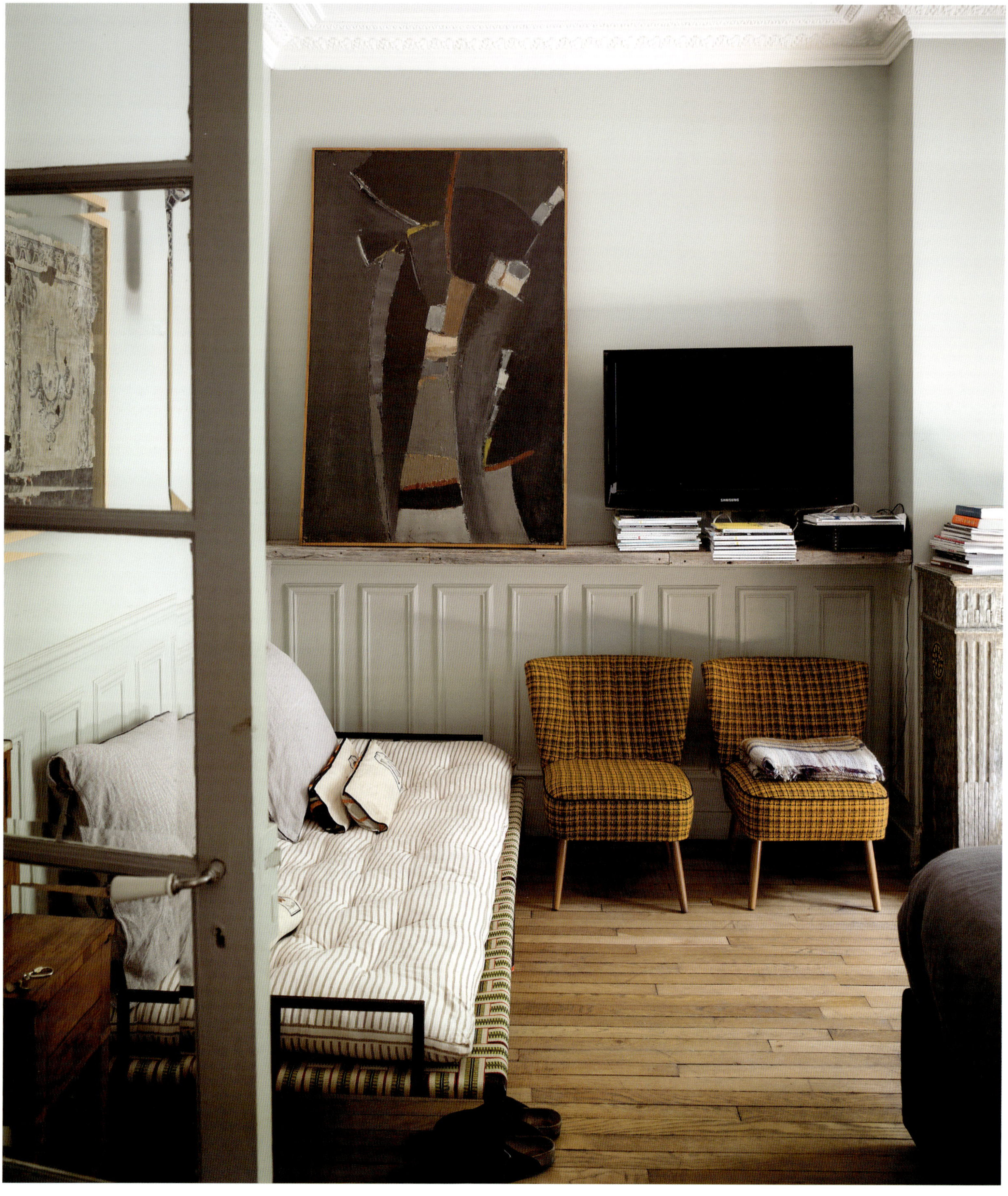
SAMSUNG

LINKE SEITE
Vor dem „French Gray" der dekorativen Wandpaneele kommen die schicken Midcentury-Sessel toll zur Geltung. Das Grau setzt sich auf dem restlichen Holz des Raums fort, das dem „Shaded White" der Wände seine starke Leuchtkraft verleiht, sodass der Raum insgesamt eine sanfte Ausstrahlung erhält.

RECHTS
Dieses moderne britische Wohnzimmer ist in der bewährten Kombination von „Purbeck Stone" für die Wände und „Wevet" für Holzelemente und Decke gestaltet und wirkt damit erstaunlich frisch. Die Bildleisten haben ebenfalls die Farbe des Holzes und heben sich so deutlich von den Wänden ab. Das zweifarbige Schema wird so unterstrichen, wirkt aber dennoch geradlinig und schlicht.

STUHL- & BILDERLEISTEN

OBEN LINKS
Auch wenn das „Hardwick White" dieser Täfelung im Farbwert nur eine Nuance dunkler ist als das „Setting Plaster" der Wände, sorgt es doch für eine gute Erdung des Raums und trägt zum freundlichen, klassischen Stil bei.

OBEN RECHTS
Dieser Flur im Souterrain eines stattlichen Hauses wurde einst nur vom Personal genutzt und dient heute als Eingangsbereich. Die ursprüngliche Gestaltung wurde allerdings beibehalten: Der untere Bereich der über die gesamte Höhe vertäfelten Wand ist in „Dix Blue" Estate Eggshell gestrichen. Eine schmale Linie in „Off-Black" setzt diesen Bereich geschickt von dem darüber verwendeten „Pointing" ab.

RECHTE SEITE
Dieses Esszimmer vereint alle architektonischen Elemente, die in diesem Kapitel thematisiert wurden. Die Wandvertäfelung und ihre obere Abschlussleiste sind in „Mole's Breath" gestrichen, während die Fußleiste passend zum restlichen Holz des Raums „Strong White" aufweist. Das „Ammonite" an den Wänden oberhalb der Bildleiste lässt die Decke höher erscheinen. Diese ist in „Strong White" gehalten.

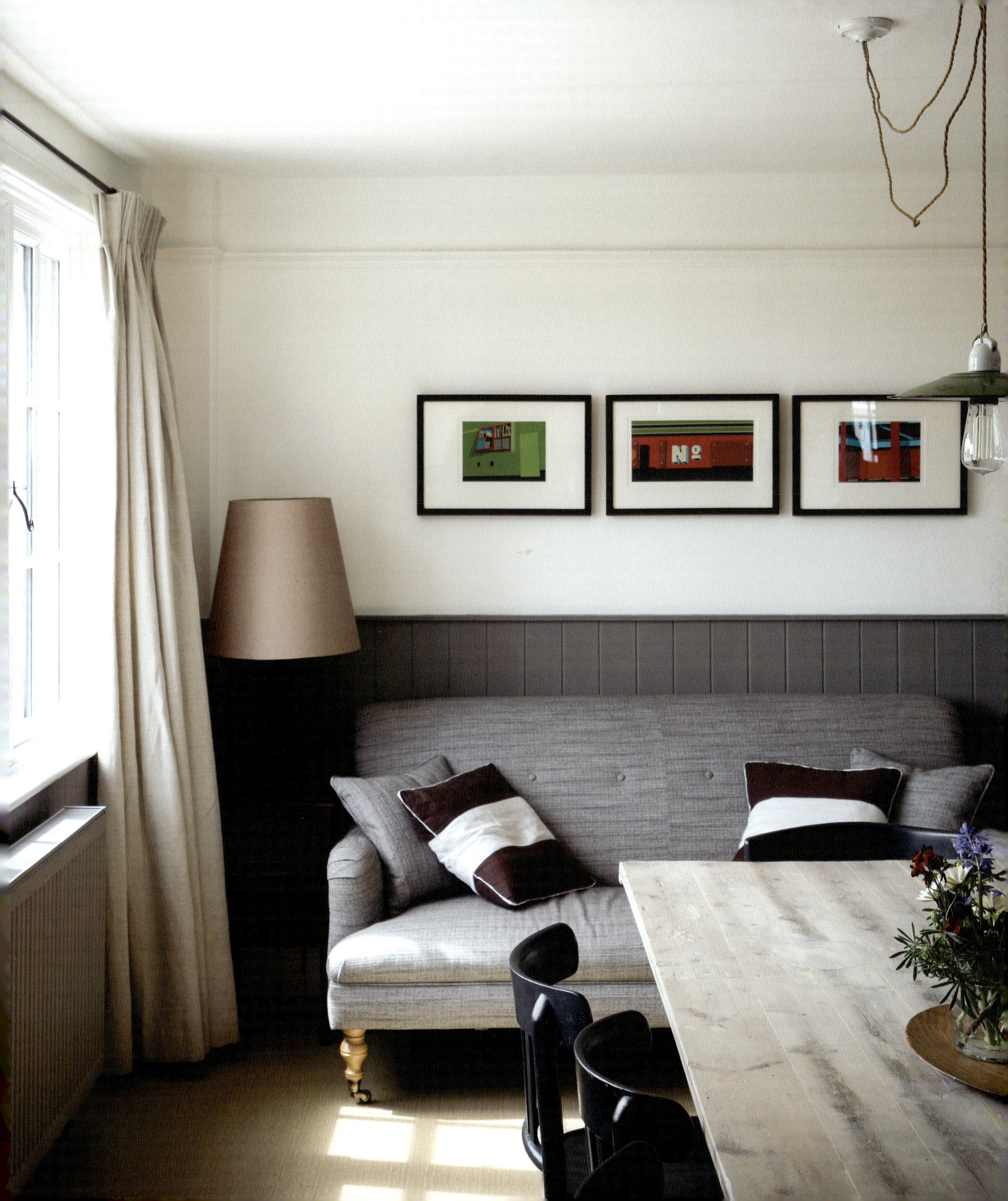
Nº

60mm

72mm

STUCK- & ZIERLEISTEN

Wer würde es für möglich halten, dass ein unscheinbares Stück Gips Form, Höhe und Stil eines Raums so stark beeinflussen kann? Die meisten Menschen schenken ihnen wenig Beachtung, aber ich kann Ihnen versichern, dass diese architektonischen Elemente, in der richtigen Farbe gestrichen, das Raumgefühl insgesamt verändern können.

Vorab eine Bemerkung zum Begriff: Es gibt verschiedene Bezeichnungen für diese Elemente. Manche nennen sie Zierleisten, andere sprechen von Stuck oder Stuckleisten. Die Formen reichen von der einfach konkaven Hohlkehle bis zur mehrstufigen, reich geschmückten Ornamentleiste. Gemeint ist aber stets ein Zierelement, das den Übergang zwischen Wand und Decke gestaltet. Traditionell aus Gipsmörtel hergestellt, wird Stuck heute auch aus Kunststoffen gefertigt.

Echter Stuck findet sich heute meist nur noch in herrschaftlichen Altbauten mit großen Räumen und erfreut sich großer Beliebtheit. Einfache Leisten sind auch in moderneren Wohnungen zu entdecken. Für beide bieten sich vier grundlegende Arten des Anstrichs an:

Stuckleiste und Decke in derselben Farbe
Stuckleiste und Wände in derselben Farbe
Farbabstufung von den Wänden zur Decke
Akzentuierung des Stucks durch Farbe

UNTEN LINKS
Das schlichte und weit verbreitete Farbschema nutzt „Wimborne White" für die Decke und die Stuckleisten. Die sanfte Anmutung dieses Weißtons unterstreicht ihrerseits das zarte „Shaded White" der Wände.

UNTEN RECHTS
In diesem schicken Arbeitszimmer mit hohen Decken setzt sich das „All White" der Decke auf der umlaufenden Stuckleiste fort. Das ist in diesem Fall die ideale Lösung, da der Stuck direkt an die Fensterumrahmung anschließt, die ebenfalls in „All White" gehalten ist. So wird ein allzu schmaler Farbstreifen zwischen Fenster und Decke vermieden. Die Wände tragen „Parma Gray".

RECHTE SEITE
Wenn eine Stuckleiste wie hier weit in die Decke ragt, ist es nicht ratsam, sie in einer anderen als der Deckenfarbe zu streichen. In diesem Fall ist sie in „James White" gehalten und die Wände in „Lime White".

STUCKLEISTE UND DECKE IN DERSELBEN FARBE

Häufig werden Stuckleiste und Decke, teils aus Gewohnheit oder aber aus dem Wunsch nach klaren Linien, einheitlich in schlichtem Weiß gestrichen. Dies führt aber oft dazu, dass der Raum niedriger erscheint als er ist, da die Wände unter dem Stuck zu enden scheinen. Das Auge nimmt das Weiß von Stuck und Decke als Grenze wahr, sodass die Decke optisch absinkt. Besonders empfehlenswert ist die einheitliche Gestaltung von Decke und Leiste, wenn der waagerechte Teil der Leiste an der Decke größer ist als der senkrechte Teil an der Wand. Jede andere Gestaltungsvariante würde in diesem Fall unelegant wirken.

STUCKLEISTE UND WÄNDE IN DERSELBEN FARBE

Sind Wände und Stuckleiste in einer Farbe gestrichen, streckt dies die Wände optisch in die Höhe und lässt jeden Raum luftig wirken. Überzeugend ist dieser Gestaltungsansatz besonders bei schlichten Hohlkehlen, da sie für einen fließenden Übergang von der Wand zur Decke sorgen. Die einheitliche Farbgestaltung von Wänden und Stuckleisten gibt dem Raum überdies ein schlichtes, modernes Flair.

LINKS
Die traditionellen Neutraltöne scheinen wie für diesen Raum geschaffen. Die zeitlose Kombination aus steinfarbenem „Light Gray" auf der schmuckvollen Wand, „Old White" auf der reich verzierten Stuckleiste und „Lime White" an der Decke – jeder Ton dabei etwas heller als der darunter – stehen in perfekter Harmonie und erzeugen den klassischen Farrow & Ball-Look.

RECHTE SEITE, LINKS
Statt die außergewöhnliche Position der Duschkabine in diesem imposanten Bad in Toronto zu überspielen, unterstreicht der Besitzer die Form des Raums noch, indem er den Stuck mit „White Tie" hervorgehebt. Es bildet einen lebhaften Kontrast zum „Lulworth Blue" auf Wänden und Decke. Der Blick wird nach oben gelenkt zu dem schönen Kronleuchter.

RECHTE SEITE, RECHTS
Dieser sorgsam restaurierte, äußerst dekorative Stuck ist einfach traumhaft. Wie die Decke ist er in „Pointing" Casein Distemper gestrichen, um das Blütenmuster hervorzuheben. Normalerweise würde diese Farbgestaltung die Deckenhöhe optisch verringern, doch hier wurde „Mole's Breath" auf der gesamten Wandhöhe angebracht, von der Fußleiste über die Vertäfelung bis über die Bilderleiste hinaus, sodass die Wände nach oben gestreckt wirken.

FARBABSTUFUNG VON DEN WÄNDEN ZUR DECKE

Viele Leute möchten die Aufmerksamkeit gerne auf die dekorativen Stuckleisten lenken. Eine Farbabstufung zwischen den Wänden und den Leisten sorgt dann für ein ausgewogenes Bild. Wenn Sie für die Wände eine kräftige Farbe wählen, können Stuckleisten in derselben Farbe unharmonisch wirken, und es ist besser, mit einer Farbabstufung zu arbeiten. Dass erzeugt nicht nur die Illusion größerer Raumhöhe, sondern leitet den Blick schrittweise und nicht schlagartig Richtung Decke.

Haben Sie die Wände beispielsweise in einem kräftigen Rot gestrichen, ziehen Sie für den Stuck ein warmes „Joa's White" in Erwägung, um den großen Abstand zwischen Wand- und Deckenfarbe zu überbrücken.

Bei modernem „Mole's Breath" an den Wänden würde sich „Ammonite" für die Stuckleisten anbieten, und sonniges „Yellow Ground" wird hervorragend durch „House White" ergänzt. Glücklicherweise gibt es für jede Farrow & Ball-Farbe ein dazu passendes Weiß (siehe S. 96–97), das den Übergang zwischen Wand und Decke abmildern und so zum harmonischen Raumgefühl beitragen kann.

AKZENTUIERUNG DES STUCKS DURCH FARBE

Wenn Sie die Stuckleiste in einer Kontrastfarbe zu Wänden und Decke streichen, erzeugen Sie einen frischen, durchgestalteten Eindruck. Da das Auge von Kontrasten automatisch angezogen wird, betont diese Art der Gestaltung allerdings auch die Raumdimensionen, sodass sie verkleinernd wirken kann. Stuckleisten in starken Farben sind daher eher etwas für Experimentierfreudige. Dekorativ ist ein eher zarter Ton wie etwa „Dove Tale" oberhalb einer Wand in „Skimming Stone" oder „Worsted" kombiniert mit „Shadow White". Sie verleihen dem Raum einen einzigartigen Charakter, ohne seine Proportionen optisch zu beeinflussen. Wichtig ist auch hier, dass die Deckenfarbe damit harmoniert.

Die farbliche Hervorhebung der Zierleiste wird gerne eingesetzt, wenn man die Aufmerksamkeit darüber hinaus auf die Stuckrosette an der Decke lenken möchte, die natürlich in derselben Farbe gehalten sein sollte.

Leider sind Stuckleisten und Deckenrosetten im Verlauf von Jahrzehnten in vielen Fällen so häufig überstrichen worden, dass sie einen Großteil ihrer feinen, dekorativen Details eingebüßt haben. Um das zu vermeiden, verwenden Sie Spezialfarben wie Soft Distemper-Leimfarbe oder Limewash-Kalktünche, die ein traditionelles, authentisches Aussehen ergeben. Der Stuck darf vorher allerdings nicht mit Emulsionsfarben gestrichen worden sein.

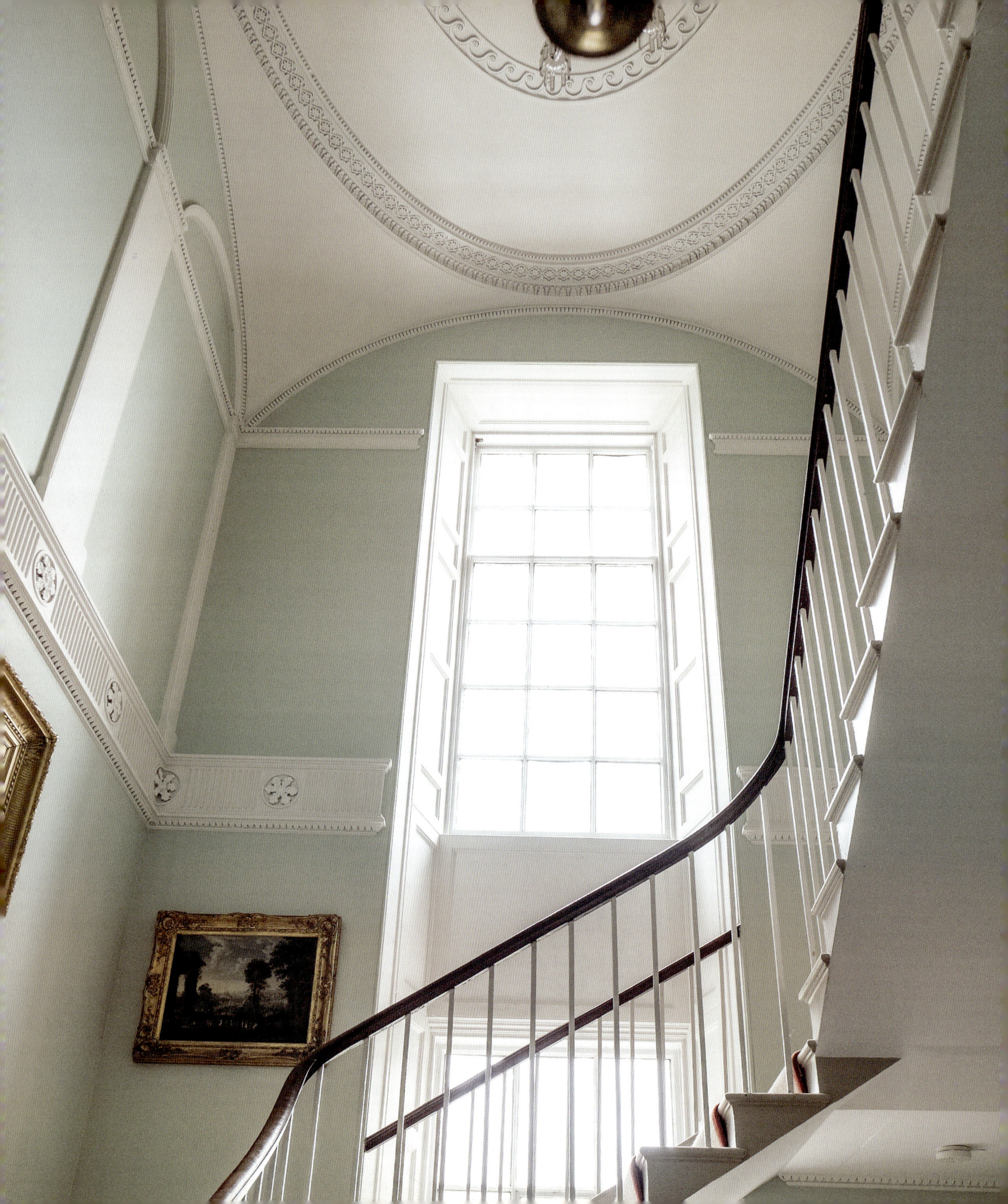

DECKEN

Im Alltag machen wir alle uns wohl nur selten Gedanken über die Farbe einer Zimmerdecke – und doch wird im Interior Design kaum ein Thema so kontrovers diskutiert. Obwohl die meisten Decken in einer eher ausdruckslosen Farbe gestrichen sind, gibt es keine Regel, die besagt, dass sie weiß sein müssen. Die Deckenfarbe beeinflusst Räume auf unterschiedliche Weise, daher behandeln wir hier folgende Ansätze:

Räume heller oder dunkler wirken lassen
Die Deckenhöhe optisch verändern
Decken und Wände in derselben Farbe

Betrachten Sie die Zimmerdecke als fünfte Wand und beziehen Sie sie von Anfang an in Ihre Planung ein. Ihre Farbe ist ein wichtiger Teil der Raumgestaltung. Denken Sie daran, dass Hochglanzfarbe (Full Gloss) an der Decke ganz Erstaunliches mit einem Raum machen kann – ähnlich wie der Einsatz von Tapete, an den sich ganz Mutige heranwagen.

LINKE SEITE
Diese prachtvolle Decke ist nur eines der vielen Zierelemente dieses beeindruckenden Treppenaufgangs. Wenn Licht und Architektur so spektakulär sind wie hier, genügt eine schlichte Farbe wie dieses „Wimborne White". Um die zarten Ornamente zu betonen, wurde Casein Distemper verwendet.

UNTEN
Der krasse Gegensatz zwischen der Stirnwand in „Pitch Black" und der Decke in „All White" lenkt das Auge sofort auf die Stelle, an der die Farbflächen aufeinandertreffen. In eindrucksvollen Räumen wie diesem ist der Effekt großartig, er kann in einer anderen Raumsituation aber dazu führen, dass die Decke niedriger erscheint.

RECHTE SEITE
In einem leuchtenden Weiß würde die Decke dieses schottischen Frühstückszimmers die Wände dunkler erscheinen lassen, wodurch der Raum wesentlich weniger einladend wäre. Das gedeckte „Off-White" der Decke fügt sich aber harmonisch über dem „Blue Gray" der Wände ein und sorgt für einen weichen Übergang.

RÄUME HELLER ODER DUNKLER WIRKEN LASSEN

Die meisten von uns sind mit der Vorstellung aufgewachsen, dass die Raumdecke am besten so hell wie möglich ist. Mit einem strahlenden Weiß an der Decke kann ein Raum aber in Wirklichkeit viel dunkler wirken. Das mag zunächst seltsam erscheinen, aber wie so häufig beim Dekorieren mit Farbe dreht sich auch hier alles um Kontraste: Je heller die Farbe der Decke, desto weniger leuchten die Wände. Ein strahlendes Weiß lässt auch die zartesten Farben recht dunkel wirken. Um diesen Effekt zu verhindern, verwenden Sie am besten einen auf die Wandfarbe abgestimmten Weißton für die Decke, denn er lässt den Raum heller und einheitlicher erscheinen. Bei der Auswahl des passenden Weißtons hilft Ihnen die Liste auf Seite 96–97.

DIE DECKENHÖHE OPTISCH VERÄNDERN

Wenn Sie ein leuchtendes Weiß an der Decke mit farbigen Wänden kombinieren, lenkt der harte Kontrast den Blick unwillkürlich nach oben, um festzustellen, wo die Wand in die Decke übergeht. Die Decke setzt in der Wahrnehmung scheinbar dort an, wo die Wandfarbe endet, und dieser Effekt senkt die Decke optisch ab.

Wenn Sie hingegen für die Decke einen Weißton einsetzen, der genau zum Farbton der Wände passt, sieht es so aus, als wäre die Decke nur eine Farbabstufung gegenüber der Wand. Die Grenze zwischen vertikaler und horizontaler Fläche ist für das Auge dann weniger klar, sodass wir die Decke als höher empfinden. Raumausstatter der alten Schule behalfen sich daher früher damit, dass sie das Weiß für die Decke mit 25 Prozent der Wandfarbe anmischten. Glücklicherweise hat Farrow & Ball Ihnen diese Arbeit bereits abgenommen und es gibt zu jeder Farbe den harmonischen, im Unterton passenden Weißton.

Berücksichtigen Sie, dass man sehr hohe Decken optisch am besten dadurch absenken kann, indem man dafür einen dunkleren Weißton wählt als für die Wände. So erscheint der Raum niedriger und damit deutlich intimer.

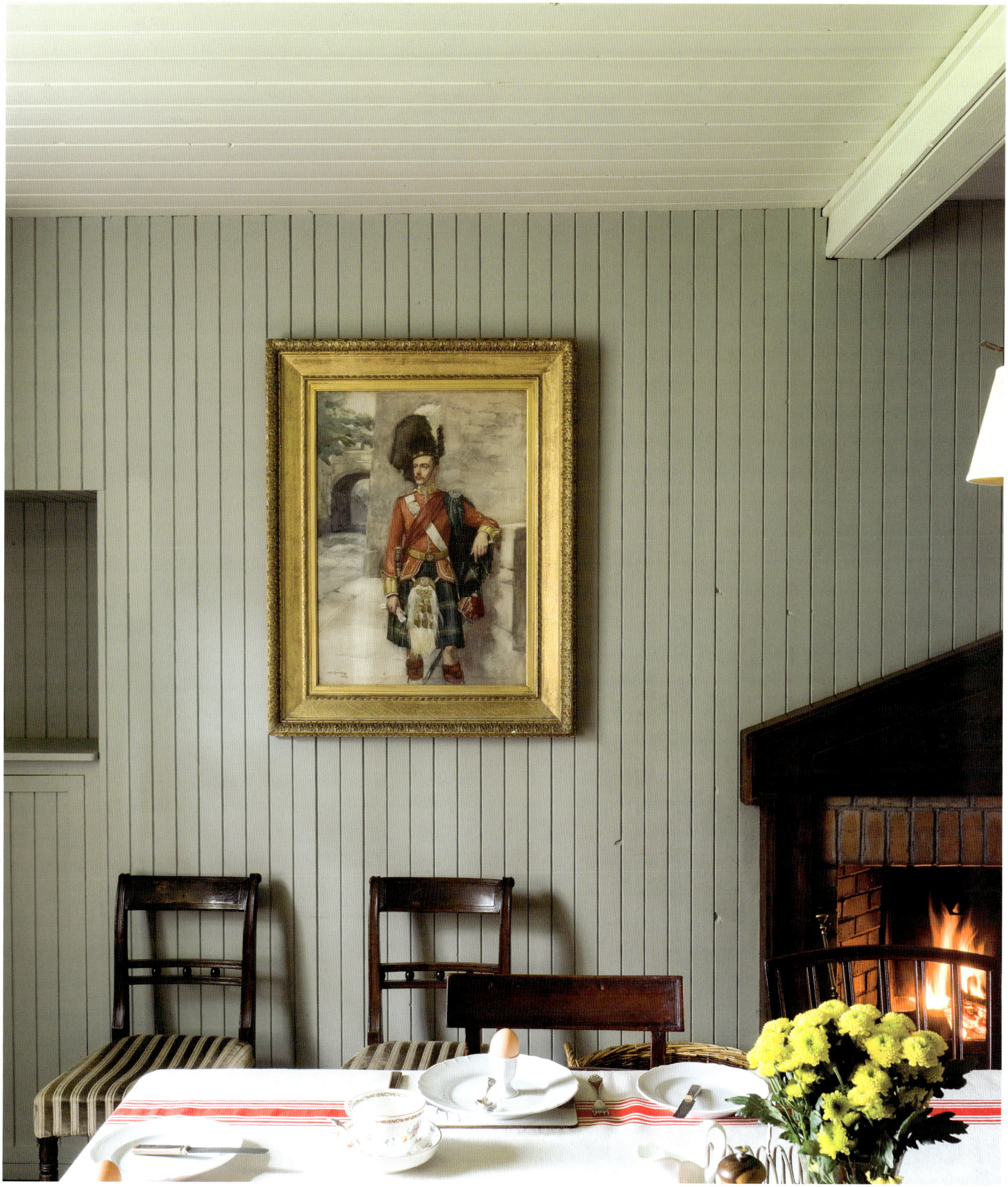

DECKEN UND WÄNDE IN DERSELBEN FARBE

Die Gestaltung von Decke und Wänden in einer einheitlichen Farbe schafft eine behagliche Atmosphäre. Die gleichfarbigen Flächen lassen den Übergang verschwimmen, sodass die Decke höher erscheint. Der monochrome Anstrich bringt natürlich auch einen kräftigen Farbeindruck mit sich, der aber nicht übermächtig wirkt, sondern ein wohliges Raumgefühl entstehen lässt.

Dieser Gestaltungsansatz wirkt vor allem in Räumen überzeugend, die ganz ohne Dekor wie Stuck oder Bilderleisten auskommen und in denen man die Aufmerksamkeit nicht auf die Grenze zwischen Wand und Decke lenken möchte. Mit Farbflächen, die sich von den Wänden über die Decke erstrecken, fällt es leicht, so manches architektonisches Defizit zu kaschieren, und selbst eigenartige Dachschrägen treten dadurch in den Hintergrund.

OBEN LINKS
Die mutige Entscheidung, das „Stiffkey Blue" der Wände an der Decke fortzusetzen, verwandelt diese eher schlichte Kaminecke in einen behaglichen Ort, der sich deutlich von der helleren Küche in „Wimborne White" absetzt.

OBEN RECHTS
Der Farbton „Lulworth Blue" an Decke und Wänden sorgt dafür, dass dieses Schlafzimmer licht und freundlich wirkt. Durch die einheitliche Farbgestaltung kommt das frische Weiß der Bettwäsche noch besser zur Geltung.

RECHTE SEITE
Auch wenn man befürchten könnte, dass eine dunkle Deckenfarbe eine beengende Atmosphäre schafft – für dieses etwas ungünstig geschnittene Zimmer ist die Lösung einfach perfekt. Da Decke und Wände in „Mole's Breath" gestrichen sind, verschwimmen die Übergänge zwischen den senkrechten und geneigten Flächen.

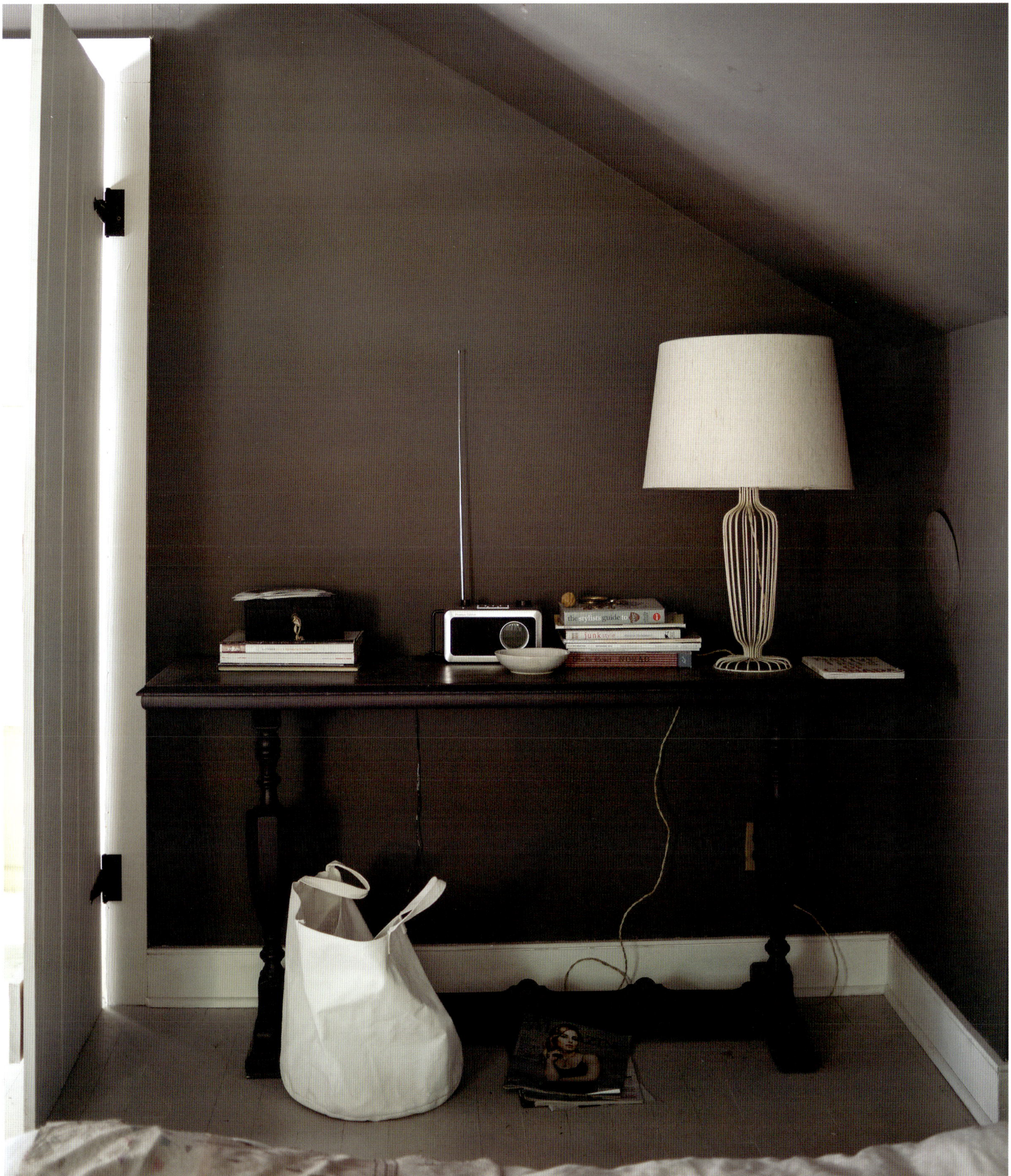
the stylists guide to
junkstyle

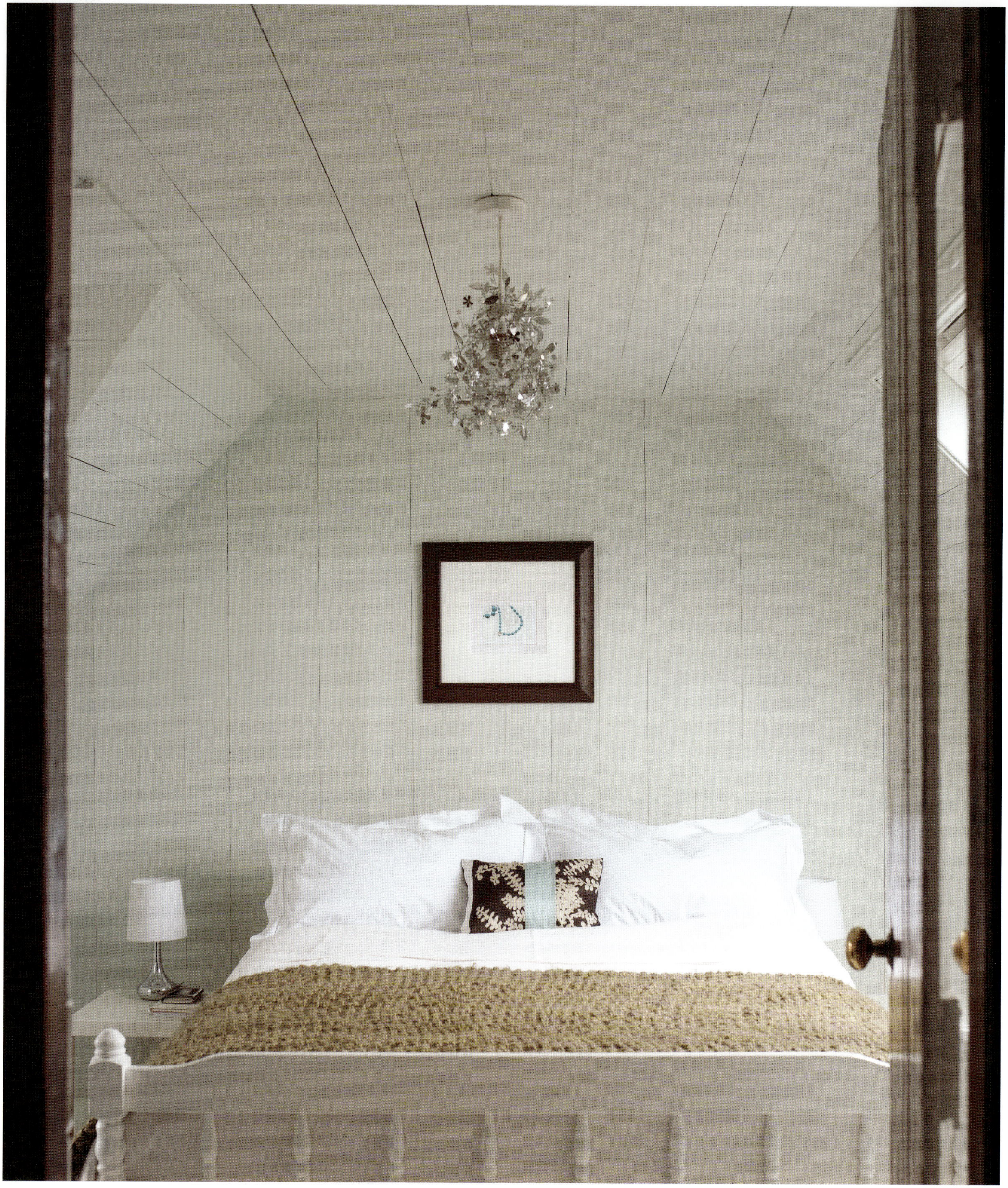

LINKE SEITE
„Cabbage White" an Wänden und Decke hat diese kleine Dachkammer in ein besonders hübsches Schlafzimmer verwandelt. Der Raum wirkt weiterhin intim, durch die einheitliche Farbgebung aller Flächen aber zugleich auch luftig und weit.

OBEN LINKS
Statt die Dachschräge zu verbergen, wird die architektonische Besonderheit dieses Raums durch die Farbgebung noch betont. Breite Streifen in „Mouse's Back", „Lulworth Blue" und „Red Earth" ergänzen sich harmonisch und schmeicheln der Dachform.

OBEN RECHTS
Dachschräge und Wände dieser Schlafkammer sind mit der charmanten Tapete „Uppark" (BP 523) geschmückt. Dies lässt die Zimmerdecke, die mit „All White" den Farbton des Tapetenmusters aufgreift, höher erscheinen.

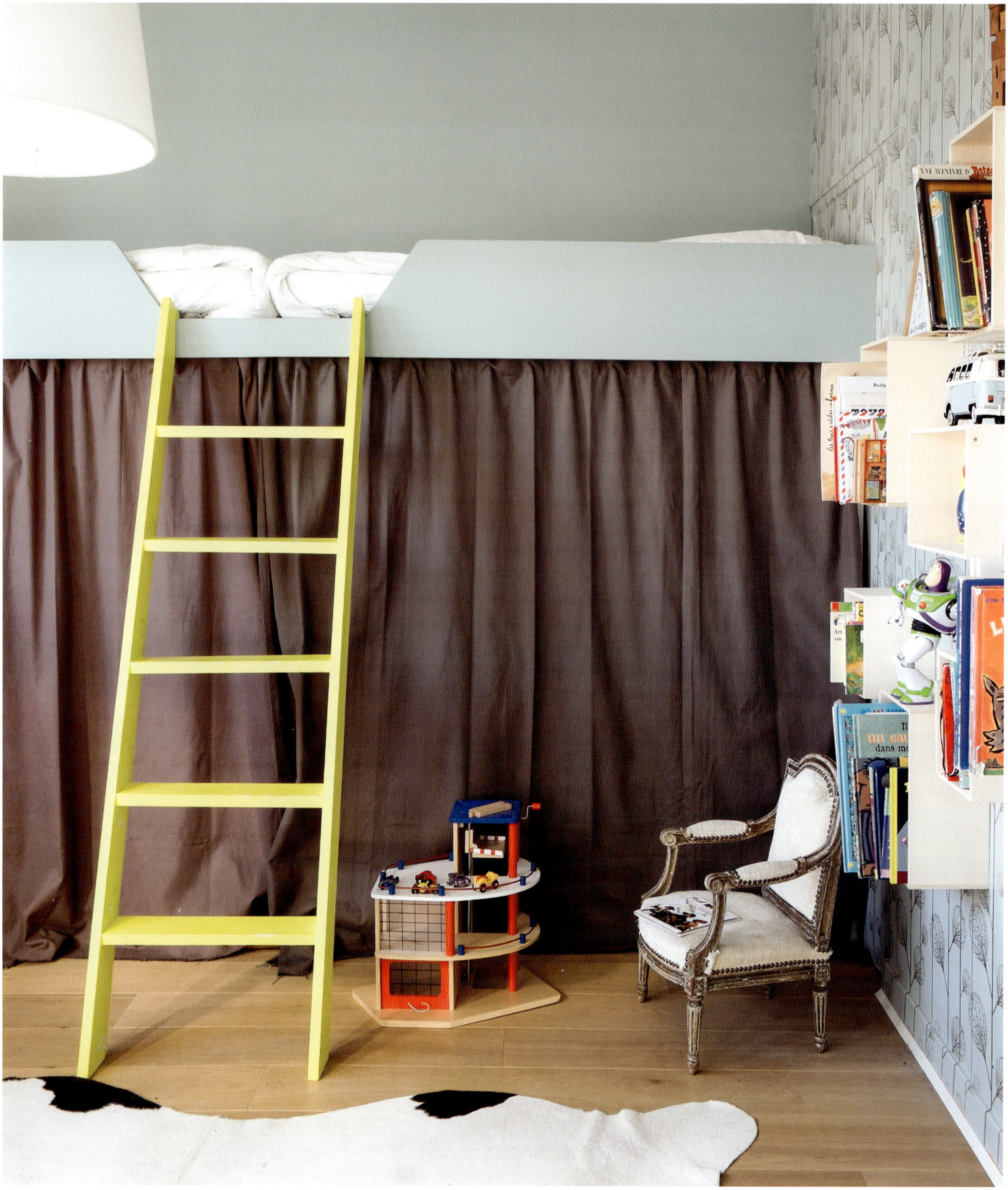

KINDERZIMMER

Die Gestaltung des Kinderzimmers ist eine spannende Herausforderung. Fast immer stellt sich dabei die Frage, ob man den Stil des Hauses hier fortsetzen oder dem Kind freie Wahl lassen soll. Es gibt aber viele Möglichkeiten, es sowohl dem Kind als auch den Eltern recht zu machen, sodass es gar nicht erst zu Diskussionen kommt. Auf den folgenden Seiten stellen wir Ihnen daher einige schlichte, praktische und auch ein paar mutigere Lösungen vor.

Meist sind beide Seiten glücklich, wenn Neutraltöne mit kleinen Bereichen in kräftigen Farben kombiniert werden. Das ist leicht umzusetzen, indem die Holzelemente kräftige Farben bekommen und die Wände hellere. Wählen Sie hierzu einen zum Farbschema des Raums passenden Neutralton für die Wände und setzen Sie die Fußleisten und Türen als leuchtende Farbtupfer davon ab. Zeitgemäß ist „Hague Blue" für das Holz und „Blackened" für die Wände, etwas klassischer wird es in Kombination mit der Wandfarbe „Skylight", die an Ferien am Meer erinnert. Wenn Sie lieber einen Bogen um Rosa im Kinderzimmer machen, verbinden Sie die Wände im lindgrünen „Pale Powder" mit „Green Blue" auf dem Holz. Wände in „Great White" mit „Brassica" für die Holzelemente ergibt einen neutraleren Look.

LINKE SEITE
Sanfte Aqua-Töne sind sehr beliebt in Kinderzimmern, da ihre grünen Untertöne nichts Kühles haben. Dieses Abenteuer verheißende Hochbett und die Wand dahinter wurden in „Dix Blue" gestrichen. Die Leiter in „Yellowcake" wirkt als weiterer Aufheller, aber keine der Farben dominiert den hübschen Raum.

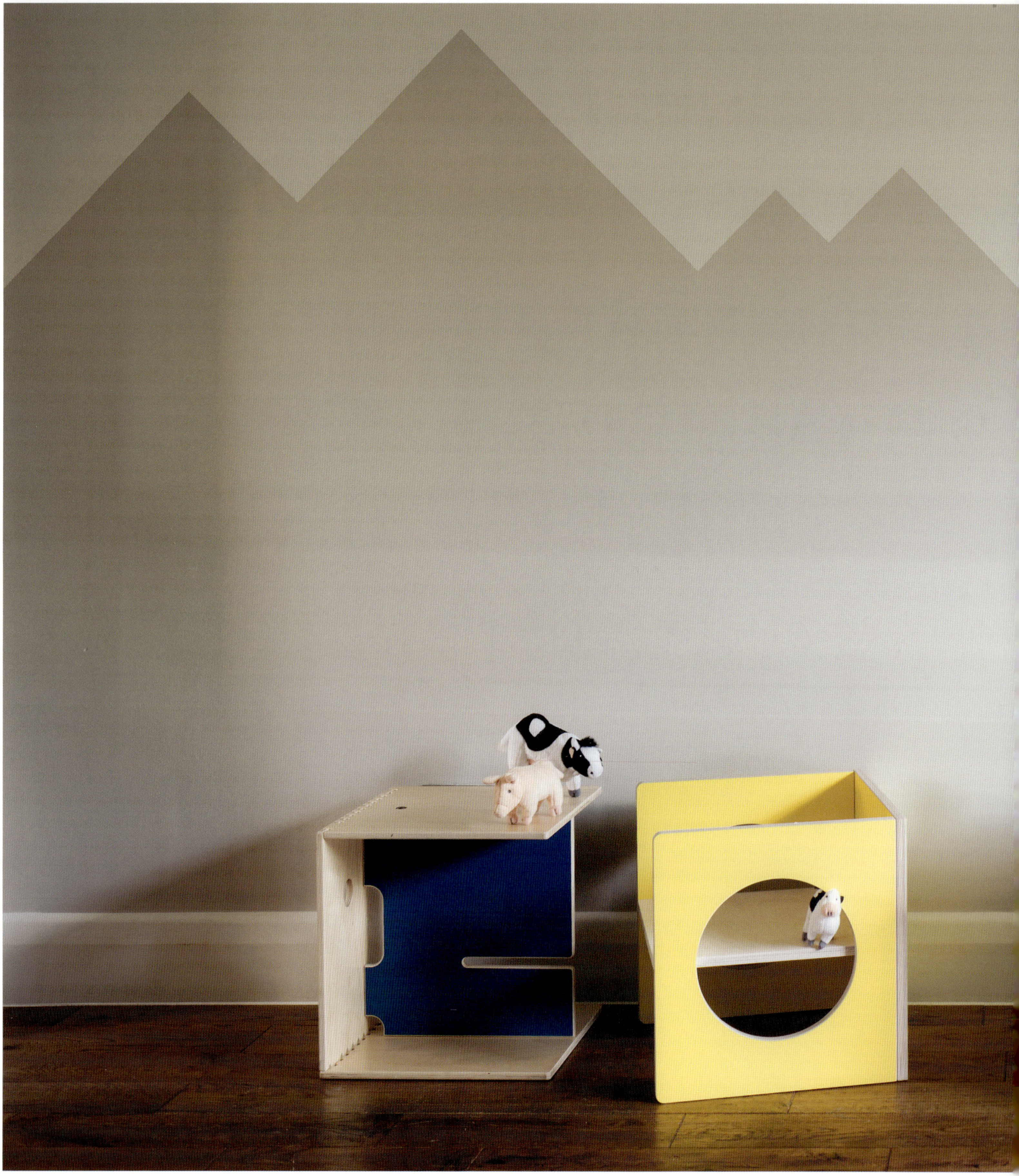

DIESE SEITE
Dieses schlichte, aber trotzdem spannende Farbkonzept hat Charlotte für das Kind von Freunden entworfen. Auf der Wand in „Ammonite" setzt sich die Bergsilhouette in „Purbeck Stone" wunderbar ab. Diese leicht umzusetzende Idee ist schon häufig abgewandelt worden und bei Kindern in Großstädten auch in Form einer Skyline sehr beliebt.

Jedes Kinderzimmer wirkt lebhafter, wenn Schränke, Betten und andere Möbel in kräftigen Farben leuchten. Der Effekt ist vergleichbar mit dem einer Kücheninsel in einem ausdrucksstarken Ton: Ein dunkleres Element in der Mitte des Raums lässt alles ringsum heller erscheinen.

Es wird Ihnen schnell zu bunt? Dann ist die farbliche Gestaltung der Innenseite von Schränken und Regalen eine gute Alternative. Kinder suchen sich die Farben am liebsten selbst aus – und wenn sich später ihr Geschmack ändert, sind diese Flächen schnell neu gestrichen.

Mit lustiger Tapete ausgeschlagene Schränke sind ein fröhlicher Anblick am Morgen und zugleich sehr dezent, da das farbenfrohe Design nicht ständig im Blick ist. Als lebhafte Muster bieten sich „Closet Stripe" and „Tented Stripe" an, schön sind aber auch zartere Ornamente, wie die hübschen Vögel von „Yukutori" oder die entzückende und allseits beliebte Tapete „Bumble Bee".

Farbige Decken sind bei Kindern besonders populär. Und dafür gibt es mehr als das weit verbreitete Blau – es gibt auch mehr als Wandfarbe, um die Decke zu gestalten. Betreten wir ein ansonsten neutral gehaltenes Zimmer mit einer farbigen Decke, bemerken wir diese häufig erst gar nicht – dafür ist der Überraschungseffekt dann umso größer. Selbst eine ganz zarte Farbe verleiht einem Raum eine individuelle Note.

Mit glänzendem Lack gestrichene Decken haben etwas Sonniges und man fühlt ich wie in einem Schmuckkästchen. Wenn Sie Ihrem Kind eine besondere Freude machen möchten, dann tapezieren Sie die Decke. Fantastische Kandidaten dafür sind zum Beispiel „Brockhampton Star" oder „Vermicelli", deren metallische Muster zauberhaft glitzern.

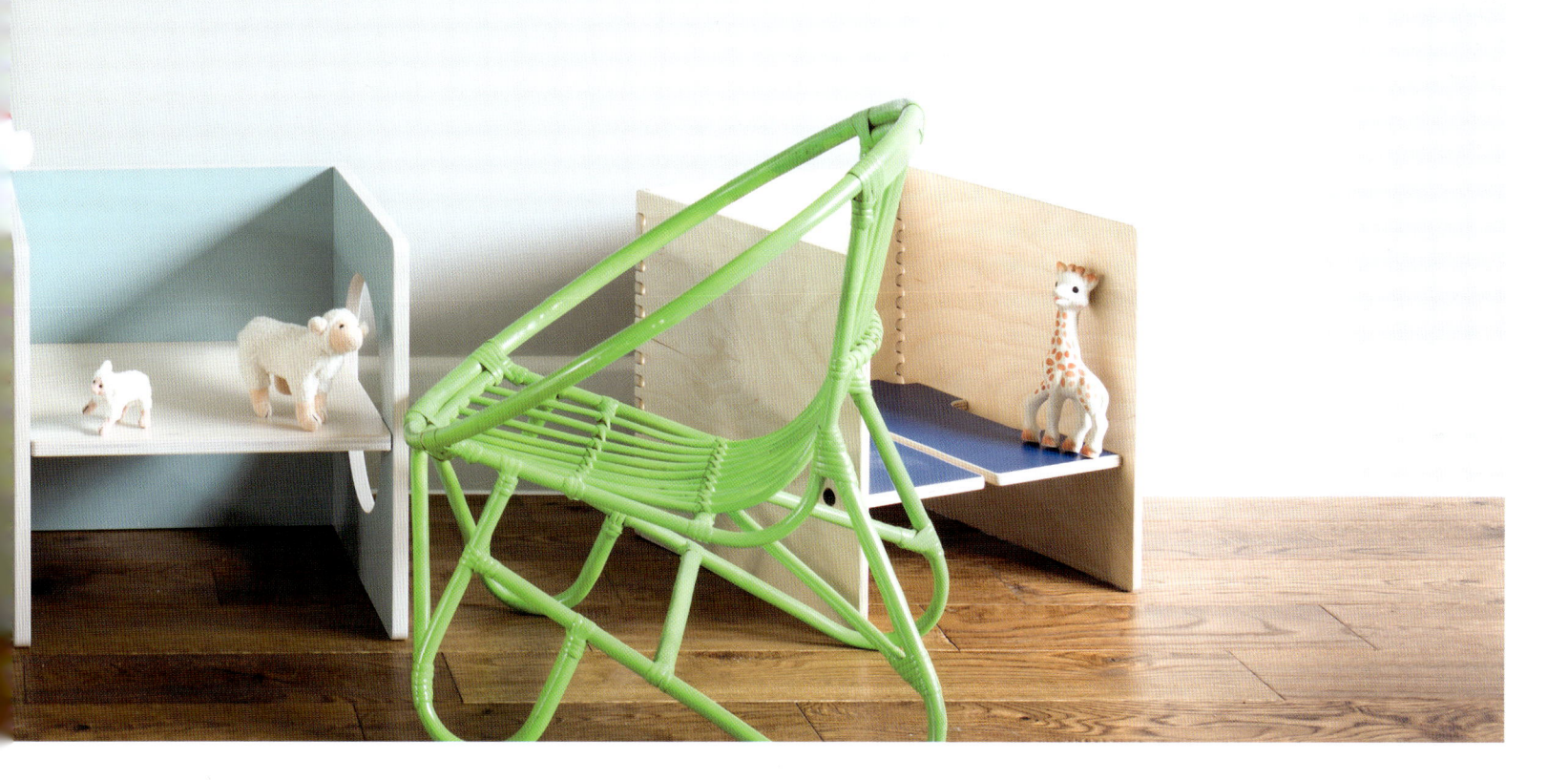

Kinder aller Altersstufen lieben bunte Streifen – egal ob horizontal oder vertikal. In kräftigen Tönen wie „Charlotte's Locks" und „Pelt" entwickeln sie eine plastische Note, die vor allem bei Teenagern gut ankommt. Einen ruhigeren und dezenteren Look erreichen Sie mit Streifen in harmonierenden Neutraltönen oder indem Sie die Farbe der Wände mit einem anderen Oberflächenglanz auch für den Anstrich der Zimmerdecke verwenden.

Punkte, Zielscheiben, Blumen und andere Formen können Sie einfach direkt auf die Wände malen – eine tolle Möglichkeit, die verschiedensten Farben aus den Musterdosen einzusetzen.

Auf welche Weise Sie auch Farbe ins Kinderzimmer bringen, lassen Sie Ihre Kinder mitentscheiden, dann haben alle ihren Spaß. Viele Kinder sind sehr erfinderisch und haben einen eigenen Kopf, wenn es um Farben geht. Wenn sie mit planen dürfen, spiegelt ihr Zimmer auch ihre Persönlichkeit wider. Keine Sorge: Das endet selten in einem Farbspektakel, aber vielleicht weckt es ja schon früh die Liebe zu Farrow & Ball.

OBEN LINKS
In diesem Zimmer sind Zwillinge von einer spannenden Blaumischung umgeben. Die Wände in „Stone Blue" schmückt ein umlaufendes Band in zauberhaftem „St Giles Blue", und das Blau für das Wandsegment am Kopfende durfte jedes Kind selbst wählen. Der Junge entschied sich für „Hague Blue" und das Mädchen für „Parma Gray".

OBEN RECHTS
Mit der Gestaltung in zartem „Middleton Pink" wurde in diesem Zimmer der Traum eines kleinen Mädchens wahr. Dies ist der reinste Rosaton im sortiment von Farrow & Ball, er ist lieblich, aber nicht süß. Die dunkel gestrichene Zimmertür schafft einen unerwartet spektakulären Übergang.

RECHTE SEITE
Viele Teenager träumen zum Entsetzen ihrer Eltern von einem Zimmer ganz in Schwarz. Das etwas hellere „Down Pipe" dieser Wände erfüllt die Sehnsucht nach der „dunklen Seite" und bleibt zugleich sehr elegant.

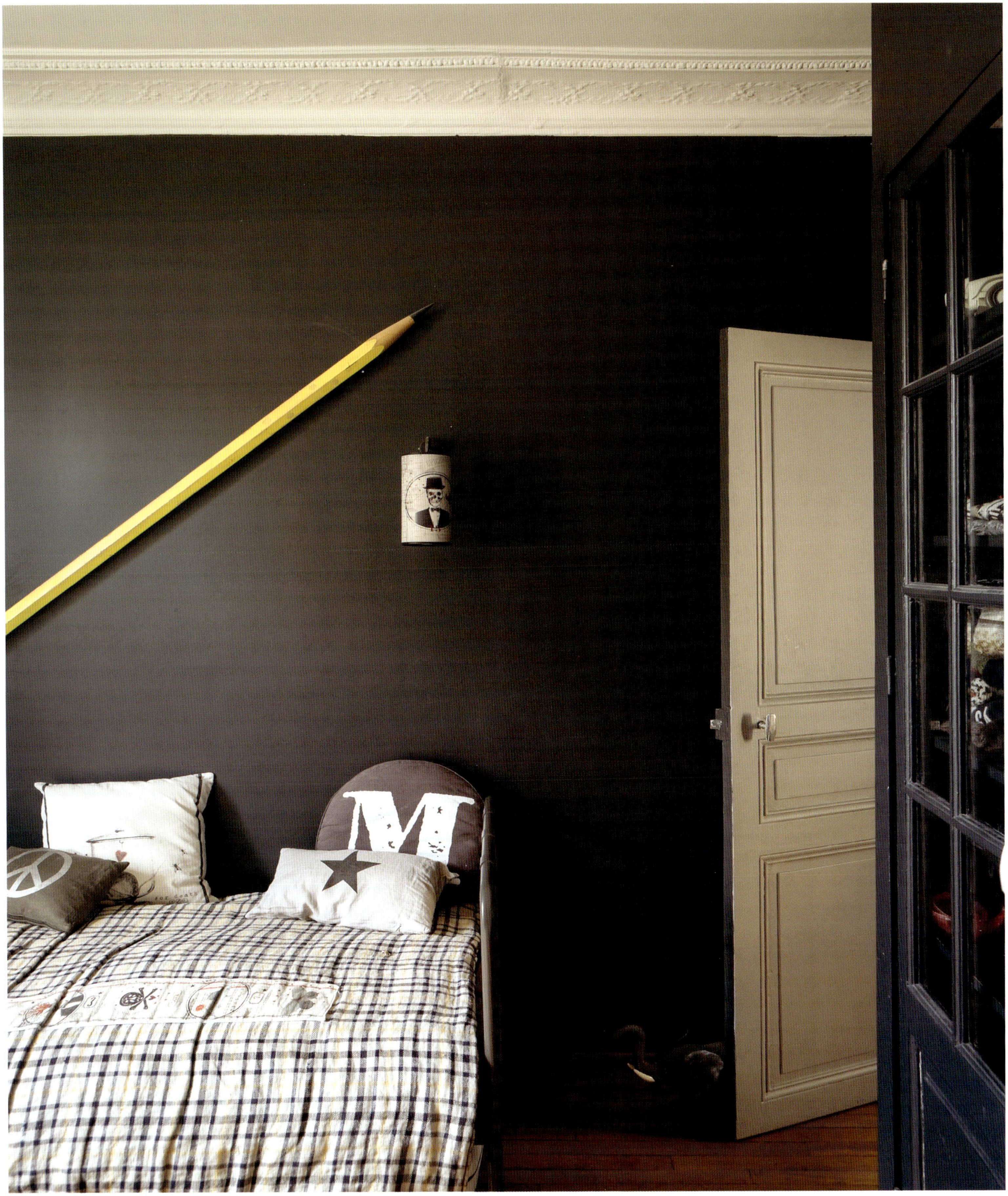

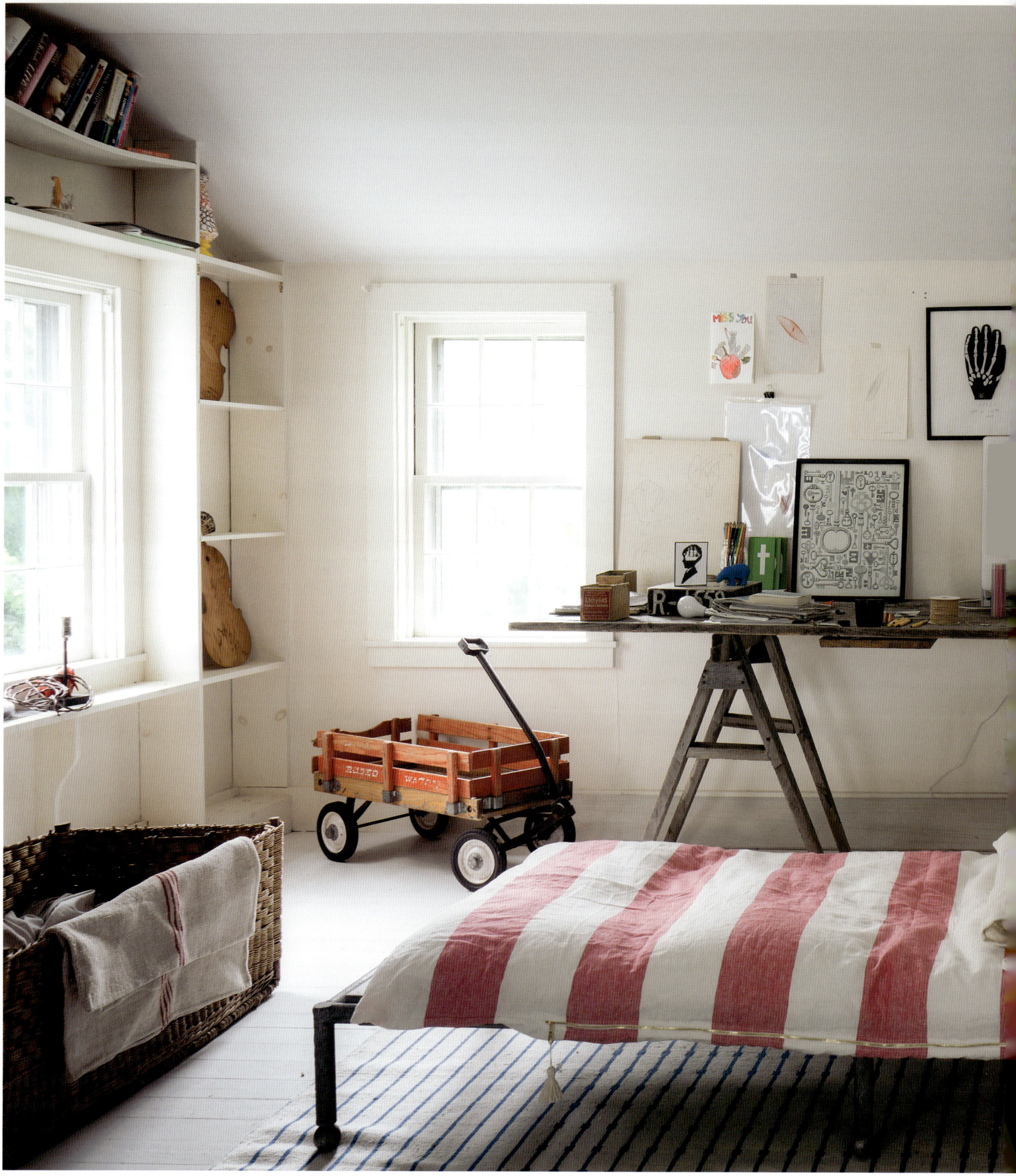
MISS YOU

DIESE SEITE
Der glückliche Bewohner dieses Zimmers wird gleich von zwei Seiten mit Tageslicht verwöhnt. Die Wände wurden im neutralen „White Tie" gestrichen, das hier besonders gut passt. Der leicht gelbliche Weißton verstärkt den sonnigen Eindruck des hübschen Raums.

Die Tapete „Hornbeam" (BP 5004) erinnert an die typisch englischen Hainbuchenhecken und schmückt diesen Raum gleich in zwei Farbvarianten. Die farbintensivere Version „Red Earth" unterhalb der Stuhlleiste erdet den Raum, während die hellere Wandbekleidung darüber ihn größer erscheinen lässt und für eine sehr edle Anmutung sorgt.

TAPETEN

Auch die Wahl der Tapete ist eine sehr persönliche Entscheidung. Ob Sie ein stilbetontes Ausrufezeichen setzen oder nur ein wenig Textur an die Wand bringen möchten: Farrow & Ball liefert die passende Tapete. Die Auswahl ist riesig, von der extravaganten „Bamboo" zur samtartigen „Silvergate". Die Beispiele auf den folgenden Seiten zeigen, wie unterschiedlich Tapeten einsetzbar sind und wie man ihre individuellen Eigenschaften optimal ausnutzt.

Die Reflexion von Metallictapeten nutzen
(siehe S. 188, rechts)
Räume durch zwei Tapeten optisch erweitern *(siehe linke Seite)*
Zarte Muster als Textur für glatte Wände
(siehe S. 188, links)
Traditionelle und moderne Tapeten optimal kombiniert
(siehe Seite 186, 187 und 189, links)
Farrow & Ball-Tapeten und -Wandfarben – das perfekte Duo
(siehe S. 190)
Wände oder kleine Flächen fröhlich gestalten *(siehe S. 191, rechts)*

Wenn Sie Lust haben, Muster auszuprobieren, aber noch zögern, gehen Sie es einfach langsam an. Die Innenseiten eines Schranks oder die Wände im Gästebad verlangen förmlich nach lebendigem Wandschmuck. Gestalten Sie ein formelles Esszimmer oder das Gästezimmer mit einer ausgefallenen Tapete. In Räumen, die nicht täglich genutzt werden, ist das besondere Design wie ein kleines Geschenk – Sie verwöhnen sich damit für einen Moment, wenn Sie daran vorbeigehen.

LINKS

Die tiefrote Tapete „Feuille"
(BP 4904) macht diese nostalgische Küche so einladend.
Das klassische, aber bewegte,
fließende Muster erinnert
an Damaststoffe. Seine fast
samtartige Optik sorgt für
eine interessante und doch
lässige Atmosphäre — das finden die Hühner auch …

RECHTE SEITE

Die gerade sehr akutelle
Tapete „Feather Grass" (BP
5102) gibt uns das Gefühl, im
Einklang mit der Natur mitten
in einer Wildwiese zu sitzen.
Gibt es einen besseren Ort
für eine kleine Pause vom
Alltag?

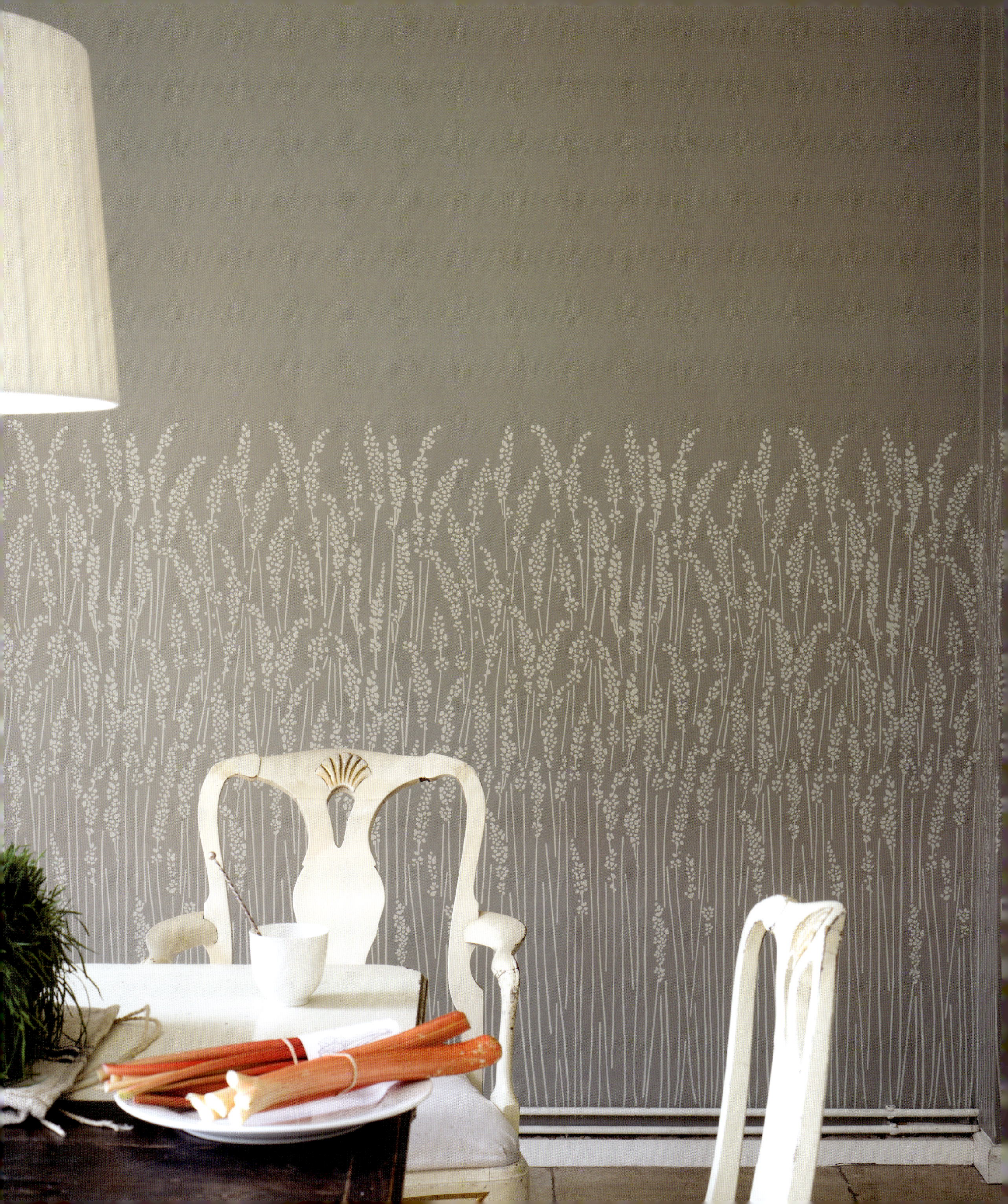

OBEN LINKS
Das feine Muster und die zarte Farbe der Tapete „Blostma" (BP 5203) schaffen in dieser Wohnung mit Ausblick auf einen Park eine wohltuende, sanfte Atmosphäre. Wie bei vielen Tapeten von Farrow & Ball verschwimmt auch bei diesem Exemplar das Muster aus der Entfernung und sorgt vor allem für eine Auflockerung der Wände.

OBEN RECHTS
Die hier verwendete Tapete „Bumble Bee" (BP 547) ist ein Farrow & Ball-Klassiker, inspiriert von der Seidentapete im Schlafgemach Joséphine Bonapartes. In kräftigeren Farbkombinationen wird sie zum Beispiel gerne in lichtarmen Garderoben verwendet, kommt aber auch häufig in Kinderzimmern zum Einsatz. In diesem Zimmer eines französischen Châteaus war sie einfach die natürliche Wahl. In der naturbelassenen Flügeltür findet sich Farbe des Tapetenmusters wieder.

OBEN LINKS

Für viele beschwört die Tapete „Bamboo" (BP 2119) Erinnerungen an die 1970er-Jahre herauf. Sie dient als ironisches Augenzwinkern oder, wie in diesem Kinderzimmer, als dekorativer Blickfang. Ein interessanter Effekt ist, dass sie die Decke höher erscheinen lässt — ähnlich wie die klassischen vertikalen Streifen.

OBEN RECHTS

Haben Sie je ein hübscheres und einladenderes Badezimmer gesehen? Die englische Damasttapete „Silvergate" (BP 804) an den Wänden wurde durch den entsprechenden Neutralton „Pointing" auf dem Holz und an der Außenseite der Badewanne ergänzt. Die Vorhänge in einer ebenfalls gedeckten Farbe runden die entspannende Atmosphäre ab.

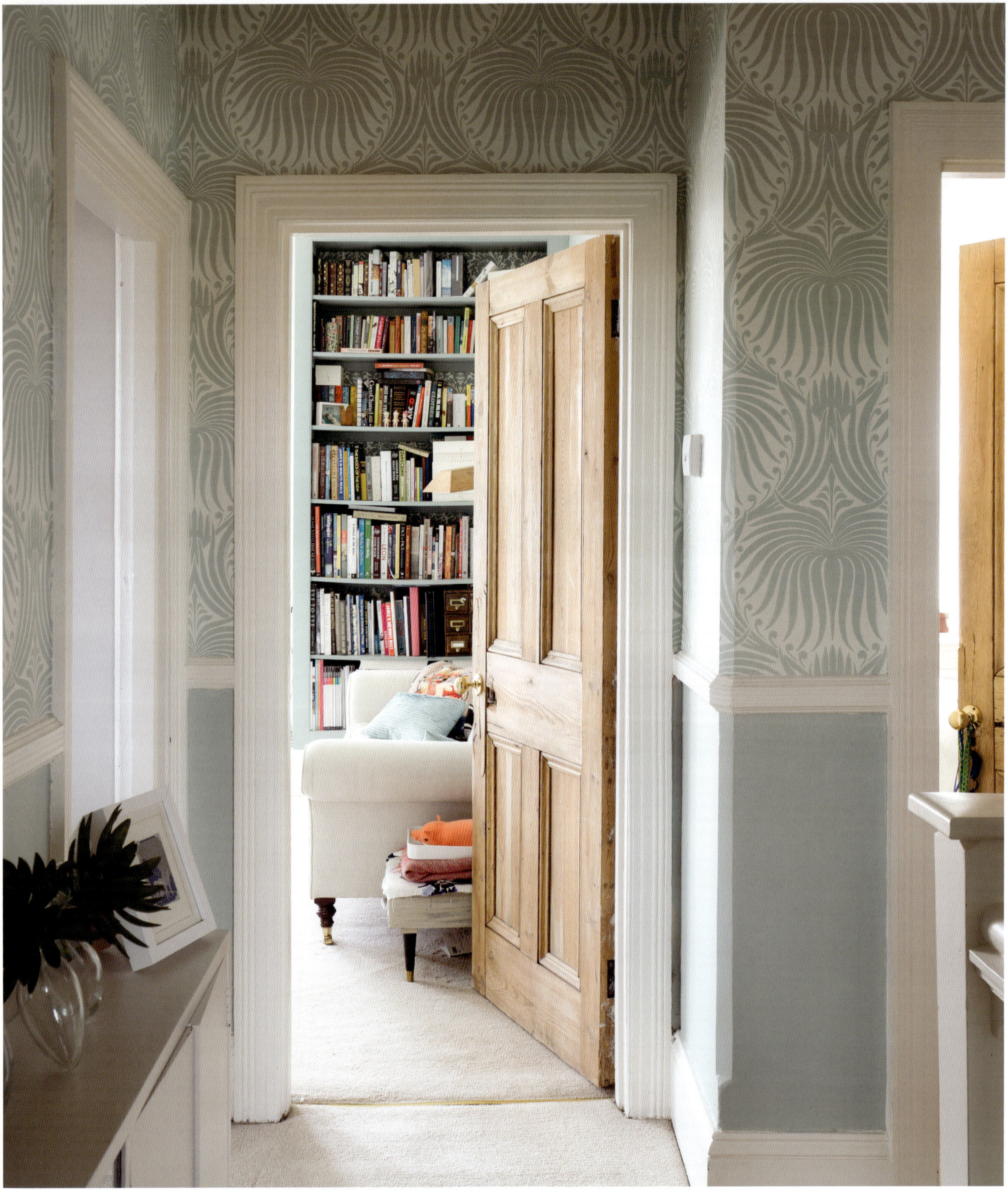

LINKE SEITE
Wenn Sie sich für Farrow & Ball-Tapeten entscheiden, etwa für dieses prächtige Design „Lotus" (BP 2051), können Sie mit einem Handgriff auch die dazu passende Wandfarbe aus unserem Sortiment wählen. Das „Teresa's Green" unterhalb der Stuhlleiste greift die Grundfarbe des Musters auf, während das „Pointing" auf den Holzelementen das Design abrundet.

UNTEN LINKS
Mit ihren üppigen Blüten gehört die Tapete „Wisteria" (BP 2212) zu den beliebtesten englischen Blumenmustern aus dem 19. Jahrhundert. Sie ist überaus romantisch und trotzdem voller Schwung. Hier ziert sie das Schlafzimmer eines französischen Châteaus. Die ungewöhnliche Kombination aus Grau und Gelb bildet den perfekten Hintergrund für den antiken Sessel.

UNTEN RECHTS
Charlotte und ich stehen, was die Raumausstattung angeht, immer im freundschaftlichen Wettstreit. Ich schenke Betten immer gerne ein Kopfteil aus Farbe an der Wand, aber natürlich ist sie noch einen Schritt weiter gegangen und hat mit der zauberhaften Damasttapete „Silvergate" (BP 852) dieses charmant geformte Wandornament inszeniert.

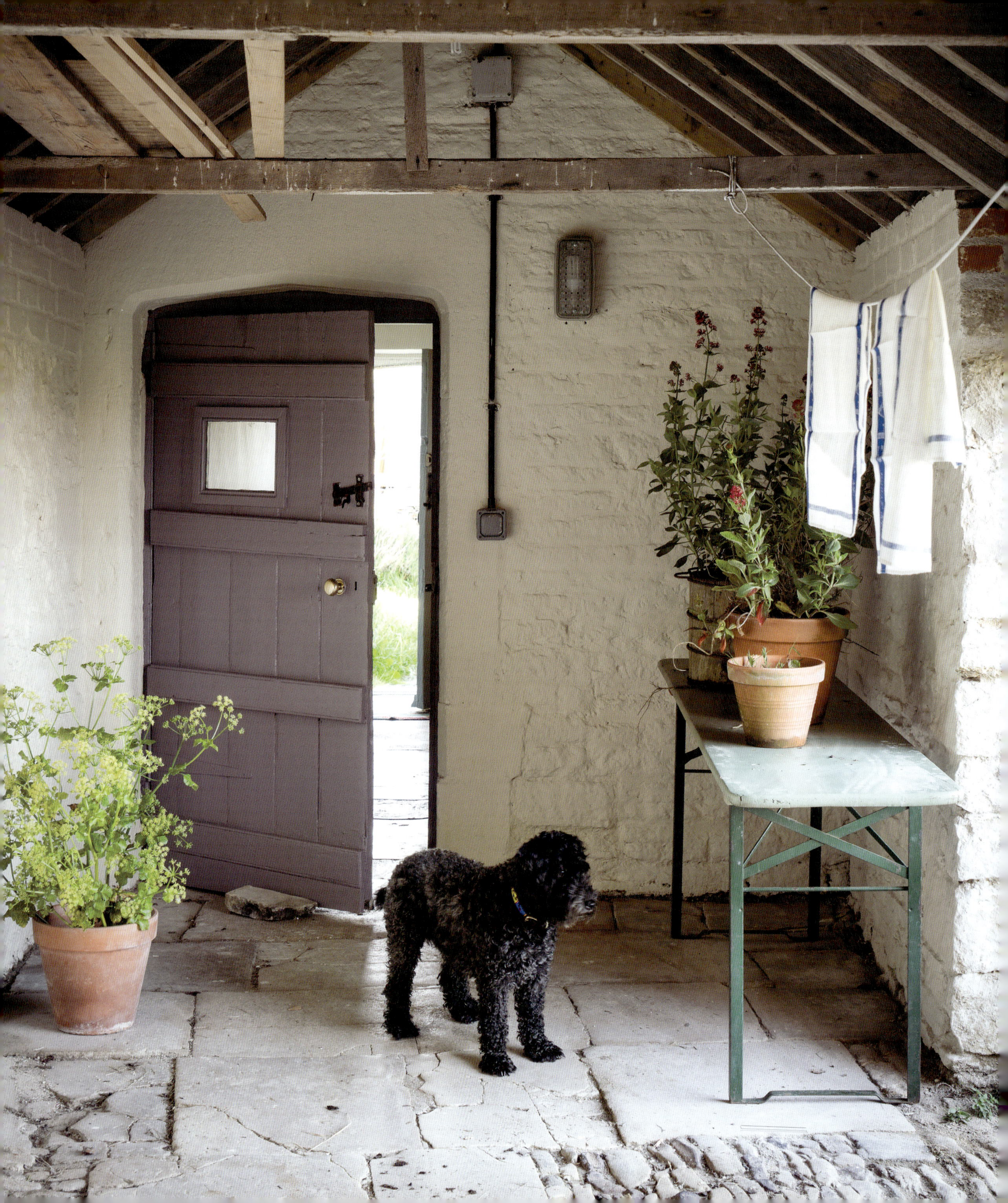

AUSSENRAUM

Die farblich ausgewogene Gestaltung der äußeren Hülle eines Hauses sorgt nicht nur für eine ansprechende Straßenfront, sie verrät auch viel über die Grundstimmung im Inneren. Ob Hütte oder Landsitz, futuristischer Neubau oder schmucke Antiquität – es gibt Tausende Arten, für einen großartigen Auftritt in Farbe zu sorgen. Betrachten Sie Fassade mit Mauerwerk, Wänden, Fensterrahmen, Pflanztöpfen und Eingangstür als farbige Gesamtkomposition und beziehen Sie jedes Detail von Anfang an in die Planung mit ein.

    Genau wie bei Innenräumen gibt es auch im Außenbereich keine festen Regeln für die Farbgestaltung. Dennoch lohnt es sich, bestimmte Faktoren, wie das unmittelbare Umfeld, zu berücksichtigen. Dazu finden Sie mehr auf den folgenden Seiten.

LINKE SEITE
Schwer zu sagen, was entzückender ist – die hübsche Gartentür in „Brassica" Exterior Eggshell oder der nette Pudel, der hier wohnt. Das mit Fassadenfarbe in „Joa's White" gestrichene Mauerwerk wirkt warm und einladend.

DAS HAUS UND SEINE UMGEBUNG

Bei der Wahl des Außenanstrichs können Sie ruhig einen etwas dunkleren Ton in Betracht ziehen, da die Lichtverhältnisse im Freien völlig anders sind als in Innenräumen. Wenn Sie beispielsweise mit „Ammonite" liebäugeln, können Sie sich ohne Bedenken auch für das dunklere „Purbeck Stone" entscheiden, oder für „Pigeon" statt „Blue Gray".

Es ist immer sinnvoll, eine Farbe zu wählen, die zur Umgebung des Hauses passt, und diese auch in der Landschaft zu suchen: Leuchtende Farben mögen im strahlenden Sonnenlicht der Karibik herrlich sein, im Licht der nördlichen Hemisphäre wirken sie oft einfach nur grell. Umgekehrt wirken die gedeckten Töne eines Cottages im warmen und leuchtenden Licht des Südens eher leblos. Mauerwerk und Naturholz oder auch Farbflächen wie Platten- oder Kieswege, Rasen, Zäune, Sträucher und Blumenbeete – Inspirationen finden Sie überall, wenn es um die Farbwahl für die Außengestaltung geht.

In ländlicher Umgebung kann es schön sein, wenn sich das Haus in die Landschaft einfügt. Dann wirken gedeckte, grünbasierte Töne wie „Old White" oder „Lime White" auf dem Mauerwerk perfekt, und „Slipper Satin" für das Holz setzt einen kleinen Kontrast. Zurückhaltend elegant wird der Look, wenn Sie alle Pflanzkübel und Bänke vor der Hauswand in einer der vielen Steinfarben streichen: „Oxford Stone" wirkt warm, „Fawn" geht ins Grünliche, und nehmen Sie „String" für ein unaufdringliches, gelbliches Farbschema.

In einem urbanen Setting ist es wichtiger, Stil und Farbe der Gebäude in der Nachbarschaft im Blick zu haben und zu entscheiden, ob die Farbgebung dazu passen oder einen spannenden Gegensatz bilden soll. Wenn die Zierelemente in der gesamten Straße weiß sind, empfiehlt es sich, das Schema zu übernehmen, denn schon ein nur abgetöntes Weiß sieht neben Reinweiß schmutzig aus. Grautöne wie „Down Pipe" sind auch deshalb so beliebt, weil sie sich absetzen und trotzdem harmonieren.

DIESE SEITE
Die Fassadenfarbe „James White" Exterior Masonry mit ihrem grünen Grundton ist die perfekte Wahl für dieses schottische Bauernhaus, das sich harmonisch in die dramatische Landschaft einfügt.

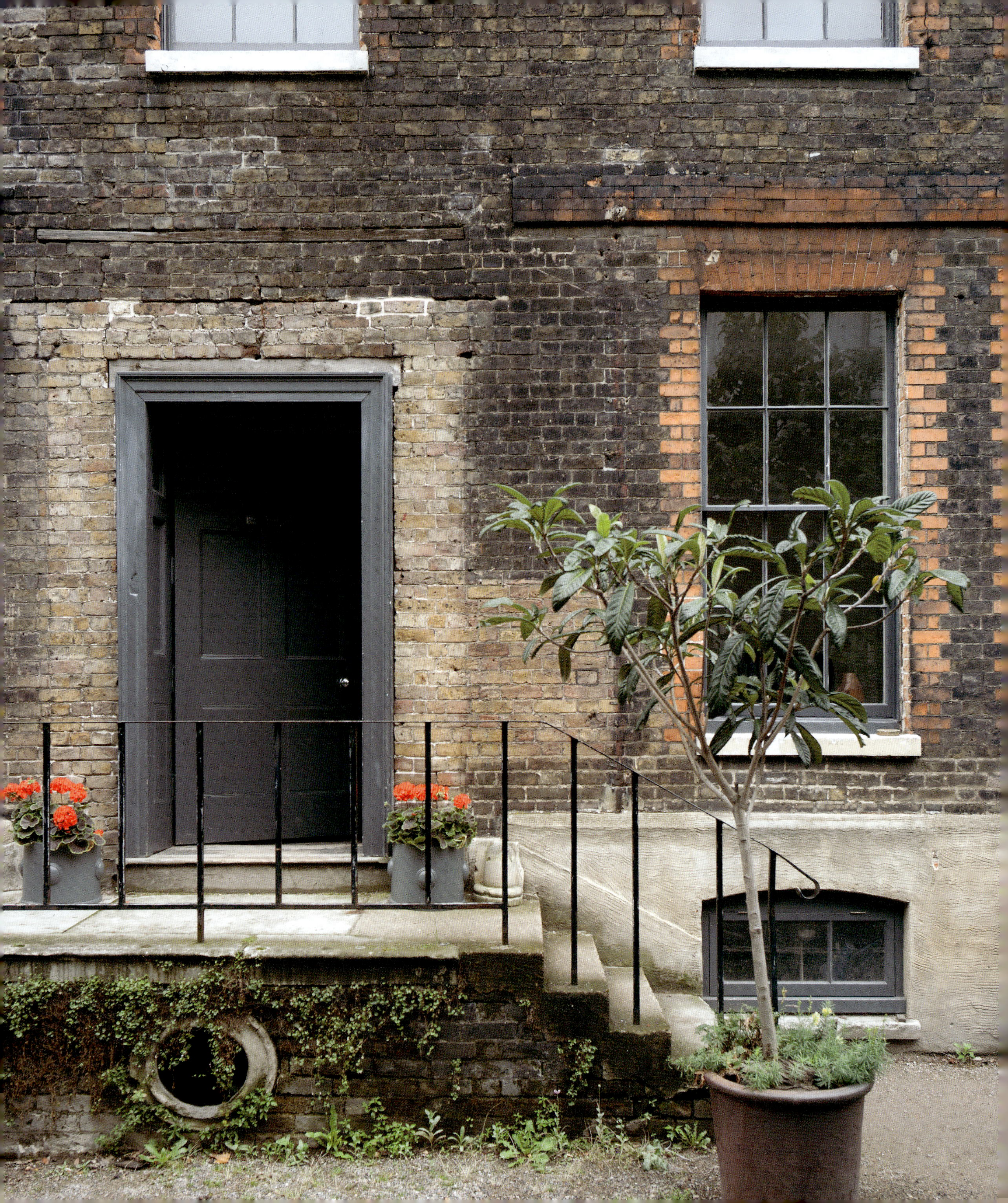

DER BAUSTIL DES HAUSES

Der Baustil eines Hauses und die Epoche, aus der es stammt, sind für den Außenanstrich wesentlich wichtiger als bei der Innenausstattung. Elegante Häuser aus der Regency-Zeit etwa kommen mit Neutraltönen auf der Stuckfassade und einer ähnlich dezenten Farbe für die Eingangstür aus, während ein viktorianisches Haus auch kräftigere Farben verträgt.

Dunkle Fassadenfarben sind in den letzten Jahren in Städten sehr in Mode gekommen. Sie sorgen nicht nur für Aufmerksamkeit, sondern lassen das Innere des Hauses beim Betreten auch heller erscheinen.

Die neutralen Farbgruppen, die wir Ihnen schon vorgestellt haben (siehe S. 78–91), können Sie – genau wie im Innenbereich – dafür einsetzen, bestimmte architektonische Elemente hervorzuheben oder aber zu überdecken. Dabei empfiehlt sich der dunkelste Ton für glatte Wände, ein mittlerer Ton für das Mauerwerk und der hellste Ton für Fenster und Türen. Mehr als drei Töne sind im Außenbereich eher nicht zu empfehlen, wenn die Fassade nicht allzu unruhig wirken soll.

Es ist immer eine gute Idee, die Eingangstür und andere Holzelemente wie Garagentüren, Pflanzkästen vor den Fenstern und Gartentore in derselben Farbe zu streichen. Dabei stehen zwei Glanzvarianten zur Verfügung: Full Gloss (Hochglanz) wirkt würdevoll, Exterior Eggshell (sanft matt) ist gut für einen zwanglosen Look.

LINKE SEITE
Für die Holzelemente an diesem Haus aus dem 18. Jahrhundert wurde „Down Pipe" verwendet. Der dunkle, kohlenartige Farbton wirkt im Außenbereich etwas sanfter als in Innenräumen. Dadurch, dass Tür und Rahmen in derselben Farbe gehalten sind, wird die Fassade erheblich aufgewertet.

RECHTS
Dieses schöne holzverkleidete Haus im Londoner Stadtteil Dulwich hat dank der einheitlichen Farbgebung in „Off-Black" für Holz und Wandverputz ein äußerst modernes Gewand erhalten. Das klare und selbstbewusste Farbschema wird durch die Haustür in „Blue Ground" ein wenig sanfter. Das Weiß des Zauns und der Konsolen des Vordachs gibt dem Ganzen eine freundliche Ausstrahlung.

LINKS
Das Gartentor zu diesem ländlichen Idyll verhindert hauptsächlich, dass weidende Schafe ungebeten einen Besuch abstatten. Aber als erster Hinweis auf die Farbgebung des Hauses macht es auch neugierig. In „Light Blue" Full Gloss gestrichen, überbrückt das schlichte Tor die Grenze zwischen draußen und drinnen.

RECHTE SEITE
Fahrräder sind aus dem Alltag in Amsterdam nicht wegzudenken – und daher auch nicht aus dem Innenhof vor dem Glasanbau dieses Hauses. Die geschickte Nutzung einiger Innenfarben im Außenbereich sorgt für einen harmonischen Übergang zwischen Innen- und Außenraum.

ÜBERGÄNGE VON DRINNEN NACH DRAUSSEN

Mit der Wahl derselben Farbe im Außen- und Innenbereich schaffen Sie fließende Übergänge, die die Räume größer erscheinen lassen. Dies erreichen Sie beispielsweise, indem Sie die Wandfarbe eines Raums – und sei sie noch so leuchtend – bei den Blumenkästen oder der Gartenbank aufgreifen. So sorgen Sie für eine optische Verbindung beider Bereiche. Wenn Sie die Fensterrahmen drinnen wie draußen in derselben Farbe streichen, überspielen Sie die Grenze zwischen Haus und Garten. Haben die Fensterrahmen zudem dieselbe Farbe wie die Wände, fühlt man sich der Natur auch drinnen unmittelbar verbunden.

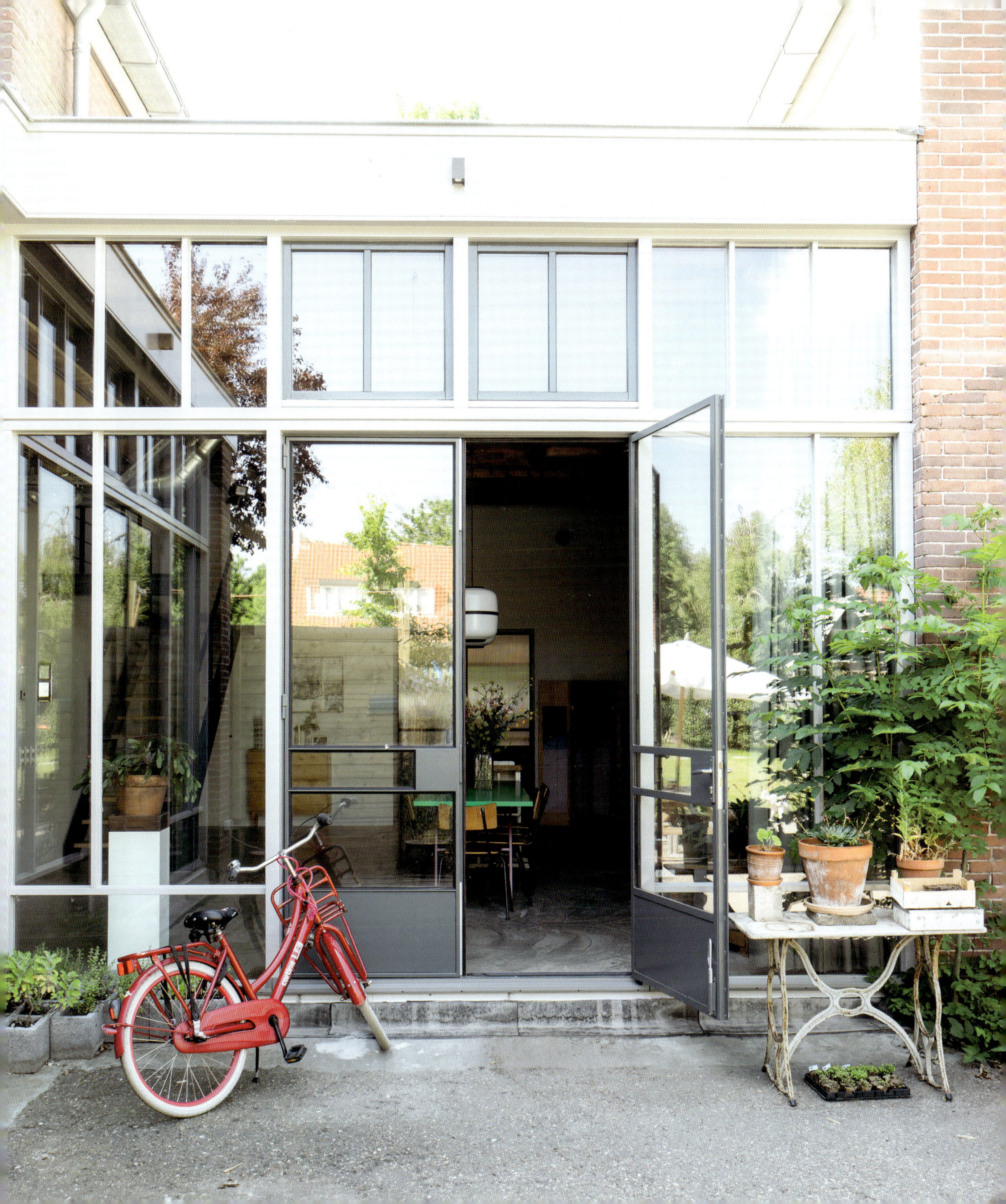

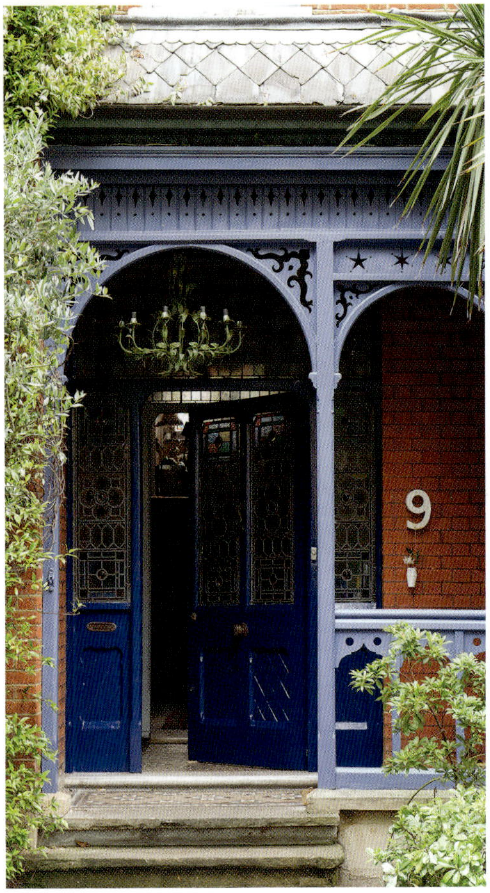
9

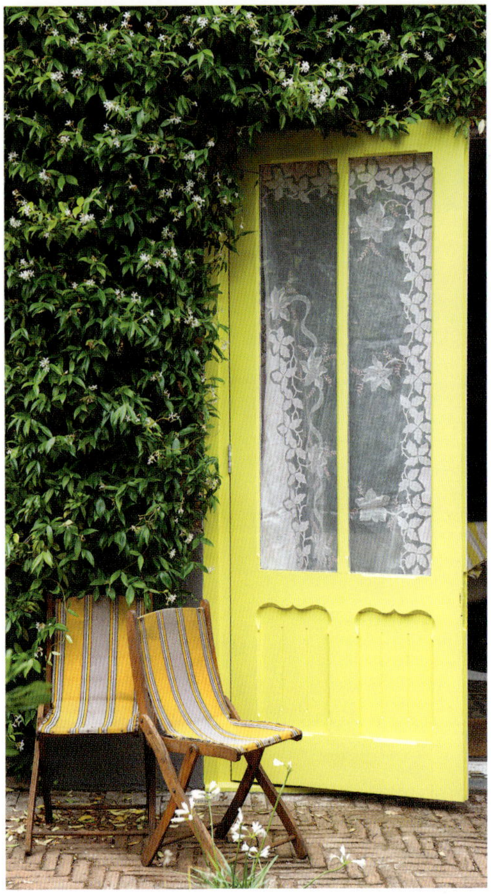

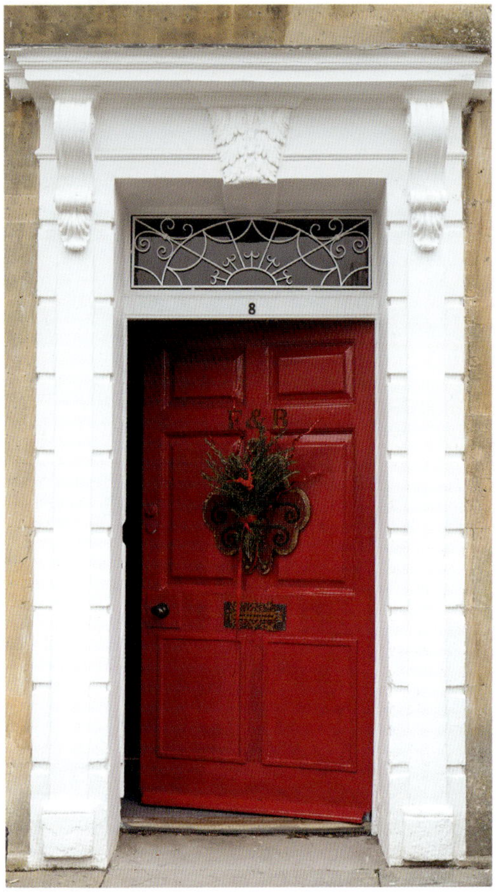
8

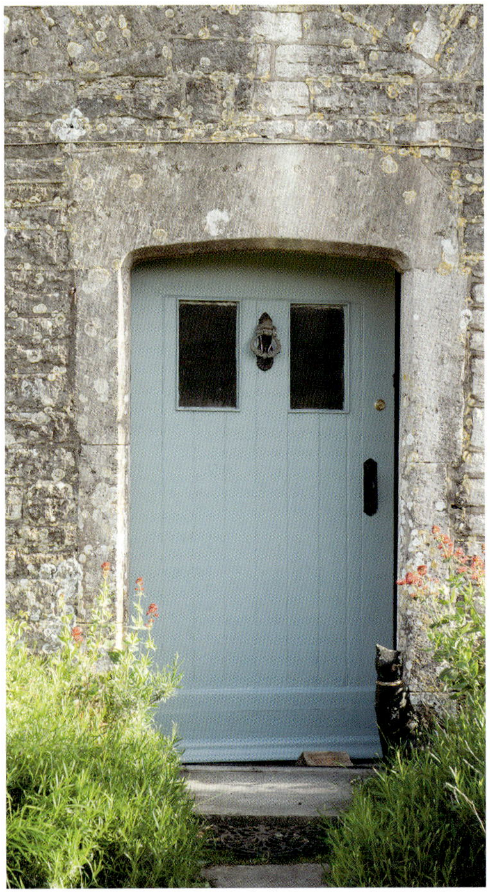

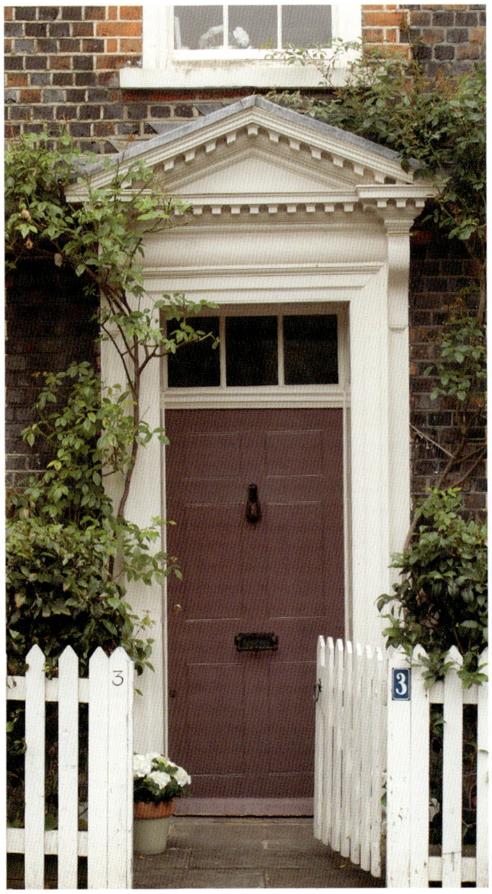
3
3

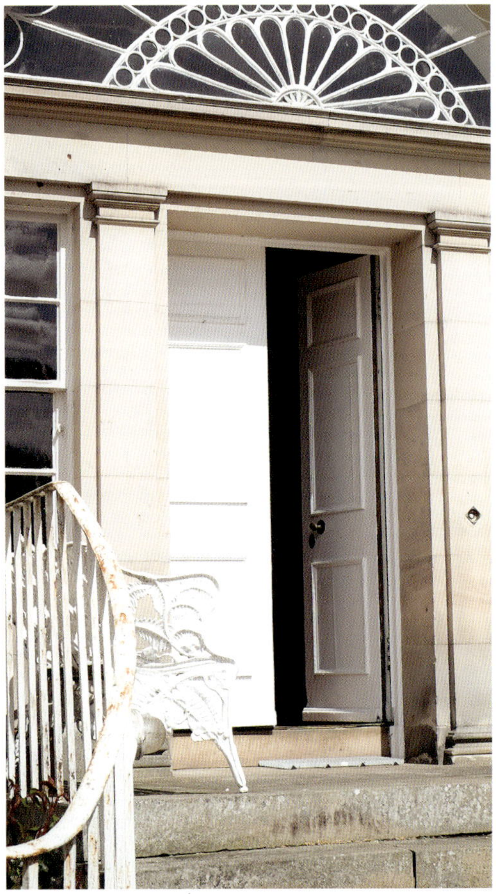

LINKE SEITE
Sechs Haustüren unterschiedlichster Stilrichtungen in ganz verschiedenen Farben: Intensives „Pitch Blue" (oben links), auffälliges „Yellowcake" (oben Mitte), temperamentvolles „Incarnadine" (oben rechts), sanftes „Oval Room Blue" (unten links), warmes „Brassica" (unten Mitte) und klassisches „All White" (unten rechts). Welche Farbe würden Sie wählen?

UNTEN LINKS
Schäferwagen sind eine äußerst romantische Behausung. Das schlichte Äußere und der behagliche Innenraum ergeben eine zauberhafte Mischung. Diese liebevoll restaurierte Schönheit ist außen in „Blue Gray" gestrichen, wodurch sich der Wagen harmonisch in die Landschaft einfügt, während sein Inneres in frischem „Wimborne White" erstrahlt.

UNTEN RECHTS
Aufgrund der Bauvorschriften durfte dieses atemberaubende Haus in Westlondon nicht höher gebaut werden, weshalb der Bauherr auf das Souterrain ausweichen musste. Obwohl der Architekt als Außenfarbe ursprünglich ausschließlich Weiß vorgesehen hatte, haben die neuen Besitzer den Gartenmauern mit Flächen in „Card Room Green" und „Down Pipe" einen Hauch Farbe verliehen.

HAUSTÜREN

Das Auge sucht immer nach Fixpunkten, und die lassen sich durch Farbe ganz leicht setzen. Wenn Sie die Eingangstür Ihres Hauses hervorheben möchten, geben Sie ihr dieselbe Farbe wie dem Türrahmen. Schon wirkt sie größer und eindrucksvoller. Dabei sorgt der matte Glanz von Exterior Eggshell-Lacken bei gedeckten Farben für einen zwanglosen Look, kräftige Farben haben etwas Zeitgenössisches. Der starke Glanz von Full Gloss hingegen bringt eine klassisch traditionelle Anmutung mit sich, ganz besonders in ausdrucksvollen Farben wie „Hague Blue", „Black Blue" oder „Railings", die schick und trotzdem dezent sind.

Außenanstriche können sich geradezu magisch auf die Ausstrahlung eines Hauses auswirken und den Eindruck stark prägen. Aber ob Sie nun honigfarbenes Mauerwerk mit zarten Tönen ergänzen, eine Holzverkleidung mit Farbe versehen oder Ihren Pflanzen eine angemessene Kulisse schenken möchten – achten Sie dabei stets auf die Architektur des Hauses und auf die natürliche Umgebung. Die Farbe der Dachrinnen und Fallrohre stimmen Sie am besten auf die Fassadenfarbe ab, genau wie die der romantischen Bank unter dem prächtig blühenden Baum, die idealerweise mit der Farbe der Blüten harmoniert.

OBEN LINKS
Diese herrschaftliche Stalltür gab die Entscheidung für „Inchyra Blue" vor. Die kräftige Farbe verleiht dem Tor einen Hauch von Drama, fügt sich aber zugleich harmonisch in die schottische Landschaft ein.

OBEN RECHTS
Diese entzückende Spielhaus in „Railings" mit Fenstern, Tür und Dachfirst in „Slipper Satin" sitzt wie ein kleines Juwel neben seinem erwachsenen Nachbarn (siehe links). Die Kinder, die das Häuschen nutzen, lieben seine Farben.

OBEN LINKS
Dieses charmante Bauernhaus ist der Inbegriff ländlicher Idylle. Das Mauerwerk erfreut mit unzähligen Farbnuancen, und sie alle wären eine ebenso gute Wahl für die Farbe der Eingangstür gewesen. Aber auch das frische „Green Blue", das sie ziert, steht in perfekter Harmonie mit den Steinen und wirkt zugleich sehr einladend.

OBEN RECHTS
Die Holzfassade dieses Hauses in den USA wurde in „Mizzle" gestrichen, jenem Farbton, der von Nebel (mist) und Sprühregen (drizzle) inspiriert wurde. In Innenräumen hat sie einen blauen Unterton, außen erscheint sie als charmant verwittertes Grau.

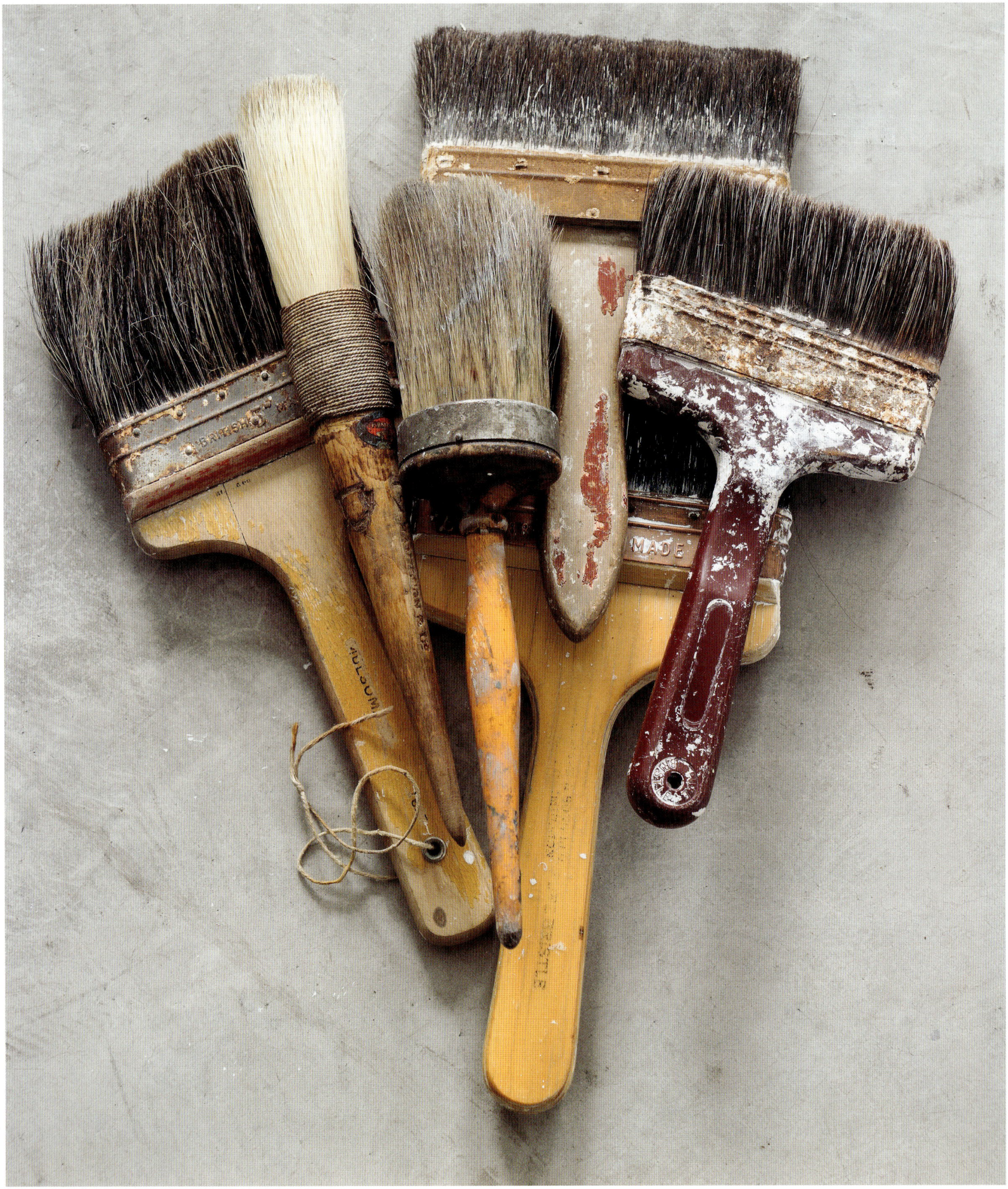
MADE

BRITISCHE STILEPOCHEN

Wenn Sie ein Faible für das Nostalgische haben, dann finden Sie heraus, welche Farben für Ihr Haus am authentischsten sind. Natürlich ist es wichtig, Stilelemente und Baustil eines Hauses im Blick zu behalten. Aber setzen Sie sich nicht unnötig unter Druck, indem Sie sich alleine auf historisch korrekte Farben beschränken.

Wohnhäuser sind keine archäologischen Stätten, die zwingend dem exakten historischen Stil folgen müssen. Sie sind unser Zuhause – und wir leben nun einmal im 21. Jahrhundert und dürfen das auch genießen. Berücksichtigen Sie die historischen Farben, aber halten Sie sich nicht sklavisch daran. Manche gut recherchierten Farbkombinationen ergeben nämlich auch durchaus triste Räume, andere wiederum sind so knallig bunt, dass sie nicht zum Entspannen einladen.

Unser Farbverständnis hat sich im Lauf der Geschichte gewandelt, genau wie die Gebäude selbst auch. Wir haben heute größere Fenster als je zuvor und wesentlich bessere Beleuchtung. Die Farbpalette von Farrow & Ball ist darauf abgestimmt, wodurch unsere Farben zugleich zeitlos und absolut modern wirken. Sie sind perfekte Neuinterpretationen historischer Farben.

Die folgenden Seiten erläutern Farbpaletten für die Fassadengestaltung am Beispiel der vier wichtigsten Baustile Großbritanniens.

Georgianisch
Viktorianisch
Edwardianisch
Art déco & Midcentury

GEORGIANISCH

„Off-White"

„Lichen"

„Mouse's Back"

„Picture Gallery Red"

Das georgianische Zeitalter Englands wird oft als Epoche der Eleganz bezeichnet. In dieser Zeit waren die Räumlichkeiten der Wohlhabenden sehr großzügig zugeschnitten. Damit gaben sie die perfekte Kulisse für die ausgewogene Farbmischung dieser Ära ab und sind bis heute ideal für die Farbpalette von Farrow & Ball. Die Raumgestaltung war ein wichtiger Indikator für Wohlstand und Status, deshalb gab es Stuck und Holzvertäfelungen in Hülle und Fülle, die meist in Tönen wie „Lime White", „Off-White" oder sogar „Fawn" gehalten waren. Farbe wurde auch deshalb so wichtig, weil zunehmend preiswerte und vielseitig einsetzbare Nadelhölzer verwendet wurden. Wegen ihrer geringeren Strapazierfähigkeit benötigten sie einen Anstrich.

Eisen und Eisenoxid waren die preiswertesten Pigmente und wurden damals häufig genutzt – so entstanden die Farrow & Ball-Klassiker „Mouse's Back" und „Dead Salmon". Zu Beginn dieser Epoche im frühen 18. Jahrhundert waren auch Farben wie „Lichen", „Pigeon" und „Picture Gallery Red" sehr verbreitet, die meist als Glanzlacke neben matten Estate Eggshell-Farben zum Einsatz kamen.

In der Regency-Zeit wurden die Farben heller, es kamen dämmrige Rosatöne auf wie „Setting Plaster", weiche Grautöne wie „Pavilion Gray" und klarere Grün- und Blautöne wie „Breakfast Room Green" und „Lulworth Blue", aber auch ein kräftiges Gelb wie „Straw" (A). Sie wurden meistens als matte Dead Flat- oder Estate Emulsion-Farben verwendet.

VIKTORIANISCH

„Citron" „Joa's White"

„Eating Room Red" „Parma Gray"

Die Raumgestaltung des Viktorianismus spiegelte eine Ära des tief greifenden Wandels wider. Die aufkommende Massenproduktion erleichterte es, Häuser schnell zu dekorieren. Der Stil wirkt etwas schwer und überladen, was sich vor allem an der Verwendung dunkler Holzfarben ablesen lässt, die man damals sehr liebte. Mitte des 19. Jahrhunderts waren noch hellere, warme Töne wie „Dimity" und „Calluna" gefragt, gepaart mit leuchtendem Weiß wie „Great White". Für sogenannte Herrenzimmer und Bibliotheken blieben aber dunkle Rottöne wie „Eating Room Red" und „Brinjal" modern und wurden mit warmem „Joa's White" auf den Stuckarbeiten kombiniert, wodurch die Räume besonders prächtig erschienen.

Mit der Zeit wurden diese Farben durch eine wesentlich kräftigere, klarere Palette abgelöst. Nun beherrschten frische Blautöne wie „Parma Gray", schwelgerisches Grün wie „Calke Green" und sonnige Gelbtöne wie „Citron" das Bild. Zum Ende der Epoche waren die Farben wieder sanfter und gedeckter wie „Cinder Rose" und „Green Smoke".

Seit den 1840er-Jahren war Tapete ein Massenerzeugnis, und sie wurde häufig zwischen Fuß- und Stuhlleiste angebracht, teilweise sogar bis hinauf zur Bilderleiste. Etwa in der Mitte der viktorianischen Ära fanden sich in den meisten Häusern stark gemusterte und sogar schon beflockte Tapeten. Die Grundfarben dieser Tapeten waren meist recht düster wie „French Gray" oder „London Stone".

EDWARDIANISCH

„Skylight" „Ringwold Ground" „Wimborne White" „Cooking Apple Green"

Nach dem schwülstigen, überfrachteten Viktorianismus mit seinen dunklen Farben empfand man den Edwardianismus wie eine frische Brise. Die Menschen mochten es nun etwas weniger förmlich, und schon verschwanden Stuck- und Zierleisten. Die weniger zahlreichen, dafür aber größeren Räume boten immer mehr Tageslicht, und nun waren schlichtere, gedecktere Farbschemata gefragt.

Blaue Pastelltöne wie „Skylight" und „Pale Powder", frische Grüntöne wie „Tunsgate Green" und „Green Ground" und Rosatöne wie „Calamine" wurden aufgrund ihrer erweiternden Raumwirkung verwendet. Zudem setzten die Edwardianer häufig einfache Cremetöne wie „Tallow" und „Ringwold Ground" ein.

In Speisezimmern zählten aber immer noch stärkere Farben wie „Dorset Cream" zu den Favoriten, und auch Details wie Holzelemente wurden weiterhin in kräftigen Farben abgesetzt – beispielsweise in einem ähnlichen Ton wie „Tanner's Brown".

Die Tapetenmuster mit ihren Blütenmotiven waren in dieser Zeit vor dem Ersten Weltkrieg meist feminin und verkörperten das edwardianische Ideal von Frische und Helligkeit. Holzarbeiten, Stuckleisten und Decken erstrahlten nun in leuchtenden Weißtönen ähnlich „All White" oder „Wimborne White". Die in der postviktorianischen Zeit so geschätzte schnörkellose, leichte Qualität verkörperten aber auch „James White" und „Pointing".

ART DÉCO & MIDCENTURY

„Churlish Green"

„Shaded White"

„Black Blue"

„Babouche"
(Mitte)

Die Art-déco-Bewegung kam nach dem Ende des Ersten Weltkrieges auf dem europäischen Kontinent auf. Der Stil zeichnete sich durch satte Farben, markante geometrische Formen und üppige Ornamente aus.

Am beliebtesten waren kräftige, kompromisslose Farben. Ein ausdrucksvolles Schwarz wie „Pitch Black" oder „Black Blue" wurde gerne in Hochglanz und in Kombination mit Chrom verwendet. Aber auch starke Gelbtöne wie „Babouche" wurden gemeinsam mit klaren Rottönen wie „Incarnadine" und „Blazer" eingesetzt und häufig mit Grautönen für das Holz kombiniert. Dabei betonten das kühle „Blackened" oder das stärkere „Down Pipe" sehr schön die kantigen Formen dieser Zeit. „Tessella", „Ranelagh" und alle gestreiften Tapeten stammen zwar nicht eigentlich aus der Epoche, passen aber in starken Farben gut dazu.

In der Mitte des 20. Jahrhunderts wurde die Raumgestaltung dann noch klarer und geradliniger. Cremefarben und Neutraltöne wie „Shaded White" und „Skimming Stone" gesellten sich zu lebhaften Grüntönen wie „Yeabridge Green", „Churlish Green" oder sogar zu dem verspielten „Arsenic". Aber kein Farbschema im Midcentury-Stil wäre vollständig ohne gesättigte Blaugrün-Töne wie „Teresa's Green" oder das erdigere „India Yellow", die häufig im Zusammenspiel mit tiefen Tönen wie „London Clay" auftraten und in ansonsten eher schmucklosen Räumen architektonische Details vortäuschen sollten.

ANSTREICHEN — SO GEHT'S

Wenn Sie Ihre vier Wände in Eigenregie neu streichen, lassen Sie sich von der Herausforderung nicht einschüchtern. Die folgenden Tipps erleichtern Ihnen die Aufgabe ebenso wie die Liste der wichtigsten Utensilien (siehe S. 212–213) sowie die Kalkulationshilfe für den Mengenbedarf (siehe S. 98). Wir wünschen Ihnen viel Spaß bei der Verschönerung Ihres Zuhauses!

1

Räumen Sie das Zimmer möglichst völlig aus und decken sie alles Verbleibende gut ab. Kleben Sie Lichtschalter und Steckdosen mit Malerkrepp ab, ebenso wie die Zierelemente, um sie vor Wandfarbe zu schützen. Ist der Boden mit Teppich ausgelegt, sollte auch die Teppichkante abgeklebt werden. So ist das Streichen der Fußleisten einfacher und Sie verhindern, dass Teppichfasern in die frische Farbe gelangen.

2

Stellen Sie alle benötigten Arbeitsgeräte und Materialien an einem gut zugänglichen Ort bereit. Sie benötigen einen Stab zum Umrühren der Farbe, damit sie immer gleichmäßig gemischt ist, sowie hochwertige Pinsel und Farbrollen. Hier lohnt sich eine Investition, da sie einen gleichmäßigen, streifenfreien Farbauftrag erlauben. Zum Entfernen von Farbklecksen brauchen Sie nichts weiter als ein feuchtes Tuch.

3

Ein guter Anstreicher wird immer viel mehr Zeit mit der Vorbereitung verbringen als mit dem eigentlichen Auftrag der Farbe. Je sorgfältiger Sie also den Untergrund vorbereiten, desto besser wirkt die Farbe und desto länger hält sie. Auf schlecht vorbereiteten Untergründen lässt die Farbe jeglichen Makel hervortreten. Entfernen Sie Farbreste und losen Putz. Bereits gestrichene Zierelemente schleifen Sie ein wenig an, damit der neue Lack Halt findet. Wenn die Oberfläche in einem guten Zustand ist, brauchen Sie nicht die gesamte alte Farbe abzuschleifen.

4

Sorgen Sie dafür, dass der gesamte Arbeitsbereich möglichst schmutz- und staubfrei ist.

5

Verzichten Sie nicht auf die Grundierung bzw. den Voranstrich, auch wenn die Versuchung groß ist. Die Grundierung stabilisiert den Untergrund und bereitet ihn für den Farbauftrag vor. Sie kann ein wenig fleckig wirken, aber keine Sorge, sie ist ja nicht als Deckfarbe gedacht.

6

Jetzt folgt der eigentliche Spaß, der Anstrich. Rühren Sie die Farbe in der Dose mehrere Minuten lang gründlich durch, bevor Sie sie in den Farbeimer oder die Farbwanne umfüllen.

Für weitere Informationen zur perfekten Vorbereitung und Anwendung der Farben siehe www.farrow-ball.com

7

Beginnen Sie mit der Decke. Streichen Sie mit einem 50 mm-Pinsel zunächst möglichst gleichmäßig die Ecken aus*, wo die Decke an die Wände stößt. Keine Angst, wenn ein wenig Farbe auf die Wand gelangt, sie wird ja später überstrichen.

Als Nächstes streichen Sie die Decke gleichmäßig mit der auf einen Stock oder Teleskopstab aufgesteckten Farbwalze. Die einzelnen Bahnen zur Hälfte überlappen lassen. Streichen Sie die Fläche von der stärksten Lichtquelle ausgehend (meist das Fenster), bis sie völlig bedeckt ist.

Wenn der erste Farbauftrag getrocknet ist, wiederholen Sie den Vorgang. Denken Sie daran, dass Sie immer zwei Anstriche benötigen. Planen Sie genug Zeit zum Trocknen ein.

8

Nun nehmen Sie die Wände in Angriff. Streichen Sie zunächst die Ecken und Kanten zur Decke hin vorsichtig aus, ohne die Decke mit einzufärben. Damit diese Kante wirklich gerade wird, bedarf es etwas Übung.

Streichen Sie nun die Bereiche um Fensterrahmen und Fußleisten. Hier brauchen Sie nicht so vorsichtig zu sein, da die Holzelemente später noch mit Grundierung und Farbe überstrichen werden. Arbeiten Sie dabei möglichst gleichmäßig, da ein dickerer Farbauftrag in Ecken und Kanten auffallen könnte.

*Ausstreichen
Farbe mit einem Pinsel in Ecken und Kanten auftragen, die mit der Farbwalze nicht erreichbar sind.

9

Zum Schluss kommen die Holz- und Zierelemente an die Reihe. Streichen Sie Fenster- und Türrahmen, Türen und Fußleisten mit einem 25 mm- oder 50 mm-Flachpinsel zunächst mit der Grundierung vor, ohne die Wandfarbe zu überstreichen. Auch hier kann es etwas Geduld erfordern, damit die Kanten wirklich gerade werden. Tragen Sie die Deckfarbe auf die Grundierung auf. Streichen Sie die Fußleisten immer zum Schluss, da sich hier am ehesten Staub ablagert und Sie so vermeiden, Staub auf andere Stellen zu übertragen, wo er stärker auffällt.

10

Notieren Sie sich, welche Grundierungen und Farben Sie verwendet haben, falls Sie einmal einen Bereich nachstreichen oder ausbessern möchten. Lagern Sie restliche Farbe gut verschlossen an einem kühlen, trockenen Ort ohne extreme Temperaturschwankungen oder Frost.

Senkblei

Zollstock

Farbwanne

50mm-Flachpinsel   25mm-Flachpinsel   Staubpinsel

Farbrolle

Kleisterbürste

Malerspachtel

40mm-Flachpinsel

Farbrollenbügel

40mm-Fensterpinsel

Tapezierbürste

Farbeimer

Maler-krepp

Cutter-Klingen

Cutter

Bandmaß

Messerspachtel

Tapetenschere

Kleisterbürste

Reinigungsschwamm

Abdeckplane

FARBE & LICHT

Wie wir wissen, sind die Lichtverhältnisse bei der Wahl der richtigen Farbe der ausschlaggebende Faktor. Die Menge des Tageslichts und die Ausrichtung eines Raums bestimmen die Wirkung einer Farbe. In unterschiedlichen Räumen, zu verschiedenen Tageszeiten und auch je nach Saison kann dieselbe Farbe völlig anders erscheinen. Das macht Farben so spannend und lebendig – und leider macht es die Wahl der richtigen Farbe etwas komplexer.

Fassen wir noch einmal zusammen, auf welche Weise Licht aus verschiedenen Himmelsrichtungen Farbe beeinflusst:

RÄUME IN NORDLAGE*

Bei Künstlern wegen ihres klaren Lichts beliebt, neigen nach Norden gelegene Räume dazu, Farben kälter und härter wirken zu lassen. Da sie ohne direktes Sonnenlicht auskommen müssen, ist es nicht immer leicht, sie hell und luftig wirken zu lassen. Sorgen Sie daher mit kräftigen Farben wie „Brinjal", „Vardo" oder „Inchyra Blue" für ein wenig Drama und schaffen Sie Räume, die intim wirken und Sie wohlig umfangen.

Wenn Sie hellere Töne bevorzugen, vermeiden Sie Farben mit grünem oder grauem Unterton. Nutzen Sie stattdessen gelb- oder rotbasierte Farben wie „Ringwold Ground" oder „Tallow", die das vorhandene Licht bestmöglich reflektieren.

RÄUME IN SÜDLAGE

Nach Süden ausgerichtete Zimmer sind meist den ganzen Tag von Sonnenlicht durchflutet, und im Sonnenschein erscheint alles goldener. Nutzen Sie dieses Licht mithilfe von hellen Farbtönen optimal aus. Sanfte Blautöne wie „Pavilion Blue" oder „Cromarty" haben ein frisches Flair, kräftigere Töne wie „Joa's White" schaffen eine wärmere Atmosphäre. Für Südzimmer in einem modernen und geradlinigen Einrichtungsstil sind Farben mit einem kühlen blauen Unterton wie „Blackened" oder „Peignoir" das Richtige, und „All White" auf den Holzelementen bringt eine belebende Brise mit.

RÄUME IN OSTLAGE

Nach Osten ausgerichtete Zimmer leuchten im Morgenlicht, werden aber im Laufe des Tages ein wenig dunkel. Bei Ostlicht wirken manche Farben bläulich. Am besten wählen Sie also Grün- und Blautöne, die mit kühleren, helleren Tönen harmonieren. Aber auch wärmere Blautöne wie „Pale Powder" oder „Teresa's Green" wirken sehr schön, da sie morgens lebendig wirken und zum Abend hin warme Noten erhalten.

```
* Die Angaben zu den Himmelsrichtungen beziehen sich auf die
  Nordhalbkugel. Auf der Südhalbkugel gilt jeweils das Gegenteil.
```

LINKE SEITE
Dieses hübsche, nach Osten liegende Schlafzimmer in Edinburgh ist in Morgensonne getaucht. „Pale Powder" an den Wänden sorgt für eine freundliche Atmosphäre — eine herrliche Begrüßung am Morgen.

DIESE SEITE
Die Wände dieser nach Süden ausgerichteten Küche sind in „Strong White" gestrichen, aber mit unterschiedlichem Finish: Full Gloss (Hochglanzlack) dient als robuster Spritzschutz, die Wand darüber trägt Modern Emulsion (satinierte Wandfarbe). Im kräftigen Südlicht wird der unterschiedliche Glanz zum eleganten Stilelement.

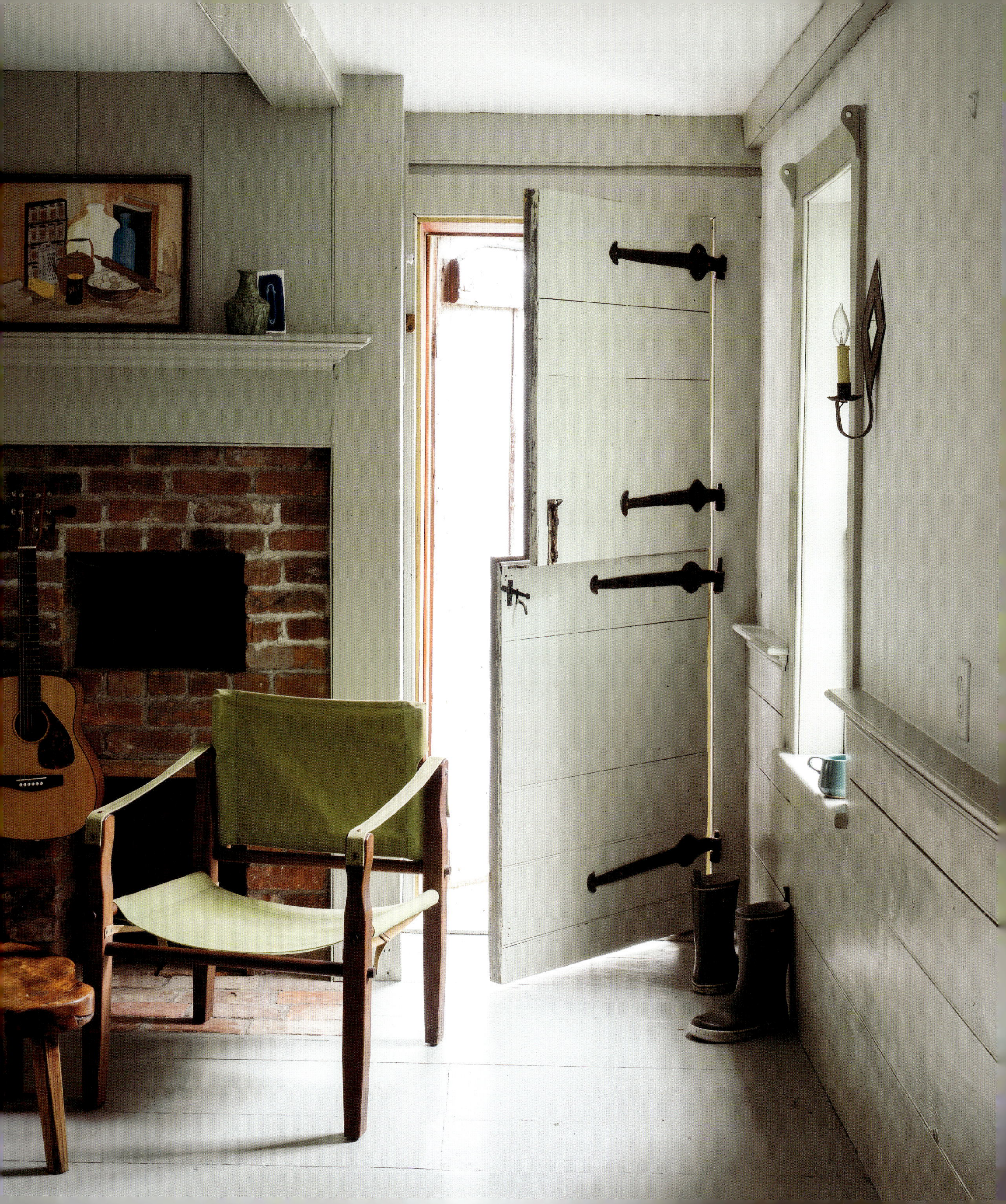

LINKE SEITE
Die meiste Zeit des Tages wirkt dieser Raum erfrischend schattig und kühl, bis die Abendsonne ihn in bezauberndes Licht taucht. Das „Drop Cloth" der Wände und Holzarbeiten wirkt dann um einiges wärmer als am Morgen.

RECHTS
Kleine, fensterlose oder lichtarme Räume profitieren immer von temperamentvollen Farben. Dieses innenliegende Bad erhält durch seine Wände in „Charlotte's Locks" eine fast märchenhaft opulente Ausstrahlung, die es wie ein kleines Schmuckkästchen wirken lässt.

RÄUME IN WESTLAGE

Das Licht in nach Westen liegenden Räumen ist morgens meist gedeckter, dafür aber abends berauschend. Töne wie „Middleton Pink" oder „Smoked Trout" betonen den herrlichen Effekt der Nachmittags- und Abendsonne. Ins Grau spielende Neutraltöne wie „Slipper Satin" oder „Shadow White" erzeugen immer das Gefühl von Helligkeit, wandeln sich aber im Laufe des Tages von kühl zu warm.

RÄUME MIT LICHT AUS WESTEN UND OSTEN

In diesen Räumen mit Fenstern auf zwei Seiten kommt es zu dramatischen Wechseln der Lichtverhältnisse. Der Vorteil ist, dass die Farbe Ihrer Wände Sie beständig überraschen und verzaubern wird. Am besten wählen Sie die Farben nach den Lichtverhältnissen der Tageszeit aus, zu der Sie sich am häufigsten in diesem Raum aufhalten.

KÜNSTLICHES LICHT

Nicht nur das Tageslicht beeinflusst die Wirkung der Farben, sondern auch unsere Beleuchtung. Halogenlampen und Glühbirnen verströmen gelbes Licht, die Farben wärmer erscheinen lassen. LED-Leuchten geben ein bläuliches Licht, das besonders gut zu modernen Einrichtungen passt. Es gibt aber auch Tageslichtlampen, durch die alle Farben natürlicher wirken. Für Räume, die oft von Kerzenlicht erfüllt sind, bieten sich samtene Töne wie „Dead Salmon" oder silbrige Farben wie „Ball Green" an, die für eine intime, romantische Stimmung sorgen.

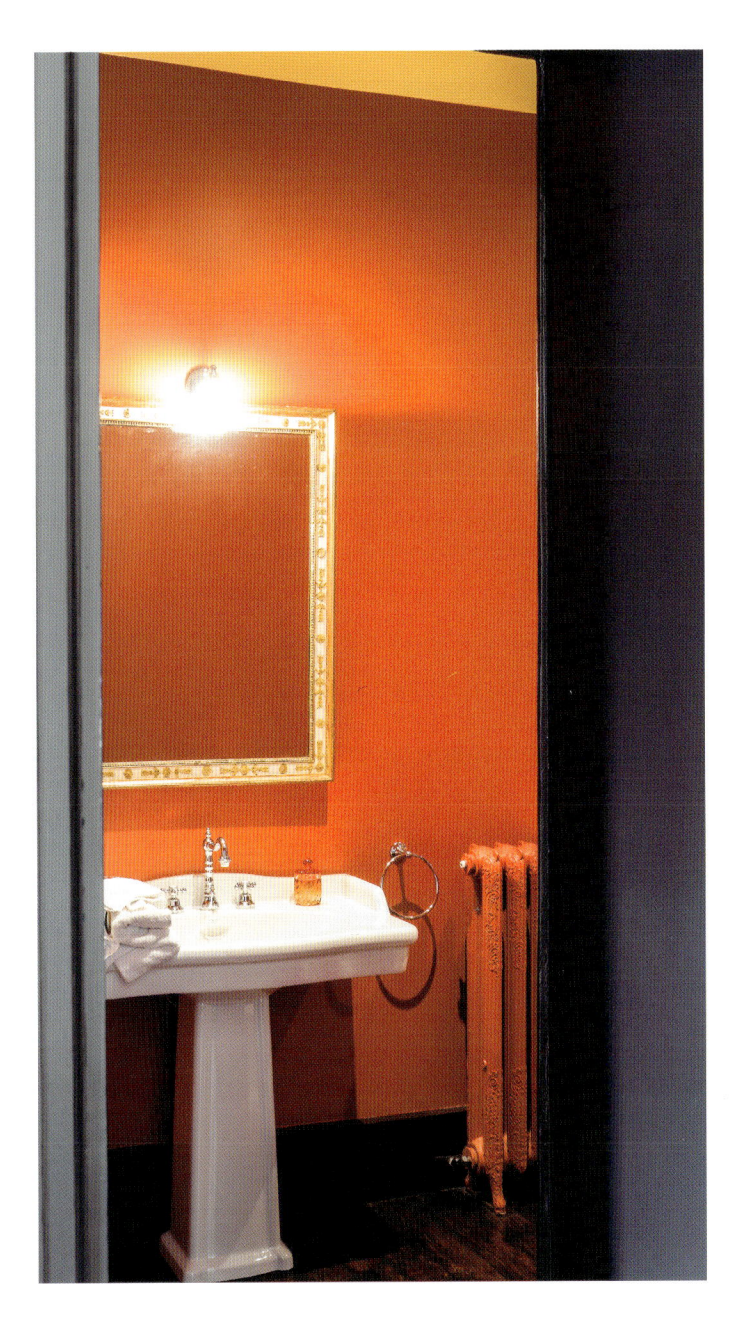

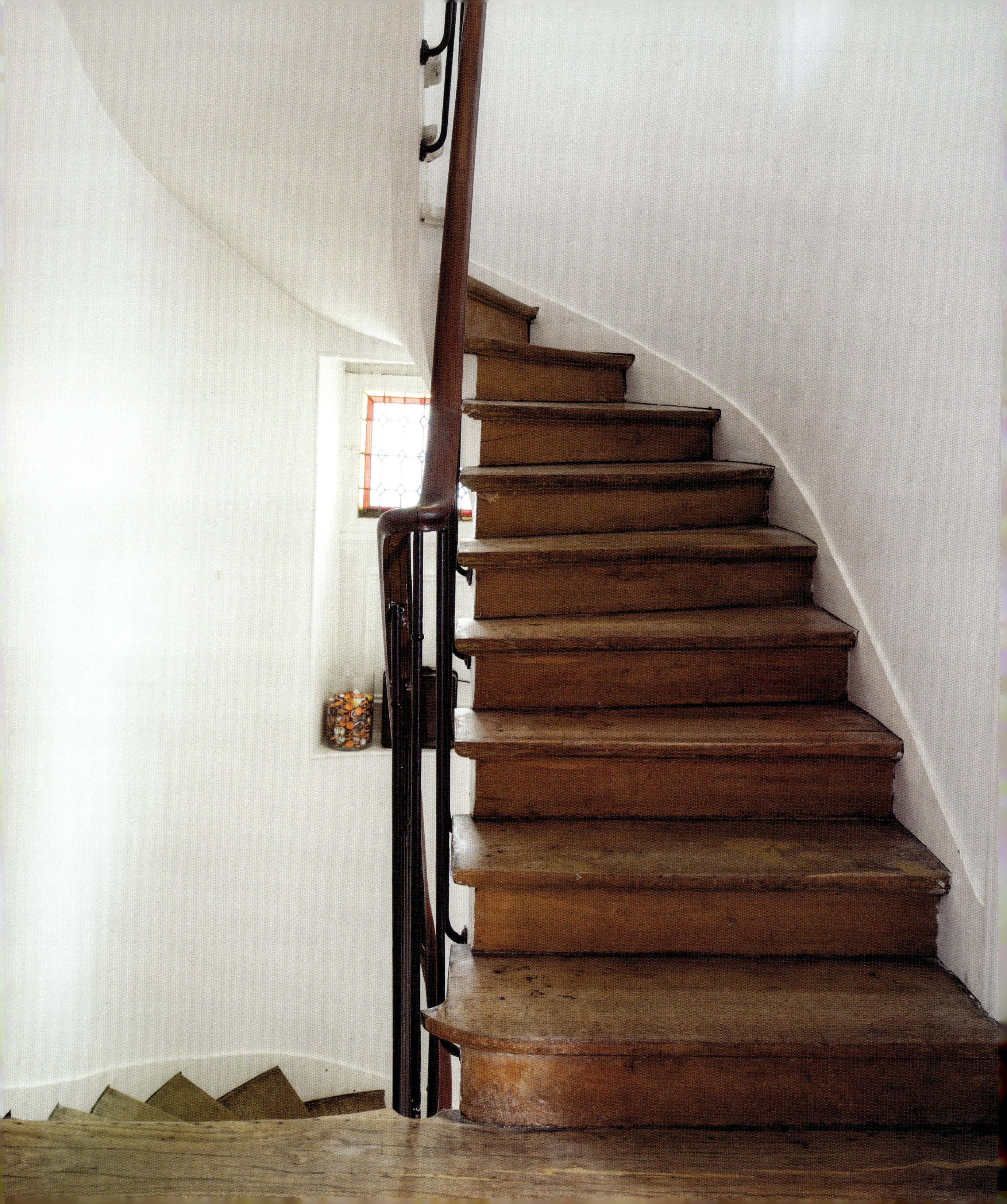

TEIL DREI

—

DER LEITFADEN

LINKE SEITE
Durch die bezaubernd gewundene Form der Stufen benötigt dieses Treppenhaus kaum Farbe an den Wänden. Das schlichte, aber warme „Pointing" auf Wänden, Türrahmen und Fußleiste ist eine harmonische Ergänzung für das naturbelassene Holz der altehrwürdigen Treppe.

FARBKOMBINATIONEN

Das Traumhafte an der Farrow & Ball-Farbpalette ist, dass sie eine schier endlose Vielfalt an Farbzusammenstellungen erlaubt. Natürlich wirken Farben je nach den Lichtverhältnissen und der Umgebung unterschiedlich, aber die folgenden Kombinationen – es sind allesamt meine Favoriten – haben sich in den verschiedensten Häusern rund um die Welt bewährt. Jede Farbgruppe schafft herrliche Räume von dezent-zurückhaltend bis berauschend-dramatisch. Sicherlich ist auch für Ihren Geschmack etwas dabei.

„Mahogany"
„Pink Ground"
„Setting Plaster"
„Tallow"

Dies Farbgruppe erzeugt Räume, die an leicht gerötete Wangen erinnern, und macht sie zu perfekten Rückzugsorten in dieser hektischen Zeit. Verwenden Sie „Pink Ground" an den Wänden, das dunklere „Setting Plaster" für das Holz und „Tallow" mit seinen warmen Untertönen für die Decke. Mit „Mahogany" setzen Sie in diesem Ensemble aus zarten Tönen schöne Akzente.

„Ammonite"
„Black Blue"
„Stiffkey Blue"
„Worsted"

Dies ist die perfekte Farbgruppe für alle, die eine etwas geheimnisvolle und dabei stilvolle Atmosphäre schätzen. „Stiffkey Blue" ist eine bezaubernde Alternative zu Kohlengrau und wirkt, gepaart mit „Worsted" für das Holz, besonders elegant. Da eine allzu helle Decke hier nicht passt, ist „Ammonite" mit seinem grauen Unterton ideal. Akzente in „Black Blue" sorgen für eine noch spektakulärere Wirkung.

„All White"
„Blue Ground"
„St Giles Blue"
„Yellowcake"

Farrow & Ball ist zwar für seine eleganten, gedeckten Farben berühmt, aber oft sind auch ganz klare Farbtöne gefragt. Diese Kombination aus heiterem „St Giles Blue" an den Wänden und dem spannenden „Yellowcake" für die Holzarbeiten zaubert automatisch ein Lächeln auf die Lippen. „Blue Ground" für den Boden und „All White" an der Decke runden das lebhafte Bild perfekt ab.

„Blue Gray"
„Cromarty"
„Pigeon"
„Shadow White"

Diese Farbkombination wirkt immer wunderbar entspannend. Sie wird häufig im Außenbereich eingesetzt, ist aber auch die richtige Wahl, wenn Sie eine gemütliche Küche gestalten möchten. Mit „Shadow White" an den Wänden sorgen Unterschränke in „Blue Gray" für Erdung. Ergänzt werden sie durch „Cromarty" für die Hängeschränke, und die Kücheninsel erhält mit „Pigeon" die kräftigste Farbe.

„Cabbage White"
„Drawing Room Blue"
„Lulworth Blue"
„Parma Gray"

Für ein frisches Strandflair eignet sich nichts besser als „Parma Gray" an den Wänden, kombiniert mit dunklerem „Lulworth Blue" für das Holz. Möbel oder Böden in „Drawing Room Blue" schaffen eine weitere Farbebene, während „Cabbage White" an der Decke das kühle blaue Farbschema harmonisch vollendet.

„Calke Green"
„Clunch"
„Eating Room Red"
„Print Room Yellow" (A)

Diese Gruppe aus klassischen, sehr traditionsreichen Farben eignet sich hervorragend für formvollendete Räume. „Eating Room Red" ist — wie der Name schon sagt — in Esszimmern beliebt, „Print Room Yellow" (A) passt zu eleganten Salons, und „Calke Green" ist ideal für ein Arbeitszimmer. Diese drei Farben ergänzen sich aufs Beste und werden gerne mit „Clunch" auf Decke und Holz kombiniert.

„Babouche"
„Blackened"
„Down Pipe"
„Railings"

Kräftige Farbkombinationen wie diese sind heute sehr gefragt. Sowohl „Babouche" als auch „Railings" an den Wänden desselben Zimmers mag zunächst etwas viel erscheinen, da sie aber das gleiche Farbgewicht haben, lassen sie sich gut kombinieren und erschaffen ein berauschendes Ambiente. Das etwas weichere „Down Pipe" macht sich gut auf den Holzelementen, während „Blackened" für den Boden genutzt werden könnte.

„Oval Room Blue"
„Pointing"
„Print Room Yellow" (A)
„Yeabridge Green"

Obwohl diese Farben alle auf historische Bauten zurückgehen, wirken sie sehr modern. Bei einem Flur in gedecktem „Railings" bilden die davon abgehenden Zimmer in „Yeabridge Green" und „Print Room Yellow" (A) einen dynamischen Kontrast, vor allem, wenn sie gleichermaßen auf Wänden und Holzelementen verwendet werden. Perfekt ist der Look, wenn alle Decken das unaufdringliche „Pointing" tragen.

„Drop Cloth"
„French Gray"
„Shaded White"
„Shadow White"

Sowohl „Drop Cloth" als auch „Shadow White" wurden als Ergänzung zu „Shaded White" entwickelt, wobei der erste Ton etwas dunkler, der zweite etwas heller ist als „Shaded White". Alle drei gehen nahtlos ineinander über und können in jeglicher Kombination für ein edles Raumkonzept eingesetzt werden. Möbel in „French Gray" unterstreichen das überzeugende Farbensemble.

„Dove Tale"
„Great White"
„Peignoir"
„Pelt"

Diese Kombination schmückte früher klassische Schlafzimmer, in den letzten Jahren wird sie aber auch für Wohnräume, Arbeitszimmer und sogar Küchen immer beliebter. Wände in pudrigem „Peignoir" ergänzen sich wunderbar mit Holzelementen in „Dove Tale", während kräftiges „Pelt" für die Effekte sorgt. Durch seinen violetten Unterton ist „Great White" ideal für die Decke geeignet.

„Radicchio"
„Tanner's Brown"
„Vardo"
„Wimborne White"

Dieses Farbquartett ist direkt von den herrlichen Verzierungen traditioneller Wohnwagen der Sinti und Roma inspiriert und wirkt in modernen Wohnungen ebenso fröhlich. Wände in kräftigem „Tanner's Brown" bilden einen großartigen Hintergrund für einen Küchenschrank oder ein Bücherregal in „Vardo" mit Innenseiten in „Radicchio". „Wimborne White" an der Decke erhält dem Farbschema die Frische.

„Inchyra Blue"
„Mole's Breath"
„Smoked Trout"
„Strong White"

Diese Mischung aus traditionellen und modernen Farbtönen, die ich schon immer liebe, ist ein tolles Beispiel dafür, wie wir die Farben von Farrow & Ball heute verwenden. Die dezenten Töne „Smoked Trout" an den Wänden und „Inchyra Blue" auf Holzelementen haben immer eine hinreißende Wirkung, die mit Akzenten in „Mole's Breath" ihre volle Magie entwickelt. Das i-Tüpfelchen ist „Strong White" an der Decke.

PRAKTISCHE INFORMATIONEN

Innenanstriche*	Einsatzbereich	Glanzstufe	Erhältliche Farben	Verfügbare Dosengrößen	Ergiebigkeit in m² pro Dose**
Estate Emulsion	Wände und Decken im Innenbereich – unser berühmtes kreidemattes Erscheinungsbild	2 %	132	100 ml 2,5 Liter 5 Liter	1 35 70
Modern Emulsion	Wände und Decken im Innenbereich einschließlich Küchen und Bäder	7 %	132	2,5 Liter 5 Liter	30 60
Estate Eggshell	Holz- und Metalloberflächen einschließlich Heizkörper	20 %	132	750 ml 2,5 Liter 5 Liter	9 30 60
Floor Paint	Holz- oder Betonböden einschließlich Garagen	40 %	132	750 ml 2,5 Liter 5 Liter	9 30 60
Full Gloss	Holz- und Metalloberflächen im Innen- und Außenbereich	95 %	132	750 ml 2,5 Liter	9 30

Außenanstriche					
Exterior Masonry	Sämtliches Mauerwerk	2 %	107	5 Liter	40
Exterior Eggshell	Beständiges Finish für Holz- und Metalloberflächen	20 %	132	750 ml 2,5 Liter	10 32
Full Gloss	Holz- und Metalloberflächen im Innen- und Außenbereich	95 %	132	750 ml 2,5 Liter	9 30

Spezialfarben					
Casein Distemper	Verputzte Wände und Decken im Innenbereich	2 %	131	2,5 Liter 5 Liter	32 65
Soft Distemper	Decken und feine Stuckatur im Innenbereich zur Betonung von Details	2 %	63	5 Liter	65
Limewash	Tünche für Kalkstein, Kalk- und andere Putze im Innen- und Außenbereich	2 %	79	5 Liter	je nach Untergrund
Dead Flat	Holz, Verputz und Metalloberflächen im Innenbereich	2 %	132	750 ml 2,5 Liter 5 Liter	9 30 60

*   Nicht alle Farben sind in allen Ländern erhältlich.
** Die Ergiebigkeit ist abhängig von der Dicke des Farbauftrags und dem Untergrund. Die Angaben beziehen sich auf einen Farbauftrag, empfohlen werden allerdings mindestens zwei Aufträge.

DIESE SEITE
Ich streiche mein Wohnzimmer immer wieder neu, um auszuprobieren, welchen Effekt das wunderbare Tageslicht auf die Farben hat. Seit dem Foto auf dieser Seite wurden die Farben verändert, aber hier waren die Wände noch in „Dimpse", der Boden in „Down Pipe" und das Holz in „All White" gestrichen. Das klare, sehr elegante Farbschema hat mir beim Schreiben dieses Buches genau an diesem Tisch sehr geholfen.

EINE KURZE GESCHICHTE DER FARBE

Aufgrund von unzähligen archäologischen Funden in aller Welt wissen wir, dass schon für die Höhlenmalereien vor 40 000 Jahren Farbe verwendet wurde. Unsere fernen Urahnen gewannen Pigmente aus Erde oder Kohle, mischten sie mit Speichel und schufen so die ersten Farben. Es ist ungeheuer faszinierend, dass die Menschen schon in vorgeschichtlicher Zeit das Bedürfnis hatten, ihr unmittelbares Umfeld mit Farbe zu gestalten.

Pigmente für Farben sind in der Vergangenheit aus den verschiedensten Stoffen gewonnen worden, so etwa aus Mineralien, anderen chemischen Elementen, Pflanzen, Gemüse und sogar aus Insekten. Als Medium, also als flüssiger Bestandteil, dienten ebenfalls die unterschiedlichsten Substanzen – von Öl bis Eigelb.

Die Einwohner von Pompeji waren talentierte Raumgestalter, und sie demonstrierten ihren Wohlstand unter anderem durch reich dekorierte Wände in ihren Häusern. Viele Pigmente waren früher so kostbar wie Gold, so etwa das aus Lapislazuli gewonnene Ultramarin, das sich erstmals im alten Ägypten findet.

Im 17. Jahrhundert verarbeiteten Farbhersteller und Anstreicher Pigmente und Öl in Mörsern zu einer dicken Paste. Unglücklicherweise zogen sie sich dabei häufig eine Bleivergiftung zu, weil bei diesen Farben stets Bleiweiß als Weißpigment zum Einsatz kam.

Im Zuge der Industrialisierung im 19. Jahrhundert und dank neuer Erkenntnisse im Bereich der Chemie wurden zahlreiche Erfindungen gemacht, die die Welt der Farben völlig veränderten, zum Beispiel Pigmentmühlen. Nun konnte preiswertes Leinöl als Suspension für Pigmente verwendet werden, die nicht so schnell trocknete. Farben wurden für fast jedermann erschwinglich, und es wurden unzählige neue Töne entwickelt – Kadmiumrot, Kobaltblau, Viridiangrün und Cölinblau erfüllten die Häuser mit neuer Pracht. Innenanstriche wurden von nun an sowohl als Schmuck wie auch als Feuchtigkeitsschutz eingesetzt und erfuhren im Laufe des 19. Jahrhunderts immer weitere Verbreitung.

Da Leinöl nach dem Zweiten Weltkrieg Mangelware war, setzten die Farbenhersteller zunehmend Kunstharz ein, um lichtbeständige und äußerst widerstandsfähige Farben zu produzieren.

Im 20. Jahrhundert wurde die Verwendung von Bleifarben in Wohnhäusern endgültig verboten. Als das Umweltbewusstsein in den folgenden 30 Jahren wuchs, war Farrow & Ball eine der ersten Firmen, die nur noch Farben auf Wasserbasis mit einem minimalen Anteil an giftigen VOCs (flüchtigen organischen Verbindungen) anbot.

Glücklicherweise hat der Mensch schon immer den Drang verspürt, seine Welt in Farbe festzuhalten. Nur so konnte sich die fantastische Farbenvielfalt entwickeln, die uns heute zur Verfügung steht.

Preference
Paint
SEMI-GLOSS
As Developed For
THE
NATIONAL TRUST
Manufactured by
Farrow & Ball (Southern) Ltd.
Uddens Trading Estate
Wimborne Dorset
Tel Ferndown (0202) 876141
MANUFACTURED BY

DER FEINE UNTERSCHIED

Was macht die Produkte von Farrow & Ball so besonders? Man erkennt es sofort, wenn ein Raum mit Farben von Farrow & Ball gestrichen wurde. Ihre Farbtiefe und Eleganz ist unvergleichlich. Aber wie entsteht sie? Farrow & Ball arbeitet nach dem Grundsatz, dass es in Fragen der Qualität keine Kompromisse gibt. Wir unternehmen größte Anstrengungen, um für unsere Farben nur die besten Inhaltsstoffe und Pigmente zu verwenden, damit sie ihre unnachahmliche Farbtiefe erhalten. Zudem sorgen wir für einen hohen Pigmentanteil, statt unsere Farben mit unnötigen Füllstoffen anzureichern.

Farrow & Ball-Farben sind nicht nur besonders geruchsarm und umweltfreundlich, sie führen auch in allen Anwendungsbereichen zu den besten Ergebnissen. Unsere sorgfältig entwickelte Palette von 132 Farben erleichtert es, harmonische Farbkombinationen zusammenzustellen, sei es für moderne Wohnungen oder Altbauten.

Wir sind sehr stolz auf unsere Farben und Tapeten (siehe S. 250), die ebenfalls mit Fachkenntnis und äußerster Sorgfalt hergestellt werden. Das klingt alles sehr einfach – und in mancherlei Hinsicht ist es das auch. Wir nutzen nur die besten Inhaltsstoffe und die hochwertigsten Pigmente, wodurch unsere einzigartigen Farben entstehen.

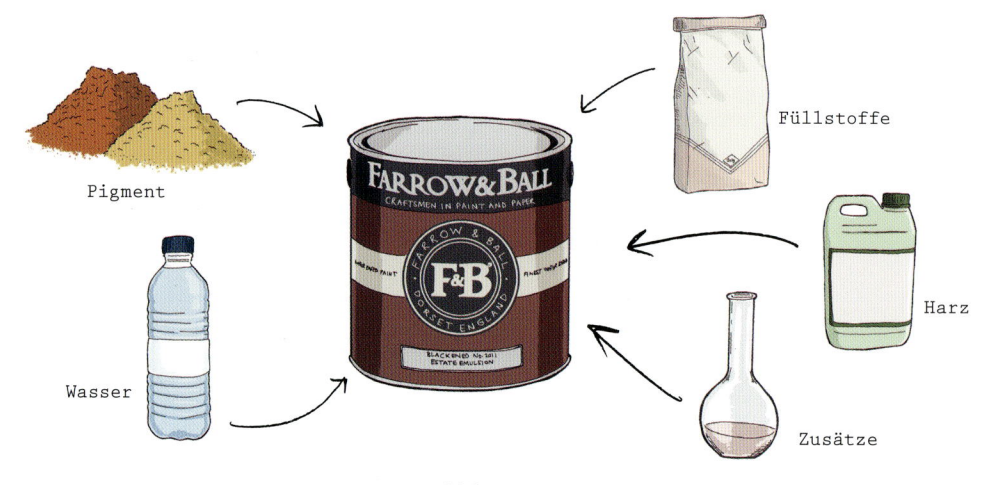

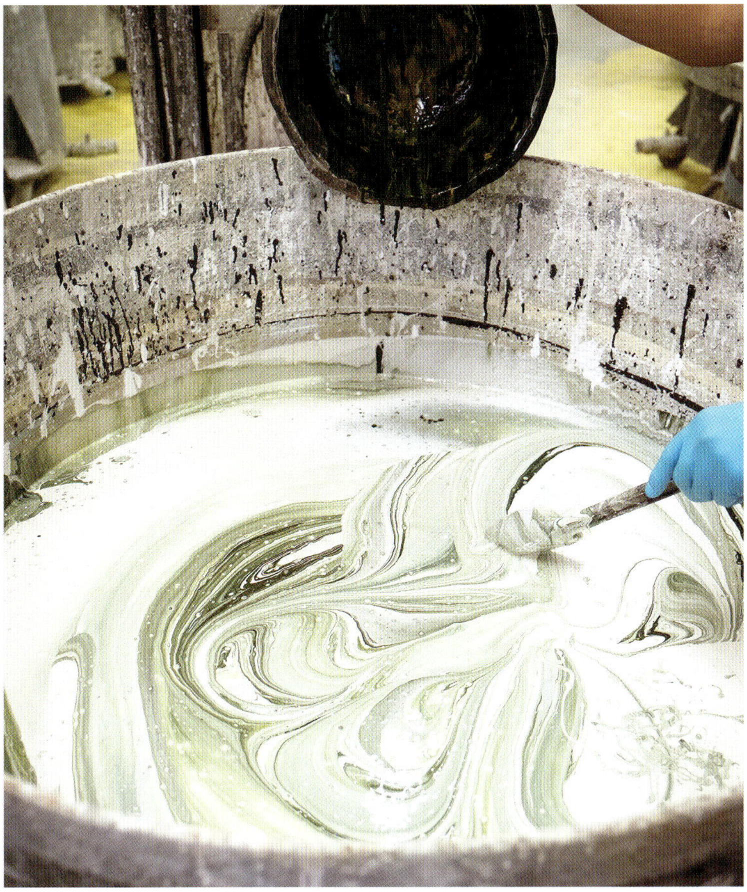
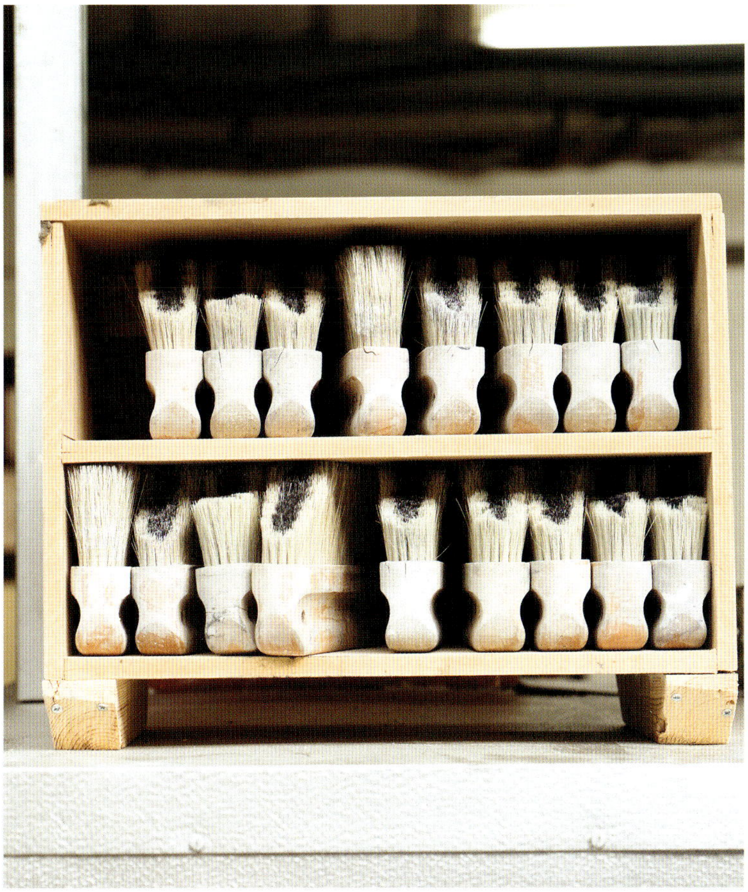
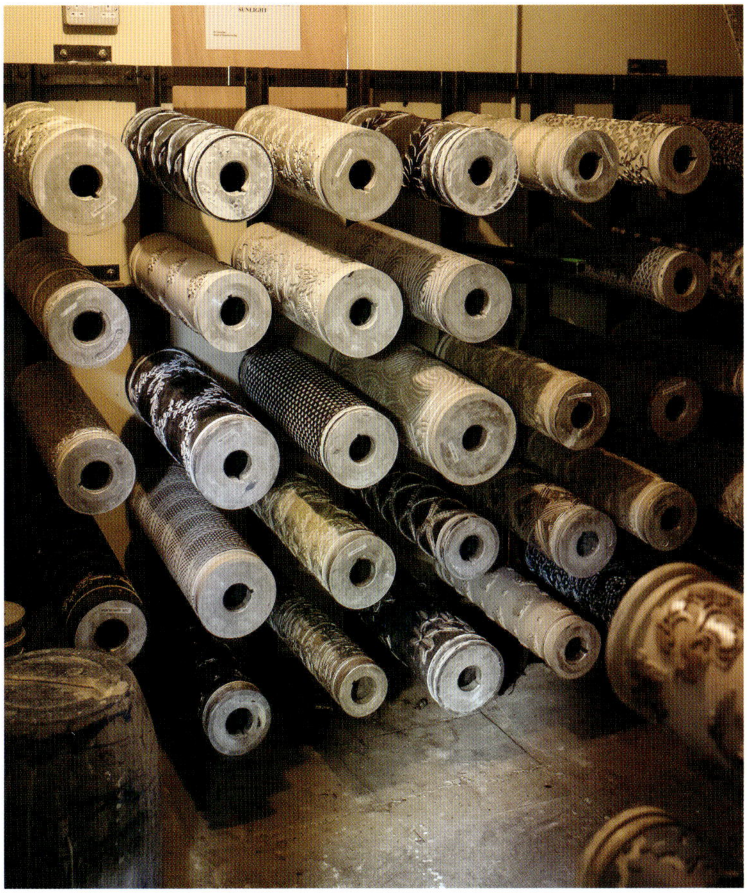
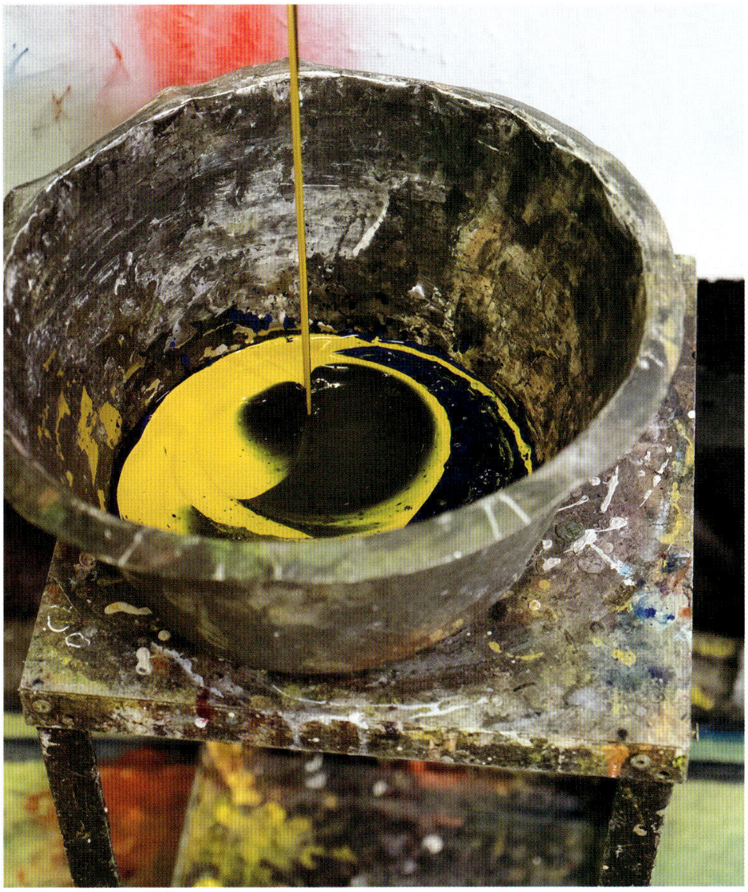

UMWELTSCHUTZ

Die Umwelt ist uns bei Farrow & Ball äußerst wichtig, und daher tun wir unser Möglichstes, sie zu schützen. Natürlich sind auch wir nicht perfekt, aber je mehr wir tun, desto besser werden wir. Von der Umstellung auf wasserbasierte Farben bis zum Druck unserer Tapeten auf Papier aus nachhaltigen, FSC®-zertifizierten Betrieben, von der Rohstoffbeschaffung über den Energieverbrauch und die Verpackung bis hin zum Vertrieb – in allen Bereichen bemühen wir uns, umweltfreundlich zu verfahren.

Unsere wasserbasierten Farben enthalten ein Minimum an VOCs (flüchtigen organischen Verbindungen). In Farben sind dies meist alkoholische Verdünner und Lösungsmittel, die beim Trocknen verdunsten. Farben auf Wasserbasis sind umweltfreundlicher und geruchsärmer und daher gerade im Innenbereich sehr angenehm zu verwenden. Wir lassen unsere Farben von unabhängigen Stellen prüfen, sodass Eltern sich keine Sorgen machen müssen, wenn sie Kinderzimmer, -möbel und -spielzeug mit unseren Farben gestalten.

Da all unsere Farben wasserlöslich sind, lassen sich Pinsel und Farbrollen einfach mit warmem Seifenwasser reinigen, sodass auch hierfür keine umweltschädlichen Lösungsmittel nötig sind. Farrow & Ball engagiert sich dafür, dass Schönheit nicht auf Kosten der Umwelt geht.

RECHTE SEITE
Die Türen im Innenhof dieses Pariser Hauses wurden in schickem „Railings" gestrichen und passen sich so der Farbe an, mit denen die Rahmen der großen Glasfront im Wohnraum gestaltet sind. Die Magie der Farbe „Railings" ist schwer zu beschreiben – auf größeren Flächen nimmt sie eine bläuliche Note an.

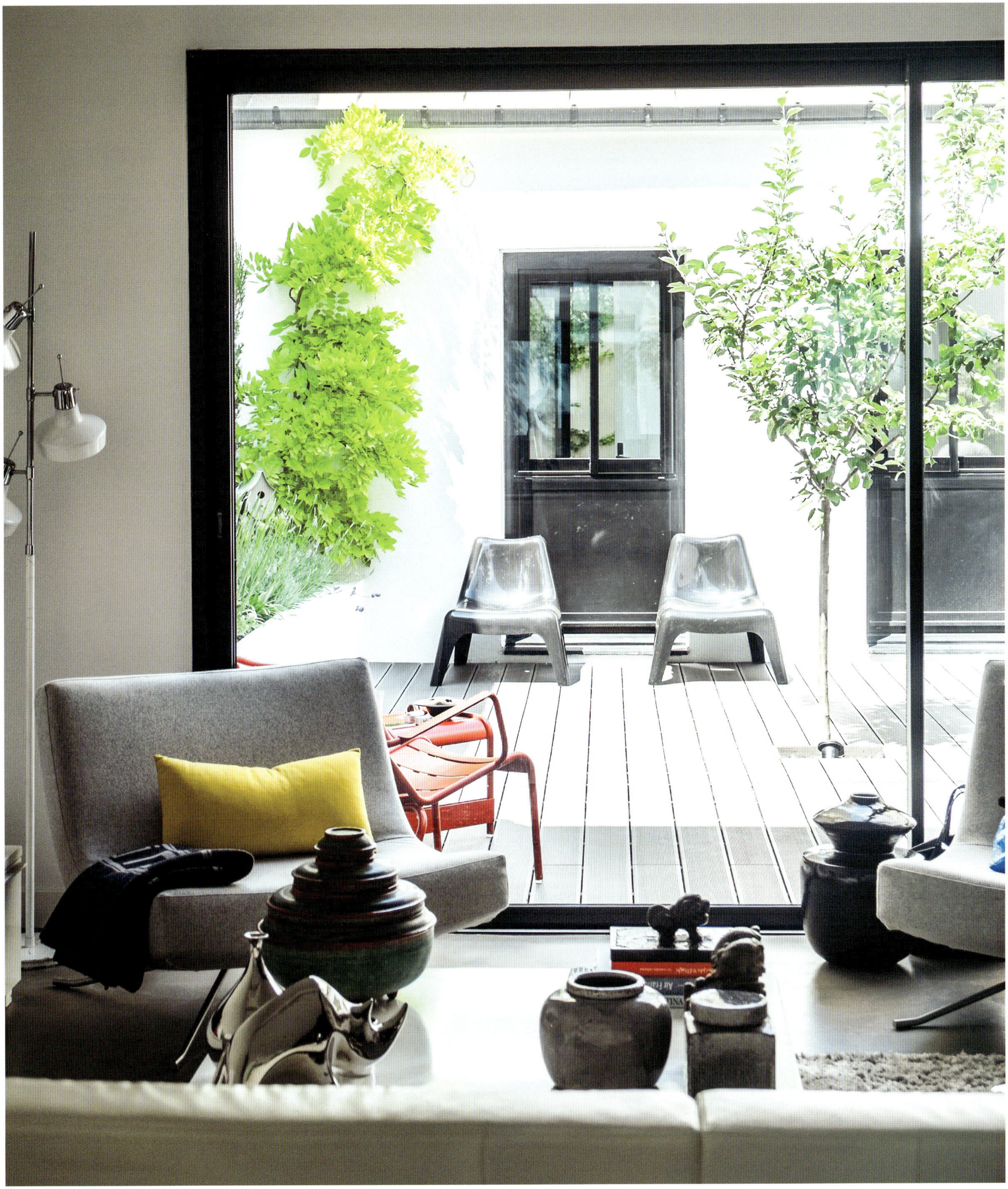

FARROW&BALL
CRAFTSMEN IN PAINT AND PAPER
FARROW & BALL
F&B
DORSET ENGLAND
FINEST WATER BASED PAINT
6 YEAR FULL GLOSS
YELLOWCAKE No. 279
4 YEAR EXTERIOR EGGSHELL
CAT'S PAW No.240
MODERN EMULSION
PIGEON No.25
CASEIN DISTEMPER
SMOKED TROUT No.60
ESTATE EGGSHELL
MOUSE'S BACK No.40
ESTATE EMULSION
NANCY'S BLUSHES No. 278
FLOOR PAINT
MOLE'S BREATH No. 276
DEAD FLAT

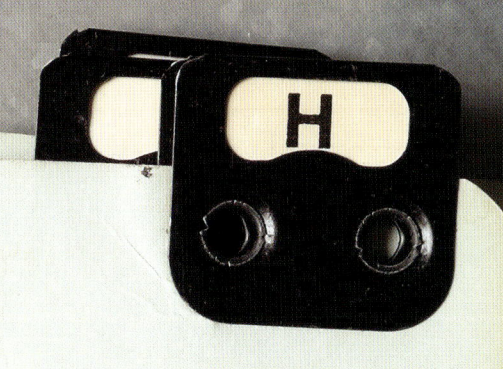

FARBEN FÜR JEDEN ZWECK

Es gibt eine ganze Reihe von Farben – lassen Sie sich davon aber nicht irritieren. Solange es nicht um Spezialanwendungen geht, gibt es für Wände eigentlich nur zwei Arten von Farbe: die äußerst matte Estate Emulsion (matte Wandfarbe) und die ebenso schöne, aber haltbarere Modern Emulsion (satinierte Wandfarbe). Ebenso gibt es zwei verschiedene Glanzvarianten für Holz: den matteren Estate Eggshell (Mattlack) und den stark glänzenden Full Gloss (Hochglanzlack).

Für welche Variante Sie sich auch entscheiden, Sie können sicher sein, dass all unsere Innen- und Außenanstriche wasserbasiert, geruchsarm, schnelltrocknend, umweltfreundlich und für Kinder ungefährlich sind.

Innenanstriche Estate Emulsion, Modern Emulsion, Estate Eggshell, Floor Paint, Full Gloss. Traditionelle Anstriche und Spezialfarben: Dead Flat, Limewash, Soft Distemper, Casein Distemper.

Außenanstriche Exterior Masonry, Exterior Eggshell, Full Gloss. Traditionelle Anstriche und Spezialfarben: Limewash.

Vorstreichfarben und Grundierungen Wall & Ceiling Primer & Undercoat, Wood Floor Primer & Undercoat, Wood Knot & Resin Blocking Primer, Metal Primer & Undercoat, Masonry & Plaster Stabilising Primer, Exterior Wood Primer & Undercoat.

Nicht alle Farben sind in allen Ländern erhältlich.

UNTEN LINKS
Hier zeigt sich die wahre Natur der Estate Emulsion. Das „Stiffkey Blue" der Wände wirkt besonders im Kontrast zum „All White" Estate Eggshell der Holzpartien so tief und plastisch, dass man die Wände streicheln möchte.

UNTEN RECHTS
Estate Emulsion hat einen Glanz von gerade einmal zwei Prozent, was den Farben große Tiefe verleiht und auch dafür sorgt, dass sie sich mit wechselndem Licht verändern. „Buff" (A) wirkt im Morgenlicht einfach bezaubernd.

RECHTE SEITE
Die „Shaded White" Estate Emulsion wirkt in diesem Wohnzimmer im geschmackvollen Stilmix ganz und gar entspannt. Die außergewöhnliche Farbtiefe ist selbst bei neutralen Farben nicht zu übersehen und setzt sich wunderbar vom „Wimborne White" Estate Eggshell auf den Holzelementen ab.

ESTATE EMULSION

Diese Wandfarben sind verantwortlich für das Markenzeichen von Farrow & Ball: den begehrten matten Look. Auf Wänden und Decken im Innenbereich erzeugen sie das berühmte kreideartige, äußerst matte Finish und die unerreichte Farbtiefe.

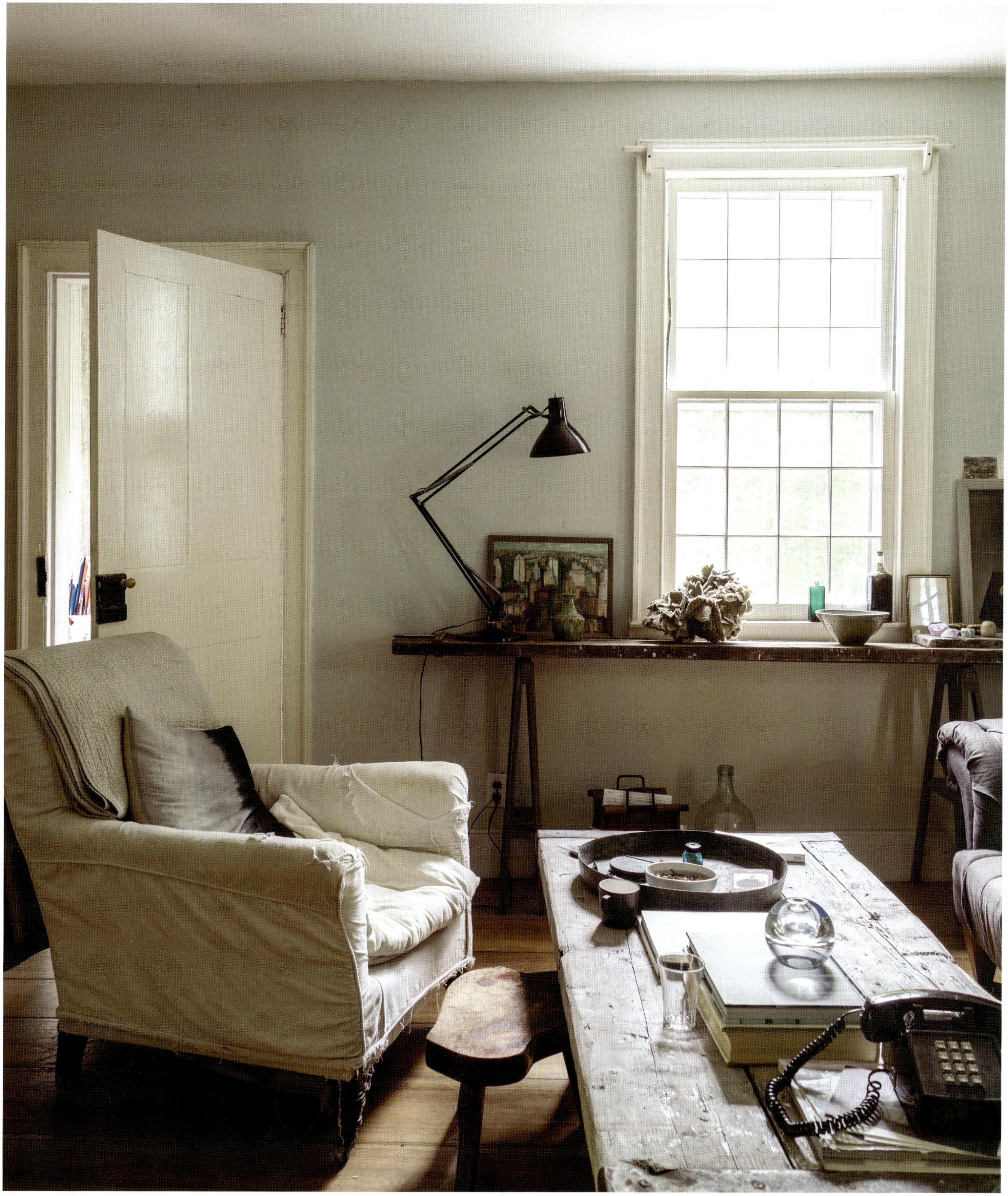

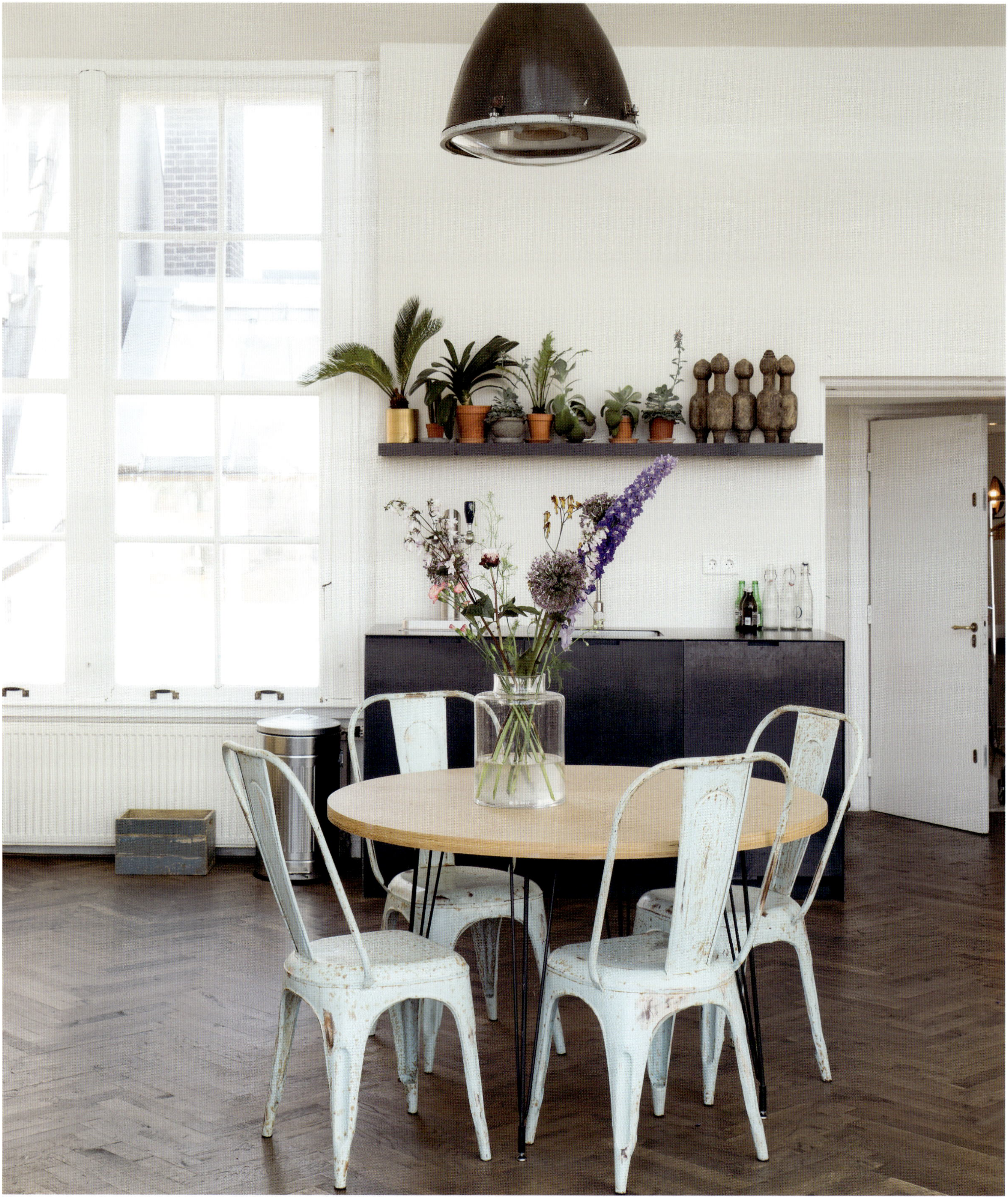

MODERN EMULSION

Modern Emulsion ist die robuste Alternative zu Estate Emulsion. Die Farben sind abwaschbar sowie schmutzabweisend und abriebfest, bestechen aber zugleich durch die für Farrow & Ball typische Mattigkeit und Farbtiefe. Ihre hohe Strapazierfähigkeit macht sie zum idealen Kandidaten für Wände und Decken im gesamten Haus. Sie empfehlen sich besonders für Kinderzimmer, stark genutzte Bereiche wie Flure sowie für Räume mit hoher Luftfeuchtigkeit wie Bäder und Küchen.

LINKE SEITE
„All White" Modern Emulsion ist die perfekte Farbe für diese Küche in den Niederlanden, wo sie nicht nur mit dem turbulenten Familienleben, sondern auch mit einer üppigen Flora zurechtkommen muss. Mit 7 Prozent Glanz gibt sie das einfallende Licht großzügig an den gesamten Raum weiter.

OBEN LINKS
Flure und Treppenhäuser sind anfällig für Fingerspuren, aneckende Möbel oder Taschen. Dieser Treppenaufgang in London wird von Modern Emulsion in „Blue Gray" geschützt, Flecken lassen sich einfach abwaschen.

OBEN RECHTS
Dieses Gästebad hat einen starken Auftritt in Modern Emulsion „Off-Black". Die Farbe ist schick und hat zudem die perfekte Oberfläche, um der hohen Luftfeuchtigkeit zu trotzen.

UNTEN LINKS
Die Täfelung im Hausboot des Fotografen James Merrell ist in „Purbeck Stone" Estate Eggshell gestrichen und wirkt robust und stilvoll zugleich. Ihr satinierter Glanz trägt zur Helligkeit trotz kleiner Fenster bei.

UNTEN RECHTS
Das „Parma Gray" dieser schmalen Wand bildet einen hübschen Kontrast zu den übrigen, neutral gehaltenen Wänden und lässt den Flur kürzer wirken. Die Tür ist in derselben Farbe in Estate Eggshell gestrichen.

RECHTE SEITE
Der Einbauschrank, der über die gesamte Wand eines Schlafzimmers reicht, wurde in zauberhaftem „Porphyry Pink" (A) Estate Eggshell gestrichen. Für die restlichen Wände im Raum kam dieselbe Farbe als Estate Emulsion zum Einsatz. Wären die Schranktüren wie das übrige Holz weiß gestrichen, hätte dies die Proportionen des Raums verzerrt und er würde viel kleiner wirken.

ESTATE EGGSHELL

Eggshell (Eierschale) klingt zwar zerbrechlich, aber hierbei handelt es sich um äußerst strapazierfähige und haltbare matte Lacke, die sich sehr gut abwaschen lassen. Sie eignen sich ideal für Holz und Metall (inklusive Heizungen) im Innenbereich. Durch ihren satinierten Glanz sind sie gut mit Estate Emulsion und Modern Emulsion kombinierbar.

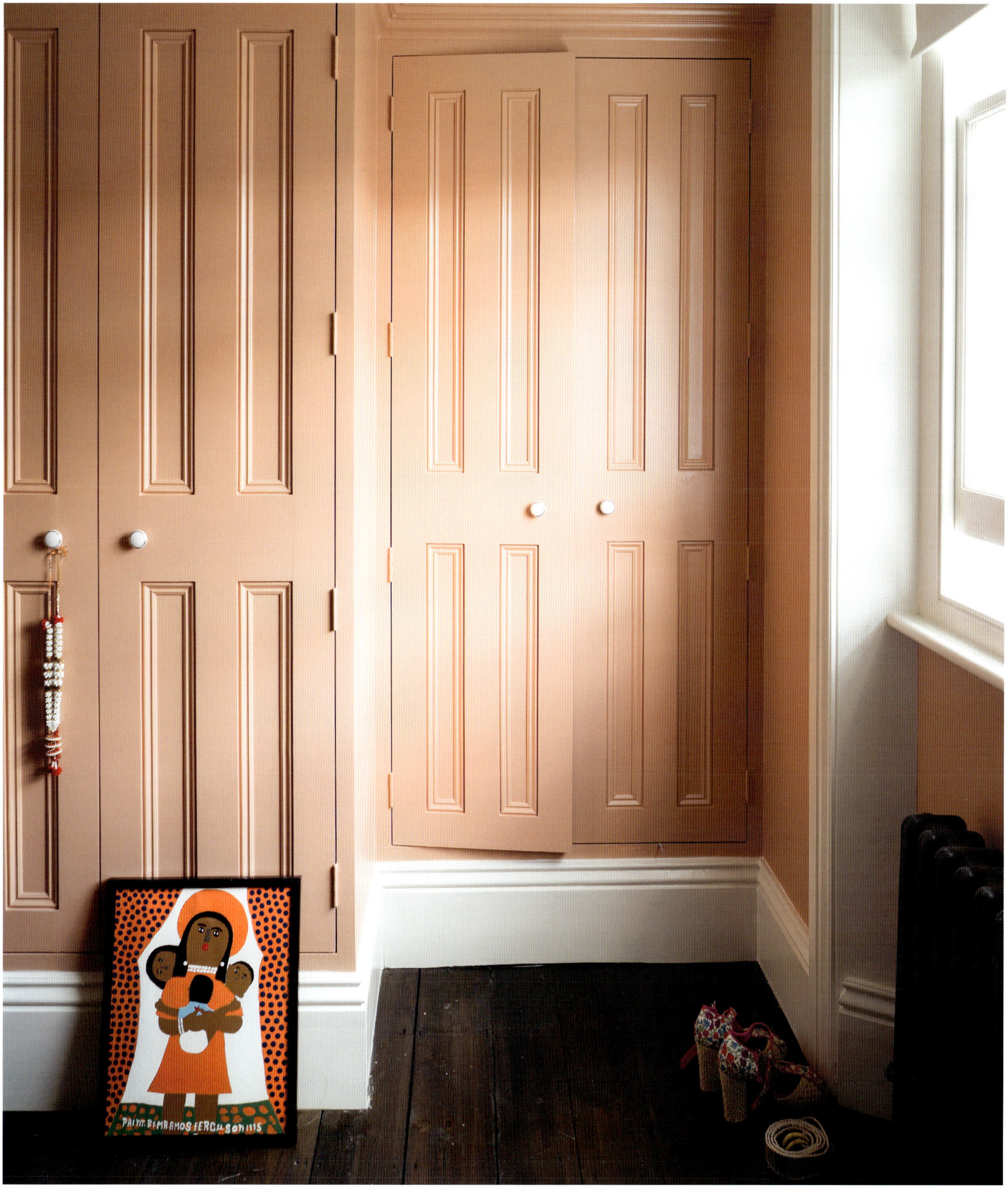

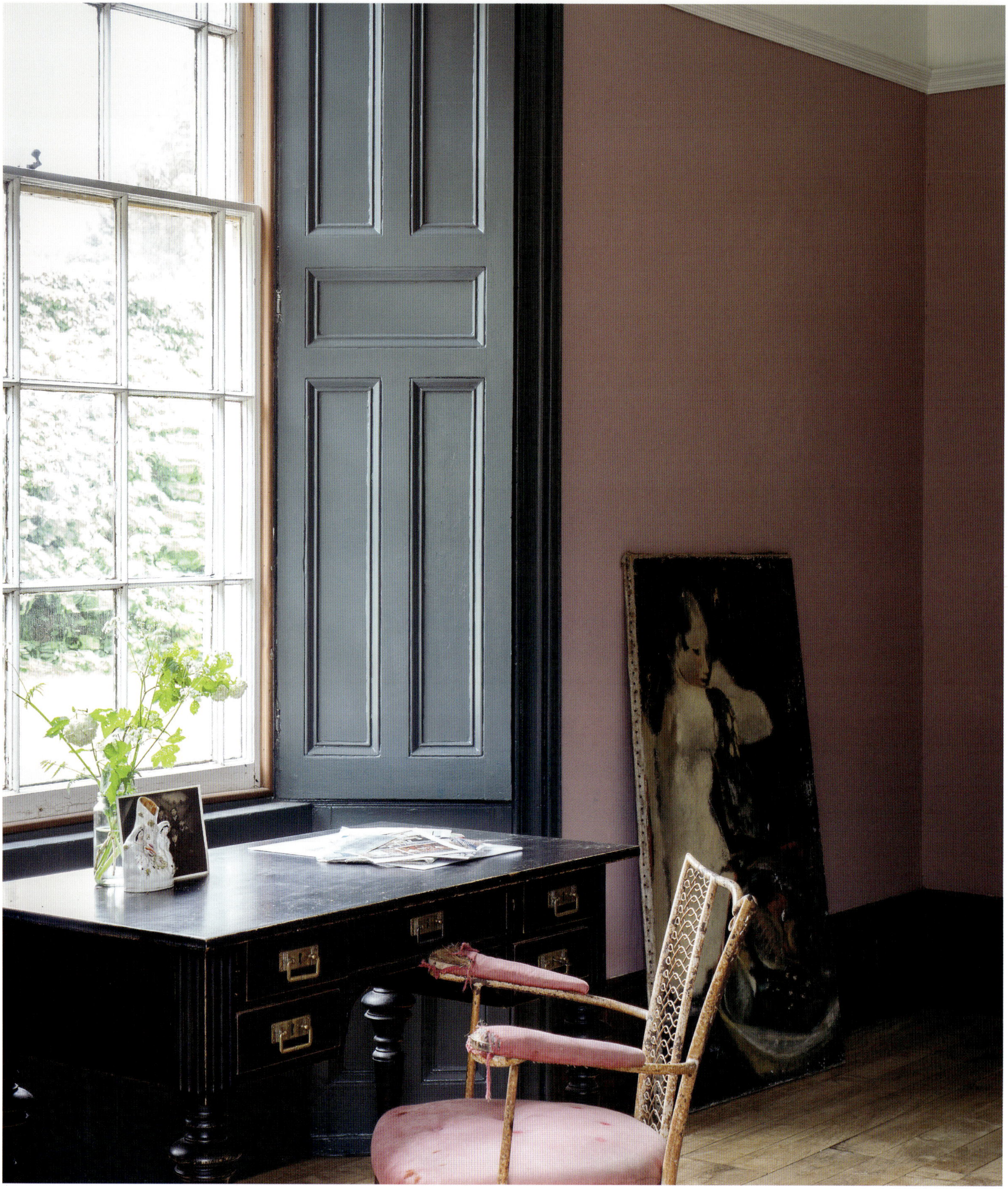

FULL GLOSS

Der traditionelle Hochglanzlack ist vielseitig einsetzbar und sehr robust. Er eignet sich für Innen- wie für Außenbereiche. Obwohl er üblicherweise auf Holz eingesetzt wird, geht der Trend dahin, Wänden und Decken damit einen glamourösen Touch zu verleihen.

LINKE SEITE
Das „Railings" Full Gloss der Holzelemente führt in diesem eleganten Raum eine weitere Farbebene ein und bildet einen hübschen Kontrast zum matten „Cinder Rose" der Wände. Die Klappläden in Hochglanzlack reflektieren das Licht stark und sorgen für eine traditionelle Optik.

DIESE SEITE
Der grüne Hochglanzlack wurde speziell für die Tür dieses schottischen Bauernhauses angefertigt und schafft einen wunderbaren Kontrast zum „Chinese Blue" (A) und „Old White" im Eingangsflur. Full Gloss ist die perfekte Farbqualität für extreme Witterungsbedingungen.

UNTEN LINKS
In „Light Gray" wirkt Dead Flat einfach hinreißend an den Wänden dieses Schlafzimmers. Die Farbtiefe und das kreideartige, matte Finish sind unübertroffen.

UNTEN RECHTS
„Claydon Blue" (A) harmonisiert perfekt mit dem schlichten, leuchtenden Teppich in diesem schönen Arbeitszimmer. Der matte Farbglanz verleiht dem minimalistischen Ambiente plastische Tiefe.

RECHTE SEITE
Mit dem völlig matten Dead Flat-Finish wirken kräftige Farbtöne wie das eher blau als schwarz wirkende „Railings" noch prunkvoller. Dieser Farbtyp ist ein Klassiker, aber bei Interior Designern zur Schaffung üppiger Raumkonzepte wie in diesem Haus in Holland nach wie vor beliebt.

DEAD FLAT

Dieser traditionelle matte Lack kann auf verschiedenen Oberflächen wie Holz, Putz und Metall im Innenbereich eingesetzt werden, wenn ein außergewöhnlich matter und eleganter Look gefragt ist. Er ist aber auch empfindlich und daher nicht für Küchen, Badezimmer, Möbel und stark beanspruchte Bereiche geeignet.

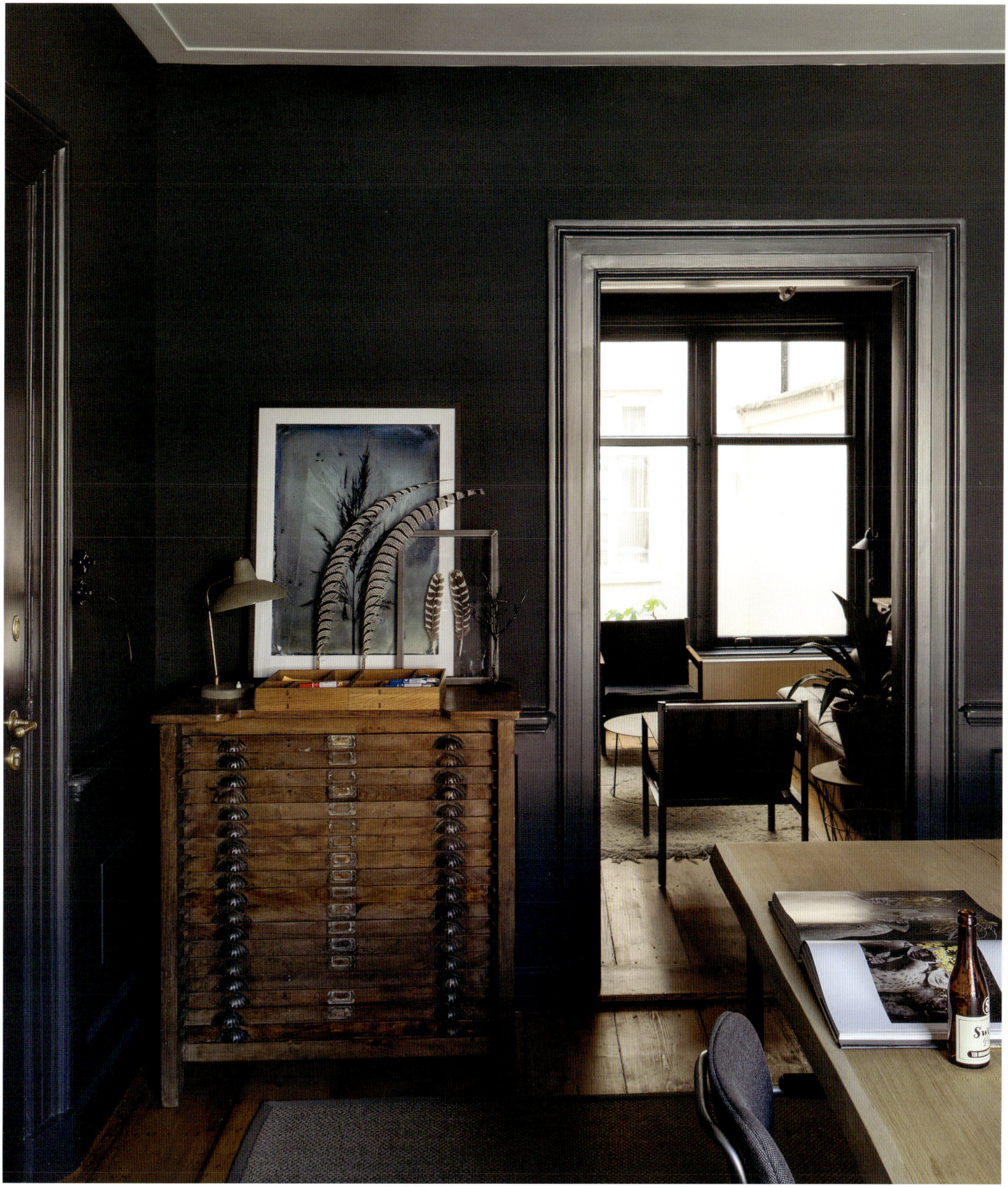

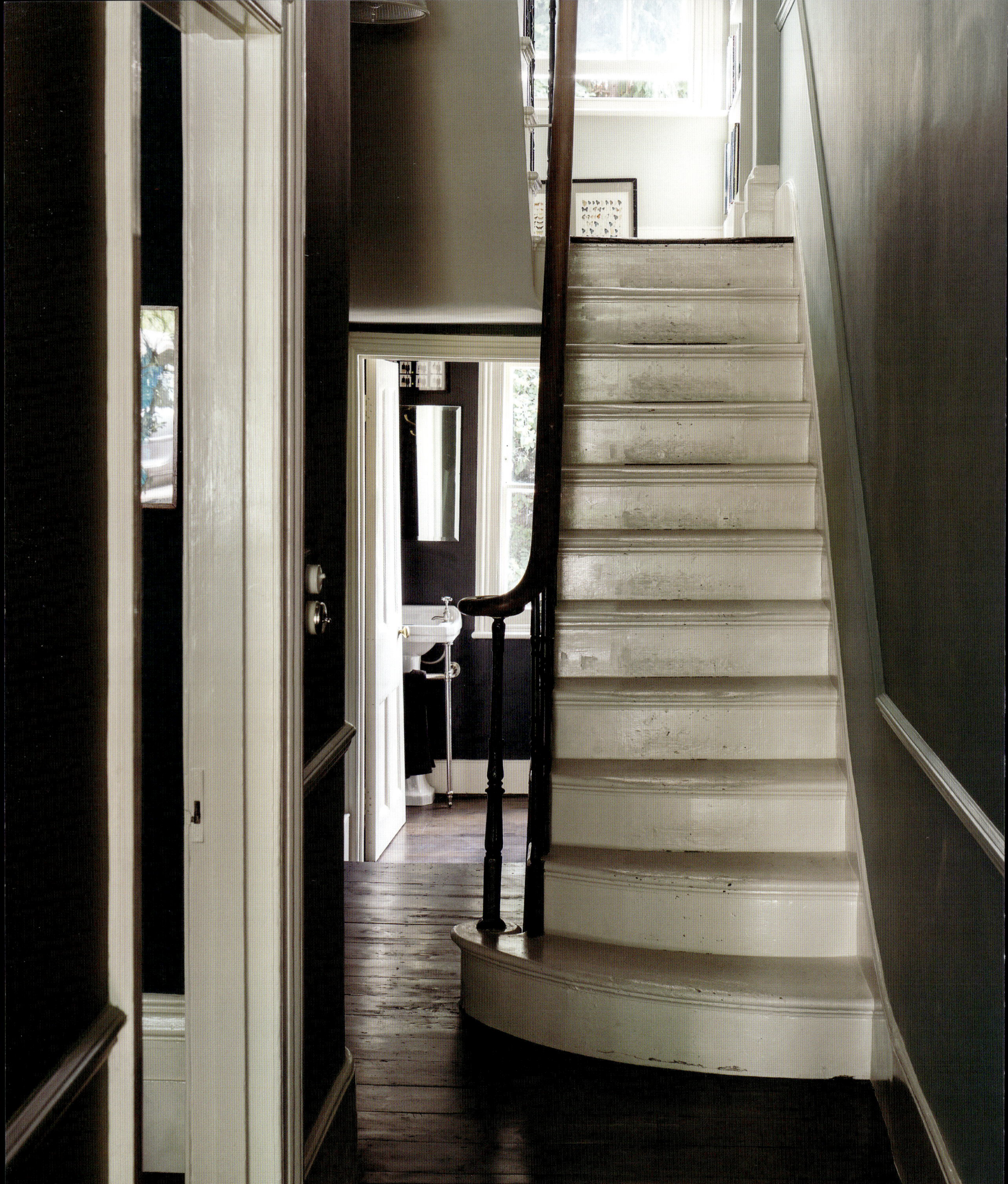

LINKE SEITE

Diese Treppe in „Shaded White" Floor Paint erhellt nicht nur den Flur, weil sie Licht reflektiert, sondern bildet auch einen schönen Kontrast zu den Wänden in „Railings" und bewahrt dabei eine zwanglose Atmosphäre.

UNTEN

Das „Down Pipe" der Wände und Holzelemente im Flur dieser Londoner Wohnung setzt sich auf dem Boden des einladenden Wohnzimmers fort. Es sorgt für einen fließenden Übergang zwischen den Bereichen und wirkt raumerweiternd.

FLOOR PAINT

Diese strapazierfähigen Bodenfarben mit ihrem mittleren Glanz beleben jeden Holz- oder Betonboden im Innenbereich. Sie sind aber auch ideal als Alternative für Estate Eggshell oder Full Gloss zum Anstrich von Küchenmöbeln, Fußleisten oder anderen Holzelementen. Für Terrassendielen oder andere Böden im Außenbereich sind sie dagegen ungeeignet.

EXTERIOR EGGSHELL

Dieser satinierte Lack wurde für Holz und Metall im Außenbereich entwickelt, wie etwa Fensterrahmen aus Nadel- oder Laubholz, Holzverkleidungen und Gartenmöbel. Die Farbe ist sehr belastbar und sechs Jahre lang äußerst witterungsbeständig. Sie ist schimmel- und wasserresistent, aber gleichzeitig atmungsaktiv, um Holzfäule zu verhindern. Sie eignet sich ebenfalls für Geländer, Tore, Zäune und andere Metalloberflächen.

EXTERIOR MASONRY

Diese hochwertige Fassadenfarbe hat das extrem matte Finish, für das Farrow & Ball berühmt ist, und ist zudem besonders strapazierfähig und langlebig. Ihre atmungsaktive, schimmel- und wasserabweisende Zusammensetzung ist ein guter Schutz gegen feuchte Wände. Darüber hinaus ist sie bis zu 15 Jahre lang sehr witterungsbeständig, da sie für Blasen, Risse, Abblättern oder Ausbleichen kaum anfällig ist.

RECHTS
Die Kombination von „Joa's White" Exterior Masonry an der Wand und „Stone Blue" Full Gloss für die Bank macht diese Ecke im Garten eines Cottages in Dorset zu einem einladenden Rückzugsort.

RECHTE SEITE
Die traditionelle Gestaltung dieser Hausfassade an der britischen Küste in „All White" Exterior Masonry mag manchen zu nüchtern erscheinen. Die Eingangstür in „Yellowcake" Exterior Eggshell sorgt daher für einen heiteren Farbtupfer.

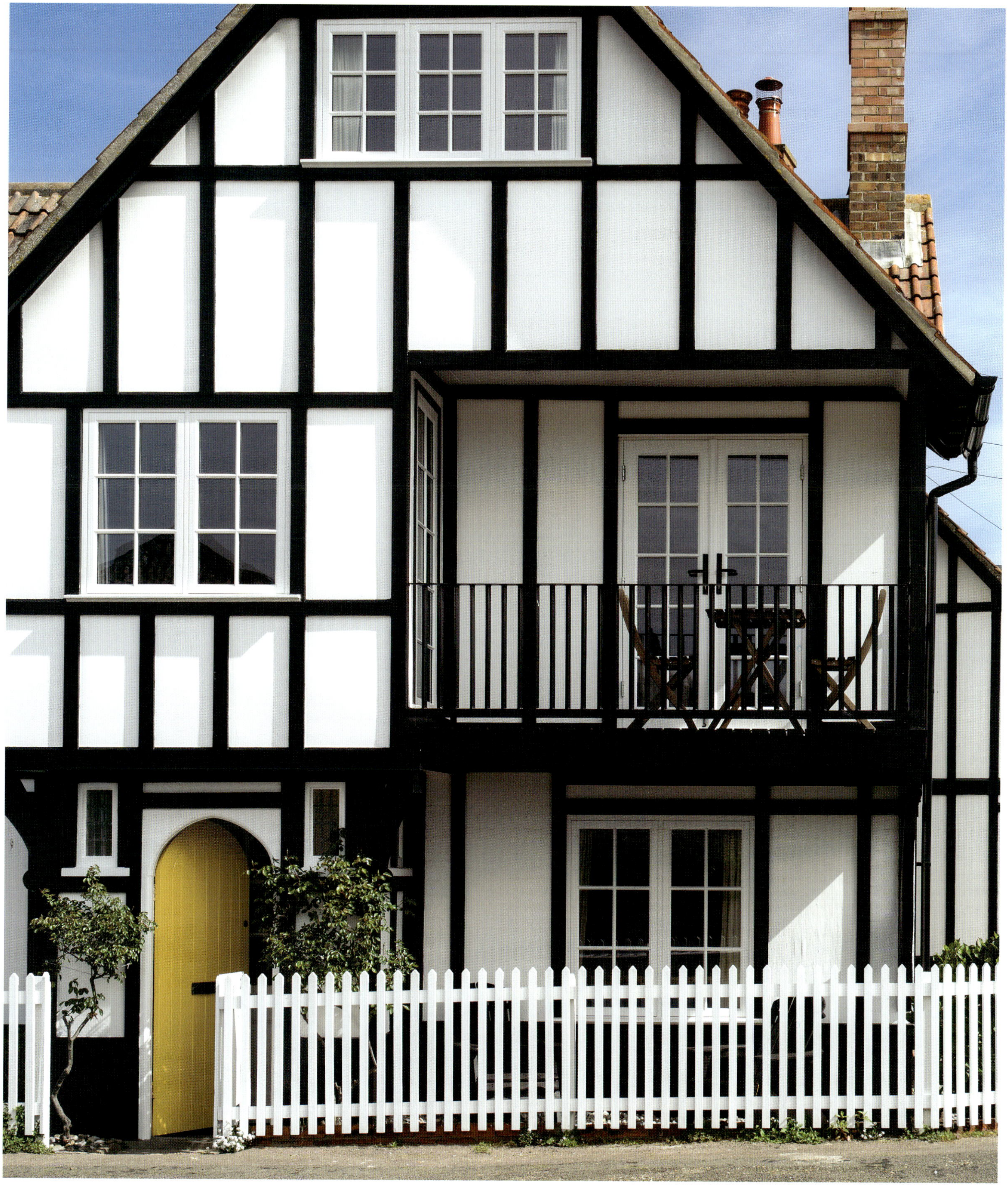

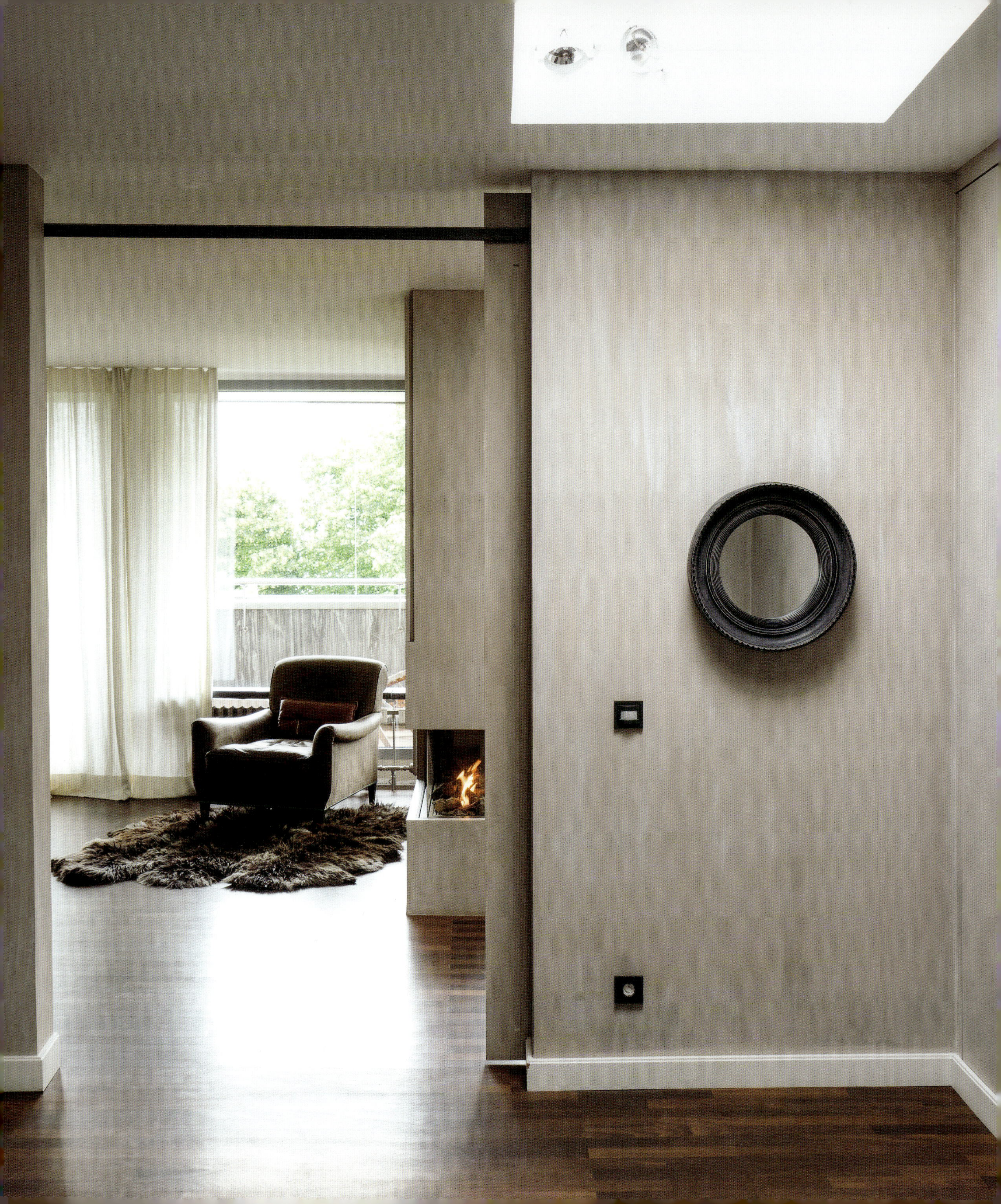

LINKE SEITE
In dieser außergewöhnlichen Wohnung in Deutschland wurden alle Wände mit „Old White" Limewash gestrichen und das Ergebnis ist schlicht überwältigend. Allerdings erforderte der gewünschte Look viele Farbaufträge. Die Wände, die einen museumsreifen Hintergrund für eine erlesene Kunstsammlung bieten, strahlen eine gewisse Sanftheit aus.

UNTEN
Für die Decke dieses historischen Hauses in Schottland wurde „Wimborne White" Casein Distemper verwendet, um die Schönheit der sorgfältig restaurierten Stuckarbeiten angemessen zur Geltung zu bringen.

SPEZIALFARBEN

Bei der fachgerechten Restaurierung historischer und traditioneller Gebäude bilden unsere Spezialfarben die Grundlage für ein authentisches Erscheinungsbild.

CASEIN DISTEMPER

Diese verstärkte Leimfarbe enthält einen aus Milcheiweiß gewonnenen Kaseinzusatz. Diese Art von Farben wurde schon im alten Ägypten verwendet. Sie ist für verputzte Innenwände und Decken geeignet, hat eine ausgezeichnete Deckkraft, ist atmungsaktiv und erzeugt ein wunderbar mattes Finish – perfekt für das besondere Dekor älterer Häuser.

SOFT DISTEMPER

Diese schlichte, traditionelle Leimfarbe enthält natürliche Harze als Bindemittel und erzeugt ein sehr mattes, ausnehmend pudriges Finish. Sie ist für den Neuanstrich dekorativer Decken und Stuckarbeiten ideal, da sie feinste Details wunderbar zur Geltung bringt.

LIMEWASH

Diese gebrauchsfertige Kalktünche erzeugt einen schönen traditionellen Look und ist für Wände und Decken im Innenbereich sowie für Außenwände geeignet. Dabei geht sie eine feste Bindung mit dem Untergrund ein und schafft oft ein stilvoll verwittertes, leicht fleckiges Finish. In Weiß und ausgewählten Farbtönen erhältlich, sollte Kalktünche nur von Profis aufgebracht werden. Weitere Informationen erhalten Sie auf unserer Website und der Farbmusterkarte.

GRUNDIERUNGEN & VORSTREICHFARBEN

Ein gut vorbereiteter Untergrund ist das A und O für jeden guten und haltbaren Anstrich. Damit Ihre Farben wirklich perfekt zur Geltung kommen und lange halten, empfehlen wir für jede unserer 132 Farben die passende Grundierung und Vorstreichfarbe. Sie wurden speziell entwickelt, um den Deckfarben einen idealen Untergrund und Halt zu bieten. Sie werden mit denselben Inhaltsstoffen und erstklassigen Pigmenten hergestellt wie unsere Deckfarben.

OBEN
Die einzelne Wand in „Charlotte's Locks" in diesem Schneideratelier bietet eine wunderschöne Kulisse für traumhafte Kleider.

RECHTE SEITE
Das „Blue Gray" der Wände verwandelt den viel genutzten Treppenaufgang in diesem Haus einer Familie in einen zentralen Ruhepol.

WALL & CEILING PRIMER & UNDERCOAT
Dieser Voranstrich wurde als Untergrund für Estate Emulsion und Modern Emulsion entwickelt und sorgt für ein gleichmäßiges Finish der Deckfarben.

INTERIOR WOOD PRIMER & UNDERCOAT
Dieses Voranstrich ist für unbehandeltes wie bereits gestrichenes Holz geeignet. Er bietet den perfekten Untergrund für die farbigen Holzlacke.

EXTERIOR WOOD PRIMER & UNDERCOAT
Eine atmungsaktive, flexible und schützende Vorstreichfarbe für die Vorbehandlung von Holz im Außenbereich.

METAL PRIMER & UNDERCOAT
Ein rosthemmender Voranstrich für Metalloberflächen wie Metalltore, Geländer, Möbel, Heizkörper und Fallrohre.

MASONRY & PLASTER STABILISING PRIMER
Voranstrich für den Gebrauch auf Mauerwerk und verputzten Flächen im Innen- und Außenbereich mit poröser, kreideartiger oder leicht abgenutzter Oberfläche, die aber strukturell intakt sind.

WOOD KNOT & RESIN BLOCKING PRIMER
Voranstrich für Holz im Innen- und Außenbereich. Der Voranstrich schützt bei unbehandeltem Nadelholz, harzreichem Laubholz und Astlöchern vor Harzflecken. Er dient auch zum Ausbessern der Böden vor dem Auftrag von Grundierung und Vorstreichfarbe für Holzböden.

WOOD FLOOR PRIMER & UNDERCOAT
Zur Vorbereitung von Holz im Innenraum vor dem Auftrag von Floor Paint. Sie sorgt für ein beständiges, optimales Finish.

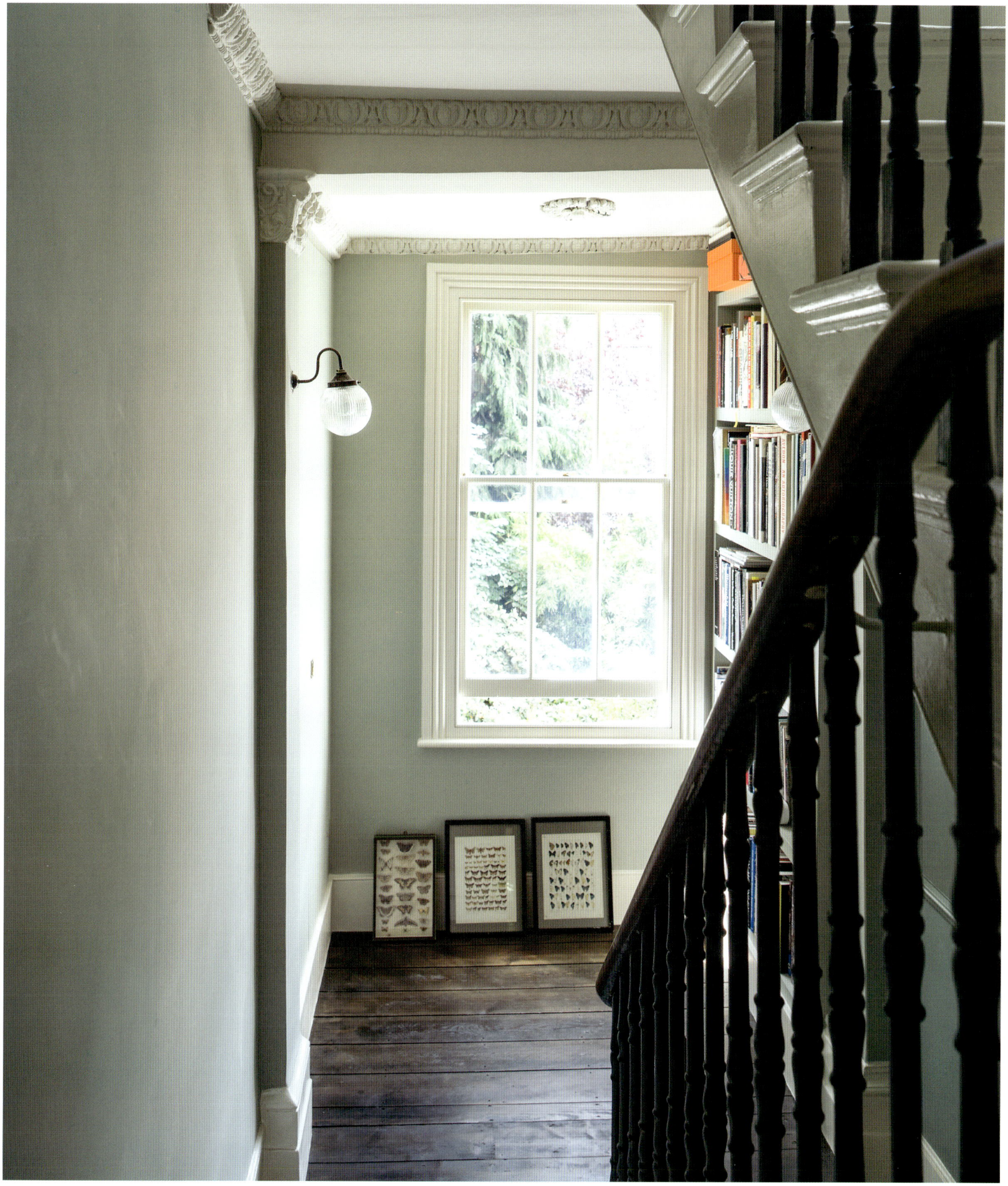

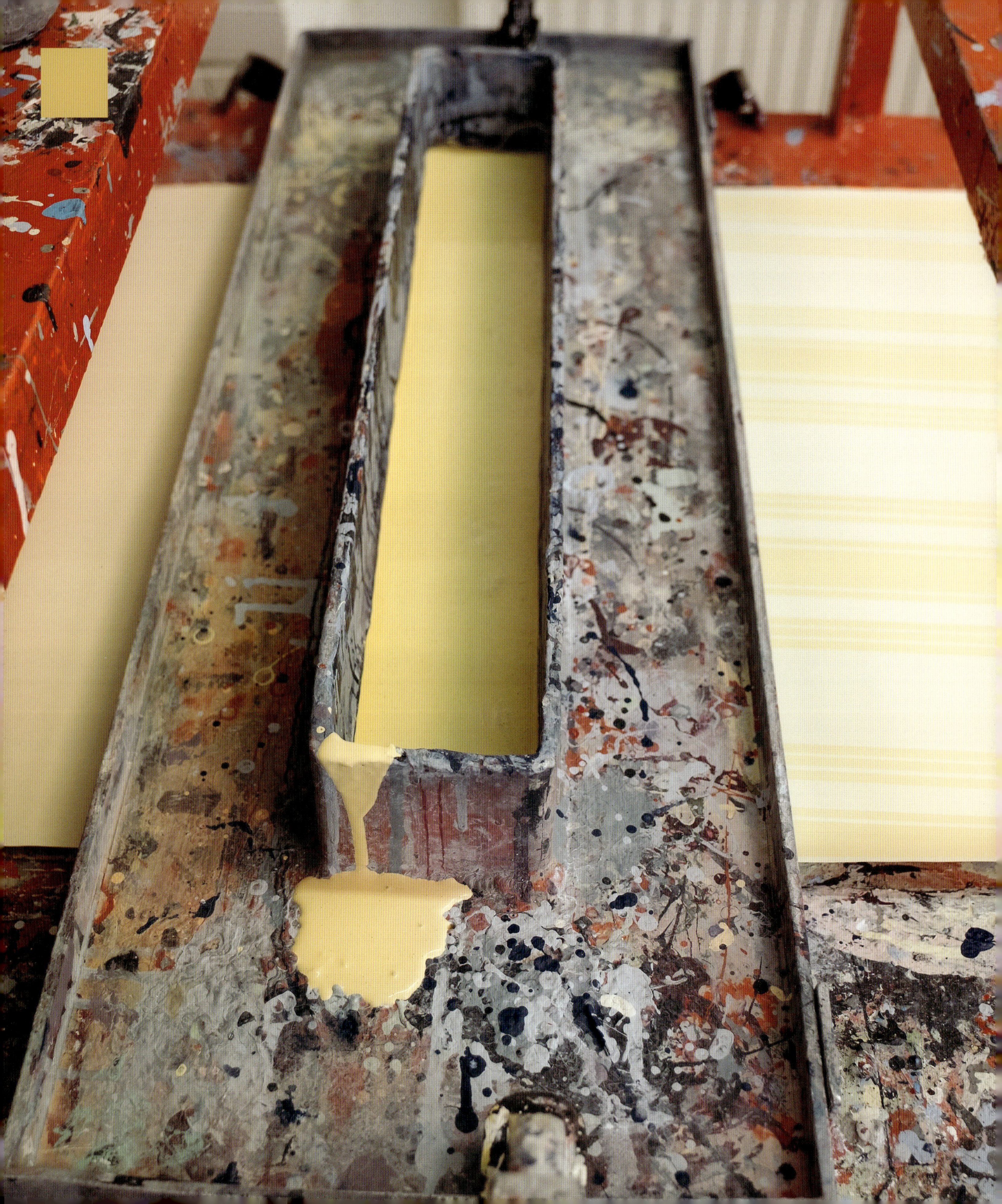

TAPETEN

Im Gegensatz zu den meisten Tapetenherstellern verwendet Farrow & Ball keine Druckertinte für die farbige Gestaltung. Wir setzen für den Grundton und die Muster ausschließlich unsere eigenen Farben ein und drucken nach traditioneller Methode. So entstehen außergewöhnliche Tapeten, die perfekt zu unseren Anstrichfarben passen.

Unsere große Auswahl an Mustern ist von Stoffen und Tapeten aus aller Welt inspiriert. Es gibt geblümte Tapeten, Damasttapeten, gestreifte Tapeten und geometrische Muster. Einige Dekore sind groß und üppig, andere zart und dezent. Es ist für jeden Geschmack etwas dabei.

Wir haben viel Zeit und Mühe in die Entwicklung gesteckt, damit unsere Tapeten auch modernen Ansprüchen gerecht werden. So können wir heute sicherstellen, dass sie abwischbar sind, ohne die berühmte matte Oberfläche einzubüßen – eine Kombination aus zeitloser Handwerkskunst und zeitgemäßer Haltbarkeit.

UNTEN LINKS
Die hübsche Tapete „Jasmine" (BP 3905) hat den Grundton „Green Smoke", das Muster ist in „Cooking Apple Green" gedruckt. Hier wurde sie in einem vergoldeten Rahmen als Dekoration auf einer Wand in „Dix Blue" verwendet.

UNTEN RECHTS
Die wunderbare Tapete „Lotus" (BP 2011) ist in kräftigen Farben immer ein Blickfang. Die Musterfarbe „Charleston Gray" setzt sich hier als Holzfarbe fort. Der Grundton ist in diesem Fall „Wimborne White".

GEBLÜMT

„Peony", „Wisteria" und „Versailles" sind Tapeten mit üppigen, großen Mustern, die wie die moderneren „Bamboo", „Ringwold" and „Rosslyn" gerne für einzelne dekorative Wände verwendet werden. Diese botanischen Muster eignen sich gut für hübsche, eher klassische Raumgestaltungen. Gleiches gilt für die feiner gemusterten „Uppark" und „Jasmine", die sich schön an der Decke fortsetzen lassen. „Feuille" passt in seiner Schlichtheit gut zum Midcentury-Stil, wohingegen „Samphire" in Neutral- und Pastelltönen eher den traditionellen Geschmack anspricht. Dieses Muster ist derzeit in Kupfer- und Grautönen am beliebtesten.

DAMAST

Farrow & Ball ist seit jeher für seine Damasttapeten berühmt. Die kleineren Muster wie „Brocade" oder „Renaissance" wirken wunderbar, wenn man sie mit der Grund- oder der Musterfarbe kombiniert – wobei die Farbe meist unterhalb und die Tapete oberhalb der Stuhlleiste angebracht wird. Die größeren Muster etwa der prächtigen französischen „St Antoine" oder ihrer schlichteren englischen Verwandten „Silvergate" wirken wie die grafischere „Orangerie" in kräftigen Farben äußerst traditionell. In neutraleren Tönen und modernerer Umgebung bekommen sie eine eher dezente Note. Dies gilt ebenso für die zeitgenössisch wirkende „Lotus", obwohl sie für auffällige Statements lieber in kräftigen Farben eingesetzt wird.

UNTEN LINKS
„Tessella" (BP 3605) wirkt nie deplatziert und überzeugt immer, doch in dieser Farbkombination hat sie eine besonders frische, heitere Note. Die Grundfarbe ist „Blue Ground" und das Muster schlichtes „All White".

UNTEN RECHTS
„Chromatic Stripe" (BP 4201) wirkt in jeder Umgebung elegant. In architektonischen Neutraltönen sorgt sie neben den Holzelementen, die in „Pavilion Gray" gehalten sind, für ein ausgesprochen edles Erscheinungsbild.

GEOMETRISCH

Die meisten geometrischen Muster von Farrow & Ball beleben große Wände und verhindern, dass sie allzu flächig wirken. Dabei steht das Muster nicht im Vordergrund. Den Designs „Tourbillon" und „Vermicelli" gelingt dies mühelos, während die kleinteiligeren und heiteren Muster von „Polka Square", „Renaissance Leaves" und „Yukutori" aus der Ferne fast unsichtbar werden. Die traditionelle Tapete „Crivelli Trellis" ist perfekt für Landhausschlafzimmer, während die auffällige „Tessella" in Gartenzimmern beliebt ist. Sie werden ergänzt durch die dezenteren „Lattice" und „Amime", die wie „Parquet" sowohl vertikal als auch horizontal geklebt werden können. „Brockhampton Star" ist das hübscheste und klassischste geometrische Muster, während das ebenso historische „Bumble Bee" einen fröhlicheren Touch hat.

GESTREIFT

Die Streifen von Farrow & Ball in unterschiedlichsten Breiten und Farben erfreuen sich andauernder Beliebtheit. Vom klassisch einfarbigen „Plain Stripe" über die breitere Version „Broad Stripe" bis hin zur plastischeren, vierfarbigen „Chromatic Stripe" verströmen sie alle zeitlose Eleganz. Wer die Streifen ein wenig kräftiger mag, findet mit „Tented Stripe" und „Block Print Stripe" schöne Alternativen, die sich fürs Kinderzimmer ebenso eignen wie für das Studierzimmer. Wegen ihrer neutralen Grundtöne sind „Closet Stripe" und „Five Over Stripe" ideal für frische, unkomplizierte Räume. Die gestreiften Tapeten können alle vertikal und horizontal geklebt werden. Vertikal haben sie eine traditionellere Anmutung, während sie horizontal für ungewöhnliche Effekte sorgen. Aber immer schaffen sie einen stilvollen, klassischen Look.

ARCHIVFARBEN

Bei Farrow & Ball glauben wir seit jeher an eine einfach zu nutzende Farbpalette. Obwohl wir ständig neue Farben kreieren, enthält unsere Farbkarte niemals mehr als 132 Farben, die den derzeitigen Ansprüchen des Marktes unserer Meinung nach am besten entsprechen. Wenn wir neue Farben herausbringen, müssen wir daher immer schweren Herzens geliebte alte Töne von unserer Farbkarte verbannen. „Fake Tan", „Monkey Puzzle", „Pea Green" und „Biscuit" sind nur einige Beispiele für sehr geschätzte Farrow & Ball-Farben, die heute als Archivfarben markiert sind. Aber keine Sorge, all unsere Farben sind jederzeit und in allen Oberflächenqualitäten erhältlich. Sie mögen in unseren Filialen nicht vorrätig sein, können aber jederzeit in der Fabrik bestellt werden, wo die Originalrezepturen sicher im Archiv bewahrt werden. Viele unserer Klassiker haben wir inzwischen modernsten Ansprüchen angepasst, sodass sie als neue Farben erhältlich sind. Wenn Sie aber eine alte Farbe wie „Single Cream" oder „Fruit Fool" lieben, genügt ein Anruf. Alle Archivfarben in diesem Buch sind mit (A) gekennzeichnet.

RECHTE SEITE
Unsere allseits geschätzte Farbkarte und der Farbfächer mit unseren Archivfarben, der alle bisherigen Farben zeigt.

SEITE 256–257
Das ruhige „Blackened" der Wände optimiert die herrlichen Lichtverhältnisse in dieser traumhaften, großen Küche. Die in „Railings" gestrichenen Küchenschränke erden den Raum und schlagen eine Brücke zu den Rahmen der großen Glastüren.

Farrow & Ball Ltd Paints Developed National Trust

№	Name	U/C
	WHITE	
8	STRING	U/C 1
15	BONE	U/C 1
22	LIGHT BLUE	U/C 22
27	PARM...	
9	LIGHT STONE	U/C 15
16	CORD	U/C 15
23	POWDER BLUE	U/C 22
28		
51	SUDBURY YELLOW	U/C 37
10	FAWN	U/C 15
17	LIGHT GRAY	U/C 10
24	BALLROOM BLUE	U/C 22
52	STRAW	U/C 37
	STONE WHITE	U/C 15
18	FRENCH GRAY	U/C 32
25	PIGEON	U/C 22
53	CANE	U/C 37
	...EEN ...ONE	U/C 18
19	LICHEN	U/C 18
26	DO...	
54	DAUPHIN	U/C 18
20	BUFF	U/C 10
55	WAINSCOT	U/C 49
21	OINTMENT PINK	U/C 10
		U/C 49
56	ETRUSCAN RED	U/C 49
43	EATING ROOM RED	U/C 49
50	BOOK ROOM RED	U/C 49
57	OFF-BLACK	U/C 26

OIL U... Nos. 1, 10,...
DEAD FLAT OIL...
OIL EGGSHELL is available...
OIL FULL GLOSS is available in W...
ESTATE EMULSION is available in White and...
OIL BOUND DISTEMPER is available in W...
Nos. 1, 2, 3, 4, 8, 15, 16, 21, 22, 23, 27, 29, 32, 37, 44, 50, 51.
SOFT DISTEMPER is available in White and
Nos. 1, 3, 4, 8, 15,
EXTERIOR MASONRY PAINT is available in
Nos. 1, 3, 4, 6, 9, 15, 21, 37, 44.

We reserve the right at any time to amend any of the above colours.

ARCHIVE COLOURS
FARROW & BALL

F&B · FARROW & BALL · DORSET ENGLAND

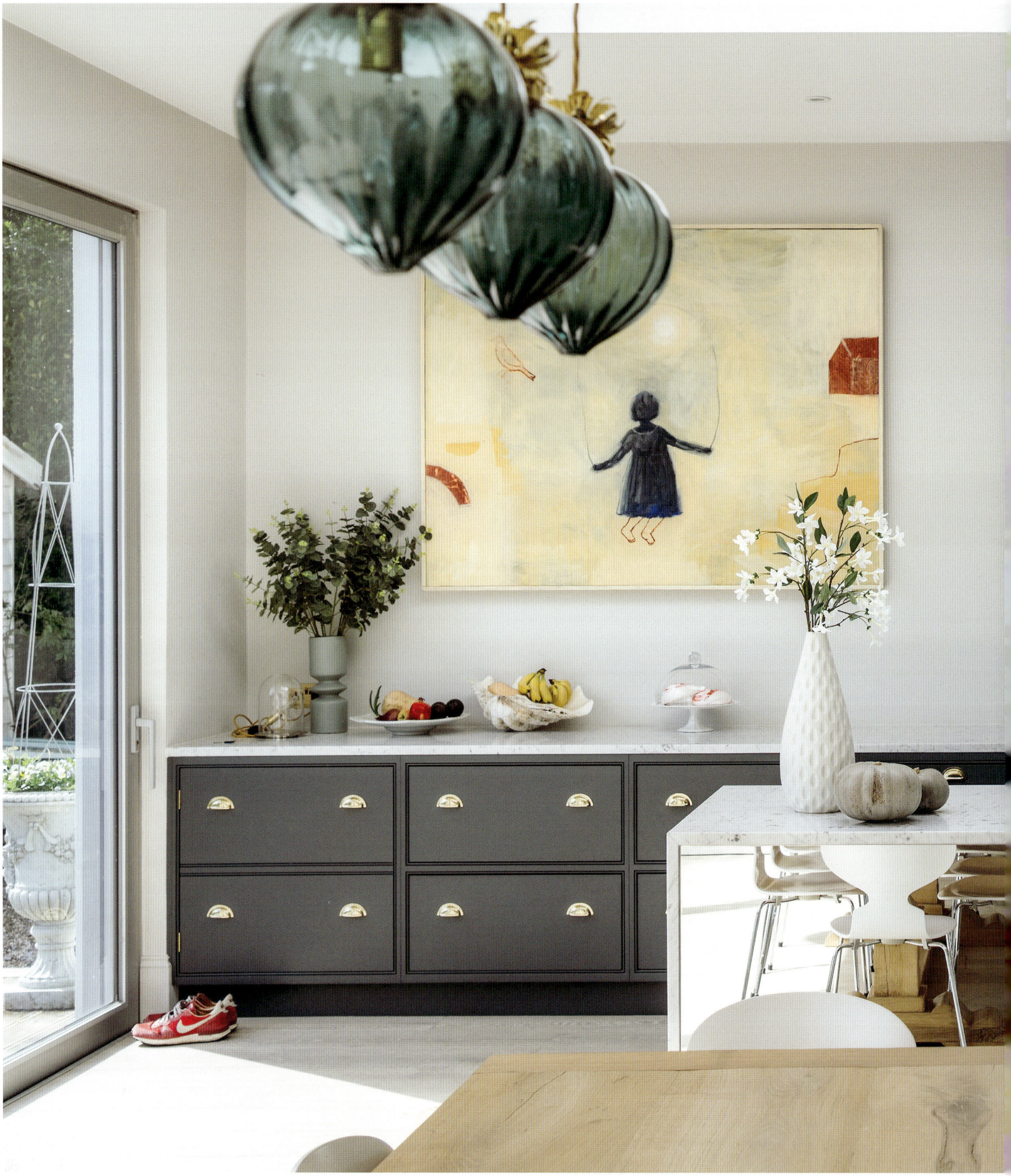

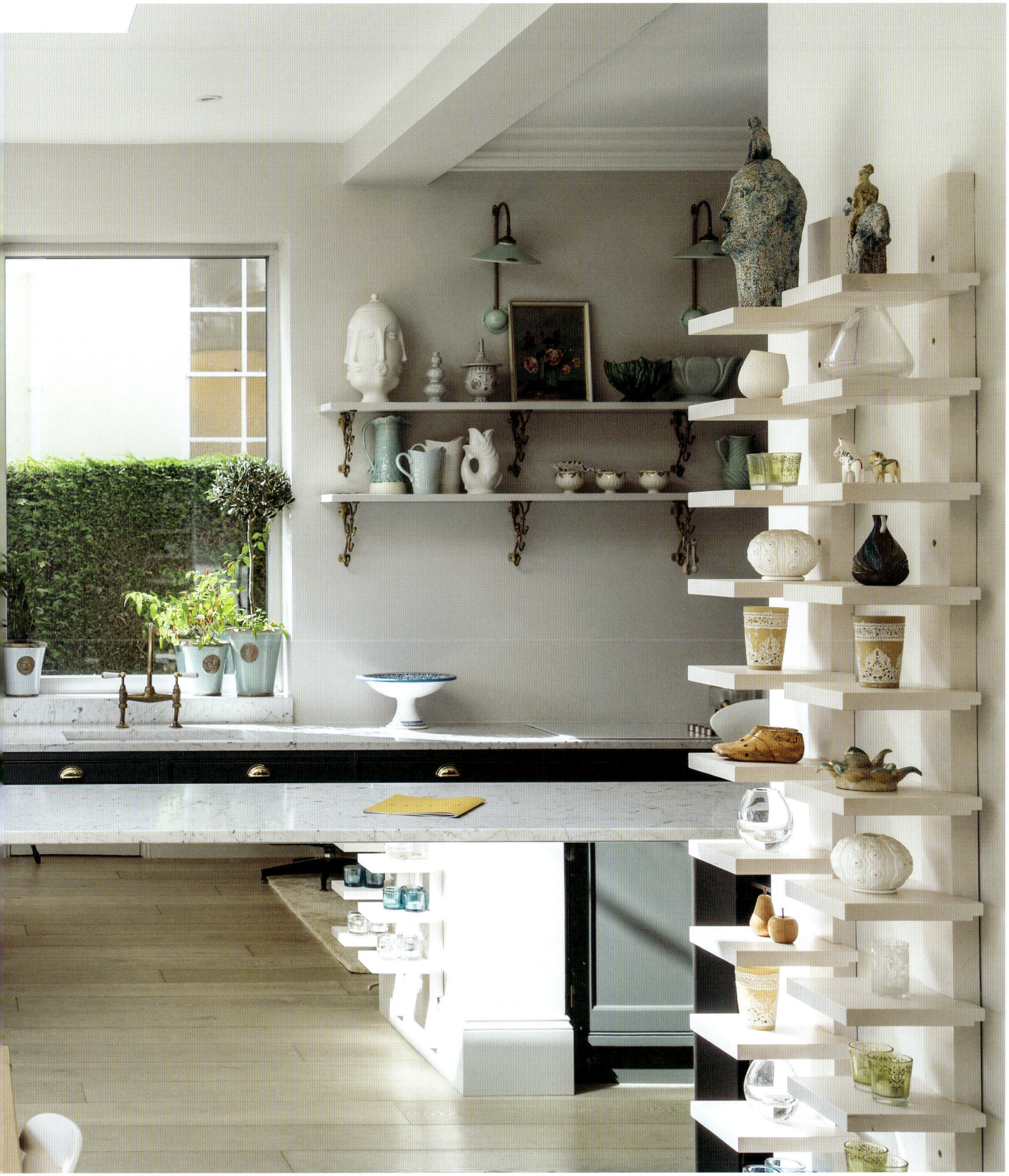

GLOSSAR

Architrav
Tragender Querbalken. Auch: Umrahmung einer Tür oder eines Fensters.

Bilderleiste
Eine horizontale Leiste an einer Innenwand, an der Bilder aufgehängt werden können.

Deckenrosette
Eine runde Verzierung, meist in der Mitte einer Decke.

Fries
Der obere Wandbereich zwischen Bilderleiste und Stuckleiste. Auch: Ein dekorativer Streifen am oberen Wandabschluss.

Fußleiste
Eine am unteren Abschluss einer Innenwand umlaufende Leiste aus Holz (manchmal auch Stuck), die sie vor Schmutz und Beschädigung schützen soll.

Hohlkehle
Ein einfacher konkaver Übergang zwischen Wand und Decke, der harte Winkel abmildern soll.

Holzelemente
Sammelbegriff für aus Holz gearbeitete Sockel- und Fußleisten, Tür- und Fensterrahmen, Türen und Balken.

Nut- und Federbretter
Bretter, die sich bündig zu einer Verkleidung zusammenfügen lassen.

Oberlicht
Ein Fenster über einer Tür.

Sockel
Der Wandabschnitt unterhalb der Stuhlleiste, der meist anders dekoriert wird als die darüber liegende Fläche.

Sockeltäfelung
Holzverkleidung auf dem unteren Bereich einer Wand.

Stuckleiste
Eine dekorative Leiste am Übergang zwischen Wand und Decke.

Stuhlleiste
Eine etwa auf Hüfthöhe horizontal an der Wand montierte Leiste zum Schutz vor Beschädigung durch Stuhllehnen.

Wandvertäfelung
Auf eine Wand montierte Holz- oder Stuckpaneele.

FARROW & BALL-ADRESSEN

DEUTSCHLAND

SHOWROOMS

Düsseldorf
Hohe Straße 37
40213 Düsseldorf
+49 (0)21 12 10 73 561

Frankfurt
Kaiserstraße 25
60311 Frankfurt a. M.
+49 (0)69 24 24 62 69

Hamburg
Neue ABC-Straße 2–3
20354 Hamburg
+49 (0)40 21 98 22 35

München
Rumfordstraße 48
80469 München
+49 (0)89 21 26 94 16

FACHHÄNDLER

Berlin
Maison DFH
Hubertusallee 10a
14193 Berlin
+49 (0)30 41 71 47 02

Dresden
Deco & Interieur
Rissweg 70
01324 Dresden
+49 (0)351 85 83 229

Köln
Elite Showroom
Petra Buchholz
Kaiser-Wilhelm-Ring 10
50672 Köln
+49 (0) 221 92 29 86 93

Ingolstadt
Holger Hollweck
Die Malerwerkstatt
Kälberschüttstraße 1b
85053 Ingolstadt

Potsdam
Einrichtungen John Vosper
in der Villa Mendelssohn
Berliner Straße 89
14467 Potsdam
+49 (0)331 20 09 72 23

Stuttgart
Merz & Benzing
Dorotheenstraße 4
70173 Stuttgart
+49 (0)711 23 98 40

ÖSTERREICH

FACHHÄNDLER

Graz
RG Home Collection
Andritzer Reichsstraße 160
8046 Graz
+43 (0)316 81 44 22

Graz
Casa Michaela, Palais Inzaghi
Bischofsplatz 1
8010 Graz
+43 (0)676 84 38 08 105

Salzburg
WIL Interior Design
Makartplatz 4
5020 Salzburg
+43 (0)6 62 87 06 32

Wien
Gramath & Windsor
Wollzeile 1–3
1010 Wien
+43 (0)1 51 21 902

Wien
E. Fessler
Mozartgasse 3
1040 Wien
+43 (0)1 50 58 499

SCHWEIZ

FACHHÄNDLER

Basel
Wohnbedarf Basel
Aeschenvorstadt 48–52
4051 Basel
+41 (0)61 29 59 030

Bern
Lisa Feiler Intérieur
Grabenpromenade 1
3011 Bern
+41 (0)31 31 88 030

Locarno
Spazio Ambiente
Via Serafino Balestra 4
6600 Locarno
+41 (0)91 75 14 145

Zürich
Neumarkt 17 AG
Inneneinrichtungen
Neumarkt 17
8001 Zürich
+41 (0)44 25 43 838

Zürich
Seidenmatt
Höschgasse 81
8008 Zürich
+41 (0)43 81 93 925

FRANKREICH

SHOWROOMS

Paris Rive Gauche
50 rue de l'université
75007 Paris
+33 (0) 1 45 44 82 20

Paris Marais
111 bis, rue de Turenne
75003 Paris
+33 (0)1 44 61 18 22

Paris Neuilly
2 rue du Château
Neuilly-sur-Seine
92200 Paris
+33 (0)1 47 22 98 28

St-Germain-en-Laye
7 rue du Docteur Timsit
St Germain en Laye
78100 Paris
+33 (0)1 39 10 46 50

Straßburg
1 rue de la Nuée Bleue
67000 Straßburg
+33 (0)390 20 08 40

GROSSBRITANNIEN

SHOWROOMS

Cambridge
14 Regent Street
Cambridge
Cambridgeshire
CB2 1DB
+44 (0) 1223 367771

Edinburgh
20 North West Circus Place
Stockbridge
Edinburgh
West Lothian
EH3 6SX
+44 (0) 131 226 2216

London
249 Fulham Road
Chelsea
London
SW3 6HY
+44 (0) 20 7351 0273

London
58 Rosslyn Hill
Hampstead
London
NW3 1ND
+44 (0) 20 7435 5169

London
21–22 Chepstow Corner
Notting Hill
London
W2 4XE
+44 (0) 20 7221 2328

London
90 High Street
Wimbledon
London
SW19 5EG
+44 (0) 20 8605 2099

Manchester
270 Deansgate
Manchester
M3 4JB
+44 (0) 161 839 5532

Oxford
225 Banbury Road
Summertown
Oxford
OX2 7HS
+44 (0) 1865 559575

Richmond
30 Hill Rise
Richmond
Surrey
TW10 6UA
+44 (0) 20 8948 7700

Wimborne
Uddens Estate
Wimborne
Dorset
BH21 7NL
+44 (0) 1202 890905

USA & KANADA

SHOWROOMS

Boston
One Design Center Place
Suite 337A
Boston, MA 02210
USA
+1 617 345 5344

Chicago
449 North Wells Street
Chicago, IL 60654
USA

Greenwich
32 East Putnam Avenue
Greenwich, CT 06830
USA
+1 203 422 0990

Los Angeles
8475 Melrose Avenue
West Hollywood
Los Angeles, CA 90069
USA
+1 323 655 4499

NY Flatiron
32 East 22nd Street
New York, NY 10010
USA
+1 212 334 8330

NY Midtown
D&D Building Suite 1519
979 Third Avenue
New York, NY 10022
USA
+1 212 752 5544

NY Upper East Side
142 East 73rd Street
New York, NY 10021
USA
+1 212 737 7400

NY Upper West Side
322 Columbus Avenue
New York, NY 10023
USA
+1 212 799 0900

Orange County
3323 Suite C Hyland Avenue
Costa Mesa, CA 92626
USA
+1 714 438 2448

Toronto
1054 Yonge Street
Toronto, ON M4W 2L1
CANADA
+1 416 920 0200

Washington
5221 Wisconsin Avenue NW
Washington DC, 20015
USA
+1 202 479 6780

Westport
396 Post Rd East
Westport, CT 06880
USA
+1 203 221 3117

Das stets aktualisierte Adressverzeichnis finden Sie unter www.farrow-ball.com

REGISTER

Kursiv gesetzte Seitenzahlen verweisen auf Abbildungen.

A

Adam, Robert 33
Akzentfarben 127, 137–145
   in lichtarmen Ecken 140, *140–141*
   Rhythmus *142–145*, 143
   Stuck 167
   Tiefe und Balance 138, *138–139*
„All White" *9*, 24, *39*, 63, 71, *72*, 86, *86–87*, *105*, 113, *129*, *130*, *143*, 156, *164*, *170*, *175*, *201*, 208, 214, 220, *223*, *232*, *235*, *244*, *253*
„Amime" (Tapete) 253
„Ammonite" 14, *16*, *45*, 88, *88–89*, 95, *106*, 156, *160*, 166, *179*, 194, 220
Anstreichen 210–211
architektonische Details *26–28*
   Außenanstriche 201
   Farben auswählen 35, *36–39*
   Stuckleisten 163–167, *164–167*
   Stuhl- und Bilderleisten 155–156, *157–161*
Archivfarben 13, 254
„Arsenic" 14, 209
Art déco 209
Astloch- und Harzversiegelung 248
Attingham Park, Shropshire 16
Außenanstriche *192*, 193–201, *194–203*
   architektonische Details 201
   Haustüren *200–201*, 201
   kräftige Farben 197
   Licht 194
   Oberflächenvarianten 197, 201, 231
   Verbindung von draußen und drinnen 198, *198–199*

B

„Babouche" 63, *65*, *131*, 209, *209*, 221
Badezimmer 48, *65*, 69, *102*, *105*, *106*, 127, *132*, 135, *135*, 137, 140, *145*, *167*, *189*, *217*, 235
Balance und Akzentfarben 138, *138–139*
„Ball Green" *18*, *19*, 66, 217
Ball, Richard 10, 19
„Bamboo" (Tapete) 185, *189*, 252
Bilderleisten 155–156, *157–161*
„Biscuit" 254
„Black Blue" *36*, *45*, 48, *58*, 74, *74*, 201, 209, *209*, 220
„Blackened" *78*, 90, *90–91*, 113, *123*, 177, 209, 214, 221, *254*
Blau 56, *70*, 71, *72–73*
„Blazer" *58*, 209
Bleifarben 224
„Block Print Stripe" (Tapete) *143*, 253
Blockdruckverfahren (Tapeten) 20
„Blostma" (Tapete) 188
„Blue Gray" *47*, 56, 123, *124*, *170*, 194, *201*, 220, *235*, 248
„Blue Ground" 71, *132*, *197*, 220, 253
Blumentapeten 252
Böden 147–153, 248
   Bodenanstrich 147, *242–243*, 243
Bonaparte, Joséphine 188
„Book Room Red" *58*, *61*
„Borrowed Light" 71, *109*
„Brassica" *16*, 18, *52*, *144*, 147, *148*, 153, 177, *193*, *201*
„Breakfast Room Green" 66, *148*, 206
„Brinjal" *19*, 58, *58*, *115*, 207, 214
„Broad Stripe" (Tapete) 253

„Brocade" (Tapete) 252
„Brockhampton Star" (Tapete) *179*, 253
Bücherregale 127, 140, *221*
„Buff" *124*, 232
„Bumble Bee" (Tapete) *179*, *188*, 253

C

„Cabbage White" 14, *175*, 221
„Calamine" *58*, *110*, *124*, *132*, 208
Calke Abbey, Derbyshire 16
„Calke Green" *16*, *33*, 68, 207, 221
„Calluna" *16*, 18, *115*, 207
„Card Room Green" *45*, 66, *124*, *201*
Casein Distemper 20, 98, 166, 169, 247, *247*
„Charleston Gray" 127, 138, *139*, 156, *252*
„Charlotte's Locks" *19*, *33*, *124*, 131, 179–180, *217*, 248
„Chinese Blue" *9*, *137*, 239
„Chromatic Stripe" (Tapete) 253
„Churlish Green" *58*, 69, 209, *209*
„Cinder Rose" 58, *58*, *140*, 207, 239
„Citron" 63, *112*, 207, *207*
„Clara Yellow" 65
„Claydon Blue" *39*, *240*
„Closet Stripe" (Tapete) *179*, 253
„Clunch" *152*, 221
„Cooking Apple Green" *18*, 66, *68*, 208, *252*
„Cook's Blue" 16, 71, *72*, *152*
„Cord" 14, 138, *138*
Cornforth, John 19
„Cornforth White" *19*, *32*, *43*, 88, *88–89*, *93*, 113, *127*, *151*
„Crivelli Trellis" (Tapete) 253
„Cromarty" 14, *39*, 71, *123*, 214, 220

D

Damast (Tapeten) 20, 252
„Dayroom Yellow" 63, *98*, *115*, *124*
Dead Flat 20, 98, 206, 240, *240–241*
„Dead Salmon" 14, *102*, *135*, 206, 217
Decken 169–172, *170–175*
   Bilderleisten 156
   Deckenhöhe 36, 170
   Edwardianische Häuser 208
   Farbübergang von Wand zu Decke 166
   fließende Übergänge *118–119*, 119
   glänzender Anstrich 179
   Kinderzimmer 179
   Räume heller oder dunkler wirken lassen 170
   Streichen 211
   Stuckleiste und Decke in einer Farbe 164
   Tapete 179
   in Wandfarbe 172, *172–175*
dezente Neutraltöne *32*, 79, 88, *88–89*, *93*, 138
„Dimity" 84, *84–85*, 102, *102*, 207
„Dimpse" 14, *78*, 90, *90–91*, 223
Distemper 167
   Casein Distemper 98, 166, 169, 247, *247*
   Soft Distemper 98, 167, 247
„Dix Blue" 71, *160*, 177
Dorset 10, 14
„Dorset Cream" 208
„Dove Tale" *16*, 167, 221
„Down Pipe" 74, *77*, *106*, *120*, *123*, *127*, 138, *139*, 180, 195, *197*, *201*, 209, 221, *223*, *243*
„Drawing Room Blue" 55, 220, *129*
„Drop Cloth" 48, *108*, *217*, 221

dunkle Ecken und Akzentfarben 140, *140–141*
dunkle Farben 74, *75–77*
　dunkel auf hell 106, *106–109*
　siehe auch kräftige Farben

E

„Eating Room Red" 55, 56, 58, 124, 207, *207*, 221
Edwardianische Häuser 208
Eggshell
　Estate Eggshell 98, 206, 236, *236–237*
　Exterior Eggshell 98, *193*, 197, 201, 244, *244*
einfarbige Schemata, *siehe* monochrome Farbschemata
„Elephant's Breath" 14, 86, *86–87*, 156
Emulsion
　Estate Emulsion 98, 206, 232, *232–233*
　Modern Emulsion 98, *215*, *234–235*, 235
Ephson, Martin 10
Estate Eggshell 98, *127*, *156*, 206, 236, *236–237*
Estate Emulsion 20, 98, *127*, *156*, 206, 232, *232–233*
Exterior Eggshell 98, *193*, 197, 201, 244, *244*
Exterior Masonry 98, 244, *244*

F

„Fake Tan" 254
Farbe lagern 211
Farbe
　Anstreichen 210–211
　Deckkraft und Reichweite 98

Druck (Tapeten) 251
　Geschichte 224
　Herstellung 20
　Umweltschutz 228
Farben 55–93
　Akzentfarben 127, 137–145
　architektonische Details 36–39
　Blau 70, 71, *72–73*
　dunkle Farben 74, *75–77*
　Farbkombinationen 220–221
　Farbkreis 56, *57*
　Farbmusterkarten 92, 254
　Gelb 62, 63, *64–65*
　Grün 66, *67–69*
　Komplementärfarben 56, 129
　und Licht 42–47, 214–217
　Mischen *15*
　Namen 14–19
　neutrale Farben 79–91
　Rot 58, *59–61*
　Stil 48–53
　Tapeten 20
　Übergänge 115–127
　Wände als Blickfang 129–135
　warme und kühle Farben *132–133*, 133
Farben im Mittelpunkt 135
Farbmuster 92
Farbrolle 210, *212*, 228
Farrow & Ball-Firmengeschichte 10–13
Farrow, John 10, 19
„Farrow's Cream" 19, 63
„Fawn" 195, 206
„Feather Grass" (Tapete) 186
Fensterrahmen 198
„Feuille" (Tapete) 186, 252
„Five Over Stripe" (Tapete) 253
fließende Übergänge 115–127

eine Farbe oder eine neutrale Gruppe 116, *116–117*
eine Holzfarbe 120, *120–121*
einheitliche Deckenfarbe *118–119*, 119
Ton-in-Ton-Kombinationen *122–123*, 123
verbindende Farben *126–127*, 127
Verbindung von draußen und drinnen 198, *198–199*
Fowler, John 16, 33, 58, 152
„French Gray" *159*, 207, 221
„Fruit Fool" 254
Full Gloss 20, *238–239*, 239
　Außenanstriche 197, 201
　Decken 169, 179
　Deckkraft und Reichweite 98
　Spritzschutzwand *215*
Fußleisten streichen 211

G

Gelb 56, 62, 63, *64–65*
gelbliche Neutraltöne 79, 82, *82–83*, 138
geometrisch (Tapeten) 253
Georgianische Häuser 110, 206
Geschichte der Farbe 224
gestreift (Tapeten) 253
Glühbirnen 217
Grau 86, 90
Graubraun 84
„Great White" 177, 207, 221
„Green Blue" *33*, *72*, 177, *203*
„Green Ground" 66, 115, 124, 208
„Green Smoke" *36*, 55, 56, *115*, 207, 252
große Muster 135, *135*
große Räume 36, 42
Grün 56, 66, *67–69*

Grundierung 210, 211, 231, 248
Grundierung für Holzelemente 211, 248
Grundierung & Voranstrich für Putz 248

H

„Hague Blue" 71, *106*, *115*, 124, 144, 177, *180*, 201
Halogenlicht 217
„Hardwick White" *52*, 160
harmonisches Farbschema 56
Harzversiegelung 248
Haustüren *200–201*, 201
„Hay" 63
Heinrich III. 66
hell auf dunkel 101, 102, *102–105*
helle Farben 36, 39
Helme, Tom 10
hervortretende Farben 133
historische Häuser 33, 205–209
Hochglanz, *siehe* Full Gloss
Höhlenmalerei 224
Hohlkehle, *siehe* Stuckleisten
Holzelemente 101
　Art-déco-Häuser 209
　Außenanstriche 197
　dunkel auf hell 106
　Edwardianische Häuser 208
　hell auf dunkel 102
　Kinderzimmer 177
　monochrome Farbschemata 39, 101, 110
　Streichen 211
　Stuhl- und Bilderleisten 155–156, *157–161*
　Übergänge 120, *120–121*
　Vorstreichfarben und Grundierungen 248

„Hornbeam" (Tapete) *184*
„Hound Lemon" 55
„House White" 63, *166*
Houzz 30

I

„Incarnadine" 58, *201*, 209
„Inchyra Blue" 16, *47*, *72*, *202*, 214, 221
Inchyra House, Perthshire 16
„India Yellow" 14, 55, *65*, *150*, 209
Inspiration 30–35

J

„James White" 18, 102, *164*, *195*, 208
„Jasmine" (Tapete) 252, *252*
„Joa's White" *19*, 84, *84–85*, 166, *193*, 207, *207*, 214, *244*

K

Kedleston Hall, Derbyshire 14, *102*
Kerzenlicht 217
Kinderzimmer *176*, 177–180, *178–183*
kleine Muster 135, *135*
kleine Räume 36, 39, 42
Komplementärfarben 56, 129
kräftige Farben
  Außenanstriche 197
  Böden 150
  Farbe im Mittelpunkt 135
  Farbübergang von Wand zu Decke 166
  Kinderzimmer 177, 179
  monochrome Farbschemata 35, 39, 172
  Stuhlleisten 156
  Wände als Blickfang 130–131, *130–131*
  siehe auch Akzentfarben
Kücheninseln *39*, 135, *135*, 179, *220*
kühle Farben *132–133*, 133
Kunst als Inspiration 33
Kunstlicht und Farben 217
kurze Wände als Blickfang 131, *131*

L

„Lamp Room Gray" *105*, *108*, 116
Lancaster, Nancy 63
lange Wände als Blickfang 130, *130*
„Lattice" (Tapete) 253
LED-Leuchten 217
Leinöl 224
Leisten 155–156, *157–161*
„Lichen" 66, 68, *206*, *206*
Licht
  Außenanstriche 194
  Farbmuster 92
  Farbwahl 35, 42–47
  Kunstlicht 217
  neutrale Farben 79
  Wirkung auf Farben 214–217
„Light Blue" *132*, 198
„Light Gray" *52*, 156, 166, *240*
„Lime White" 66, 80, *80–81*, 156, 166, 194, 206
Limewash 4, 98, 167, 247, *247*
„London Clay" 74, 209
„London Stone" 138, *139*, 207
„Lotus" (Tapete) *123*, *191*, 252, *252*
„Lulworth Blue" *72*, 166, 172, *175*, 206, 221

M

„Mahogany" 74, 220
„Manor House Gray" *18*, *36*, 90, *90–91*, *148*
„Matchstick" 82, *82–83*
Mauerwerk
  Exterior Masonry 98, *193*, 244, *244*
  Vorstreichfarben und Grundierungen 248
Merrell, James *236*
Metal Primer & Undercoat 248
Midcentury-Baustil 209
„Middleton Pink" 105, 124, 180, 217
„Mizzle" *14*, 18, 56, *203*
Modern Emulsion 98, *215*, 234–235, *235*
moderne neutrale Farben 79, 86, *86–87*, 138

„Mole's Breath" 14, 74, *77*, *93*, 95, 127, 138, *139*, 156, 160, 166, *166*, 172, 221
„Monkey Puzzle" *254*
monochrome Farbschemata 35, 110, *110–113*
  Decken und Wände 172, *172–175*
Morandi, Giorgio 33
„Mouse's Back" *14*, 16, *43*, 138, *138*, 152, 175, 206, *206*
Muster
  große oder kleine Muster 135, *135*
  Tapeten 252–253, *252–253*

N

Namen der Farben 14–19
„Nancy's Blushes" *19*, 58, *58*, *61*, 115
Napoleon I. 14
National Trust 10–13
Naturfarben 30
Neutrale Farben 42, 79–91
  architektonische Neutraltöne *78*, 79, 90, *90–91*, 138
  dezente Neutraltöne 79, 88, *88–89*, *93*, 138
  gelbliche Neutraltöne 79, 82, *82–83*, 138
  moderne Neutraltöne 79, 86, *86–87*, 138
  rötliche Neutraltöne 79, 84, *84–85*, 138
  traditionelle Neutraltöne 79, 80, *80–81*, 138, 166
  Übergänge 116
„New White" 63, 82, *82–83*, 109
Nordlage 214

O

„Ocelot" (Tapete) 140, *143*
„Off-Black" *39*, *72*, 74, *77*, 120, 131, *143*, 160, 197, *235*
„Off-White" 33, *47*, *52*, 66, 80, *80–81*, 119, *131*, 137, 152, 156, 170, 206
„Old White" 80, *80–81*, 166, 194, *239*, *247*
„Olive" 69

Orange 56
Ostlage 214, *215*, 217
„Oval Room Blue" *112*, *201*, 221
„Oxford Stone" 84, *84–85*, 195

P

„Pale Hound" *108*
„Pale Powder" *52*, 71, *102*, 177, 208, 214, *215*
„Parma Gray" 71, *72*, *124*, *133*, *164*, *180*, 207, *207*, 221, *236*
„Parquet" (Tapete) 253
„Pavilion Blue" 55, 214
„Pavilion Gray" *18*, 90, *90–91*, 110, *143*, 206, 253
„Pea Green" 14, *254*
„Peignoir" *52*, 214, 221
„Pelt" 58, 74, *132*, 179–180, 221
„Peony" (Tapete) *93*, 252
„Picture Gallery Red" 16, *206*, *206*
„Pigeon" *39*, 71, 123, 194, *206*, 220
Pigmente 226
  Farbmuster 92
  Lacke 20
  mischen *15*
  Namen 14
  Quellen 224
Pink 58
„Pink Ground" 55, 58, *106*, *144*, 220
Pinsel 210, *211*, *212–213*, 228
Pinsel und Werkzeug *212–213*
Pinterest 30
„Pitch Black" *51*, *130*, 170, 209
„Pitch Blue" *201*
„Plain Stripe" (Tapete) 253
„Plummett" 4, 14, 74, *127*
„Pointing" *47*, 84, *84–5*, 102, 105, *123*, *124*, *151*, 166, *189*, *191*, 208, *219*, 221
„Polka Square" (Tapete) 253
Pompeji 224
„Porphyry Pink" *236*
praktische Informationen 222
Primärfarben 56
„Print Room Yellow" *18*, *65*, 221
„Purbeck Stone" *14*, *51*, 88, *88–89*, *93*, *106*, *113*, *159*, 179, 194, *236*

R

„Radicchio" 58, *115*, 221
„Railings" *4*, 36, *45*, 63, 74, *77*, 110, 120, *135*, 156, 201, *202*, 221, *228*, *239*, *240*, *254*
„Ranelagh" (Tapete) 209
Raumgrößen 36
„Red Earth" *33*, 58, *175*, *184*
Regency-Häuser 106, 197, 206
„Renaissance" (Tapete) 252
„Renaissance Leaves" (Tapete) 135, 253
Rhythmus und Akzentfarben *142–145*, 143
„Ringwold" (Tapete) 252
„Ringwold Ground" 63, 82, 208, *208*, 214
„Rosslyn" (Tapete) 252
Rot 56, 58, *59–61*
Rothko, Mark 33
rötliche Neutraltöne 79, 84, *84–85*, 138
Ruskin, John 9

S

Sammelalben 30
„Samphire" (Tapete) *135*, 140, *252*
Savage, Dennis 19
„Savage Ground" 19, 82
Schäferwagen *201*
Schränke mit Farbakzenten 140, *144*, 179, 185
Sekundärfarben 56
„Setting Plaster" 14, 58, *106*, 160, 206, 222
„Shaded White" 9, 148, *159*, *164*, 209, *209*, 221, *232*, *243*
„Shadow White" *48*, *108*, 167, 217, 220, 221
Shaftesbury, Lord 16
Showrooms 13, 259–261
„Silvergate" (Tapete) 20, *93*, 185, *189*, *191*, 252
„Single Cream" *254*
skandinavisch inspirierte Palette 88
„Skimming Stone" 86, *86–87*, *105*, 127, 167, 209

„Skylight" 124, 177, 208, *208*
„Slipper Satin" *65*, 80, *80–81*, *149*, 156, 194, *202*, 217
„Smoked Trout" 14, 217, 221
Soft Distemper 98, 247
Spezialfarben 20, 231–247
Außenanstriche 197, 201
„St Antoine" (Tapete) 20, *93*, 135, *135*, 252
„St Giles Blue" 16, *16*, 71, *144*, 220
St Giles House, Dorset 16
„Stiffkey Blue" 19, *33*, 71, *71*, *109*, *172*, 220, *232*
Stil 48–53
„Stone Blue" *109*, 124, 156, 180, *244*
„Straw" *63*, 206
Streifen
Art-déco-Häuser 209
Böden *148*
Kinderzimmer 179
Tapeten 253
„String" 14, 82, *82–83*, 195
„Strong White" *35*, *39*, *51*, *77*, 86, *86–87*, *106*, 119, *144*, *151*, *160*, *215*, 221
Stuckleisten 163–167, *164–167*
Stuckrosetten 167
„Studio Green" 66
Stuhlleisten 155–156, *157–156*
Sudbury Hall, Derbyshire 16
„Sudbury Yellow" 16, 63
Südlage 214

T

Tageslicht und Farben 214–217
„Tallow" *63*, 82, *127*, 208, 214, 220
„Tanner's Brown" 74, *112*, 208, 221
Tapeten 13, *184*, 185, *186–191*, 251–253 1
Art-déco-Häuser 209
Blockdruck-Verfahren 20
Damast 20, 252, *252*
Decken 179
Edwardianische Häuser 208
geblümt 252, *252*
geometrische Muster 253, *253*
große und kleine Muster 135, *135*

Herstellung 20, *20*
Kopfteil *191*
Mengenberechnung 98
Muster *93*
in Schränken 140, 179
Streifen 20, 253, *253*
Stuhlleisten 156
Umweltschutz 228
Viktorianische Häuser 207
„Tented Stripe" (Tapete) 179, 253
„Teresa's Green" *105*, *123*, *191*, 209, 214
Tertiärfarben 56
„Tessella" (Tapete) *98*, 135, 209, 253, *253*
Tiefe von Akzentfarben 138, *138–139*
Tiffany 30
Tipps zum Anstreichen 210–211
Ton-in-Ton-Kombinationen *122–123*, 123
„Tourbillon" (Tapete) *144*, 253
traditionelle Neutraltöne 79, 80, *80–81*, 138, 166
„Tunsgate Green" 55, 66, 208
Türen, Haustüren *200–201*, 201

U

Uddens Estate, Wimborne 10
Umweltschutz 228
„Uppark" (Tapete) *175*, 252
urbanes Umfeld 195
Utensilien zum Streichen *212–213*

V

„Vardo" *123*, 214, 221
verbindende Farben *126–127*, 127
verbundene Räume 42
„Vermicelli" (Tapete) 179, 253
„Versailles" (Tapete) *93*, 252
„Vert de Terre" 18, 66
Verwood, Dorset 10
Viktorianische Häuser 106, 197, 207
Violett 56
Vitrinen und Akzentfarben 140
VOCs (flüchtige organische Verbindungen) 224, 228

Voranstrich 210, 211, 231, 248
Vorbereitung für Anstrich 210

W

Wände
als Blickfang 129–135
Farbabstufung von den Wänden zur Decke 166
Streichen 211
Stuckleiste und Wände in einer Farbe 165
Vorstreichfarben und Grundierungen 248
Wände und Decke in einer Farbe 172, *172–175*
Wände als Blickfang 129–135
warme Farben *132–133*, 133
wasserbasierte Farben 224, 228
Wedgwood-Porzellan 71
Weiß
Decken 170
Holzelemente 102, 120
Stuckleiste und Decke in einer Farbe 164
Stuhl- und Bilderleisten 155, 156
Übergänge 116
welches Weiß? 96–97
Westlage 217, *217*
„Wevet" 14, *16*, *35*, 88, *88–89*, *105*, 131, *159*
„White Tie" 82, *82–83*, 166, 183
Wimborne, Dorset 10
„Wimborne White" *28*, *105*, *109*, 116, *133*, *164*, *169*, *172*, *201*, *208*, 221, *232*, *247*, 252
Windsor Castle 66
„Wisteria" (Tapete) *191*, 252
„Worsted" 167, 220

Y

„Yeabridge Green" *123*, 140, 209, 221
„Yellow Ground" *140*, 166
„Yellowcake" *65*, *177*, *201*, 220, *244*
„Yukutori" (Tapete) *135*, 179, 253

Z

Zierleisten, *siehe* Stuckleisten

DANK

Vielen Dank an alle bei Octopus, die diese Erstlingsautorin so behutsam durch den Schöpfungsprozess eines Buchs geleitet haben! Mein ganz besonderer Dank gilt dabei Alison Starling für ihre unermüdliche Unterstützung, Jonathan Christie für sein wohlüberlegtes Design und Polly Poulter für ihre außerordentliche Sorgfalt.

Natürlich sind wir auch all jenen Hausbesitzern auf der ganzen Welt zu Dank verpflichtet, die uns so großzügig erlaubt haben, ihr schönes Zuhause zu fotografieren und in diesem Buch zu zeigen. James Merrells traumhafte Fotos machen dieses Buch zu dem, was es ist, und wir sind ihm nicht nur für seine wunderbaren Bilder unsagbar dankbar, sondern auch für seine Bereitschaft, von jetzt auf gleich in alle Welt zu reisen.

Ein ganz besonderer Dank auch an das großartige Team von Farrow & Ball – Ihr seid zu viele, um Euch alle zu nennen, aber die harte Arbeit und Hingabe von Shamus Pitts (Herr des Farbkreises), Bel Moretti, Jo Tucker und Tracey Mack verdienen einen ganz besonderen Dank.

Ebenso sage ich für die außerordentliche Großzügigkeit und harte Arbeit von Lawrence Showell und Jonathan Bear ein großes Dankeschön.

Die unermüdliche Geduld, mit der Cosmo Studholme nicht nur die Worte seiner Mutter Korrektur las, sondern auch die eine oder andere technische Krise meisterte, sollte ebenfalls nicht unerwähnt bleiben.

Und natürlich danke ich meiner Kollegin und Freundin Charlie, mit der mir das Schreiben dieses Buches unendlich viel Freude gemacht hat.

Zu guter Letzt gilt mein größter Dank A., C. & N. dafür, dass Ihr immer da seid.

— *Joa Studholme*